中国矿业大学国际汉文化比较研究丛书

国际视野下的淮海地方文化研究

主　编　吴格非　孟庆波
副主编　董永义　刘彩艳

中国矿业大学出版社
·徐州·

图书在版编目(CIP)数据

国际视野下的淮海地方文化研究 / 吴格非，孟庆波主编. — 徐州 ：中国矿业大学出版社，2022.12

ISBN 978 - 7 - 5646 - 5366 - 8

Ⅰ. ①国… Ⅱ. ①吴… ②孟… Ⅲ. ①地方文化—徐州—文集 Ⅳ. ①G127.533-53

中国版本图书馆 CIP 数据核字(2022)第 075117 号

书　　名　国际视野下的淮海地方文化研究
主　　编　吴格非　孟庆波
责任编辑　万士才
责任校对　张梦瑶
出版发行　中国矿业大学出版社有限责任公司
　　　　　　(江苏省徐州市解放南路　邮编 221008)
营销热线　(0516)83884103　83885105
出版服务　(0516)83995789　83884920
网　　址　http://www.cumtp.com　**E-mail**:cumtpvip@cumtp.com
印　　刷　徐州中矿大印发科技有限公司
开　　本　787 mm×1092 mm　1/16　**印张** 16.25　**字数** 345 千字
版次印次　2022 年 12 月第 1 版　2022 年 12 月第 1 次印刷
定　　价　48.00 元

目 录

汉代葬俗理性因素探析

——“事死如生”的背后

刘照建　赵　敏

内容提要： 汉代葬俗在“事死如生”的背后，理性因素以不同形式若隐若现地有所发展，这在社会各个阶层都有体现，尤其在下层士人中表现明显。

关键词： 汉代；葬俗；理性

有汉一代，盛行祖先崇拜，迷信鬼神，表现在葬俗上，就是“事死如生”，认为凡生人所需之，死后亦需之。关于汉代人这类思想观念的记载有很多，如“世信鬼神，故好祭祀……祭祀，厚事鬼神之道也”①，“重死不顾生，竭财以事神”②，“谓死如生……丘墓闭藏，谷物乏匮，故作偶人以侍尸柩；多藏食物以歆精魂。积渍流至，或破家尽业，以充死棺；杀人以殉葬，以快生意”③，皆折射出汉代人对死的重视和浓重的迷信。后代研究者对此思想也多有深入细致的论述，但是透过“事死如生”的表面，我们还看到汉代葬俗中理性因素也以不同形式若隐若现地有所发展。金春峰对汉代社会思想的发展曾作过这样的比喻：“正如两股道上跑的马车一样，当一方面倾斜得太厉害，有翻车的危险时，人们就会自发地向另一方倾斜，以寻求安全与出路。”④

---

① 王充：《论衡·解除》，岳麓书社 2015 年版，第 309 页。

② 王充：《论衡·薄葬》，岳麓书社 2015 年版，第 283 页。

③ 王充：《论衡·薄葬》，岳麓书社 2015 年版，第 282-283 页。

④ 金春峰：《汉代思想史》，中国社会科学出版社 2006 年版，第 553 页。

汉代葬俗发展也是如此，当“事死如生”的葬俗盛行，影响社会正常发展的时候，无论是上层统治阶级还是下层士人都会对此作出理性的思考，在死亡来临时也会采取异于流俗的方式，表现出高度的自觉。鉴于此，笔者拟分不同人群对汉代葬俗中理性因素进行梳理，并就汉代理性因素产生、发展情况作一初步探讨，以求证历史之原貌。

首先，我们来看统治阶级上层葬俗理性因素表现状况。作为占主导地位的阶层，他们的言行举止无疑大大影响整个社会生活。以“文景之治”留下美名的汉文帝，从史书记载来看，这位克俭克勤的皇帝，又有点多愁善感，当他前呼后拥经过霸陵时，想到自己千古后事，竟“倚瑟而歌，意惨凄悲怀”。然而，正是这样一位皇帝，居然在其遗诏中宣布废除丧事中的繁缛礼节，主张一切从简，他以一个帝王身份提出如此主张，确实难能可贵。他在诏书中曰：“朕闻之，盖天下万物之萌生，靡不有死。死者天地之理，物之自然，奚可甚衰。当今之世，咸嘉生而恶死，厚葬以破业，重服以伤生，吾甚不取……其令天下吏民，令到出临三日，皆释服。无禁取妇、嫁女、祠祀、饮酒、食肉。自当给丧事服临者，皆无践。绖带无过三寸。无布车及兵器……霸陵山川因其故，无有所改。”[①] 通过这篇诏书，我们可以看出这位以仁厚著称的西汉皇帝的态度，他已认识到人之生与死的差异，而世人厚葬是违背自然之道的，鲜明地提出生死天地之大化，物归自然是人类的必然结果。汉文帝的觉悟，与他常常理性地思考是分不开的，在此之前他已同臣下不止一次讨论这个问题，如“（文帝）从行至霸陵……顾谓群臣曰：嗟呼！以北山石为椁，用纻絮斫陈漆其间，岂可动哉！……释之前曰：‘使其中有可欲，虽固南山犹有隙；使其中亡可欲，虽亡石椁，又何戚焉’”[②]。如果此时文帝尚存如何保持其“金身不败”的美梦的话，而张廷尉的一句话无异于当头棒喝，令其彻底清醒。“使其中有可欲”，如此世俗和理智，说破千古人情的嘴脸，哪里找得到一点对死的虔诚。正是张释之建议后，文帝彻底明白“事死如生”之不可取。从汉文帝认识到死亡是物之大化，到要求自身葬事一切从简，可以说，这个文弱的皇帝比起后来“开边不已”的汉武帝毫不逊色，他向前迈出大胆的一步，这是历史上统治者本人第一次自发要求从简安葬，其积极意义应该是值得肯定的。

作为首倡用理性目光自觉审视身后葬事的文帝，在历史上并非没有知音，一直到东汉，尚有许多帝王认识到厚葬之危害，多次下令予以禁止。如汉成帝永始四年（前13年）下诏：“公卿列侯亲属近臣……嫁娶、葬埋过制，吏民慕效，浸以成俗，而欲望百姓俭节，家给人足，岂不难哉。”[③] 汉光武帝于建武七年（31年）下诏：“世以厚

① 班固：《汉书》卷四《文帝纪》，中华书局1962年版，第131-132页。
② 班固：《汉书》卷五十《张释之列传》，中华书局1962年版，第2309页。
③ 班固：《汉书》卷十《成帝纪》，中华书局1962年版，第324-325页。

葬为德，薄终为鄙，至于富者奢僭，贫者殚财，法令不能禁，礼义不能止，仓卒乃知其咎。其布告天下，令知忠臣、孝子、慈兄、悌弟薄葬送终之意。”① 明帝永平十二年（69年）诏曰：“今百姓送终之制，竞为奢靡。生者无担石之储，而财力尽于坟土。伏腊无糟糠，而牲牢兼于一奠。糜破积世之业，以供终朝之费，子孙饥寒，绝命于此。”② 这说明汉代统治者中对葬俗的理性认识一直存在，只是没有成为主流而已。

我们还注意到，在汉代每修一座规模浩大的陵墓，总要迁徙大批吏民，甚至单独设立县邑。针对这个问题，统治者也有清醒的认识，如永光四年（前40年）冬十月乙丑诏曰：“安土重迁，黎民之性；骨肉相附，人情所愿也。倾者有司缘臣子之义，奏徙郡国民以奉园陵，令百姓远弃先祖坟墓，破业失产，亲戚别离，人怀思慕之心，家有不安之意，是以东垂被虚耗之害，关中有无聊之民，非久长之策也……今所为初陵者，勿置县邑，使天下咸安土乐业，亡有动摇之心。布告天下，令明知之。”③ 此类诏书，皆见于正史记载，也许这“帝王将相的家谱”，有炫耀张扬统治者德行的成分，抛开其到底付诸实践多少不论，作为“万人之上”的帝王，在“生，事之以礼；死，葬之以礼”大行其世，且繁文缛节的丧葬律历已十分完备的汉代，能够提出“从简安葬”已殊为不易。我们检阅当时的历史现实可以看出，这种思想的出现并非偶然。秦末汉初，天下大乱之际，诸国王陵被盗者无数，“宋未亡而东冢扫，齐未亡而庄公冢扫”④，“及秦惠文、武、昭、（孝文）、严襄五王，皆大作丘陇，多其瘗藏，咸尽发掘暴露，甚足悲也”⑤。如此触目惊心、层出不穷的盗墓现象，简直是“以宝玉收，譬之犹暴骸中原也”的绝妙注脚，不能不引起帝王们作出理性的思考，诏书中出现“以俭安葬”的论调也就不足为奇了。

其次，统治阶级中的知识分子则更为理智，在葬俗方面的思考已表现出唯物主义的倾向。著名的文学家、史学家刘向在他的一篇疏谏中，引古证今，正反对比，进一步阐释了“以俭安葬”思想，大大丰富了文帝的理论。如其谏曰：“死者恨于下，生者愁于上……以死者为有知，发人之墓，其害多矣；若其无知，又安用大？谋之贤知则不说，以示众庶则苦之”⑥。思想言论闪耀着理性光芒，充满辩证意味的反诘，直接指向幽冥的阴间，哪儿找到一点“事死如生”的影子。贡禹更是从国家社稷出发，认为太多修墓匠徒，长年累月野外作业，造成“内多怨女，外多旷夫”的局

① 范晔：《后汉书》卷一下《光武帝纪》，中华书局1965年版，第51页。
② 范晔：《后汉书》卷二《孝明帝纪》，中华书局1965年版，第115页。
③ 班固：《汉书》卷九《元帝纪》，中华书局1962年版，第292页。
④ 冯国超：《吕氏春秋·安死》，吉林人民出版社2005年版，第125页。
⑤ 班固：《汉书》卷三十六《楚元王传》，中华书局1962年版，第1954页。
⑥ 班固：《汉书》卷三十六《楚元王传》，中华书局1962年版，第1956页。

面，是不利于社会安定的，并且愤怒谴责当时的奢侈之风：“……及众庶葬埋，皆虚地上以实地下，其过自上生，皆在大臣循故事之罪也”①，“以其舍法度而任私意，奢侈行而仁义废也”②。至此，我们可以看出，汉代葬俗中已表现出强烈的理性因素。其实有的学者已注意到两汉墓葬存在由厚葬向薄葬转化的现象，但是在薄葬背后所表现出的理性因素、汉代对生死问题的清醒认识及其间闪耀的唯物主义光芒，却被大多学者忽略了。

再次，我们来看一下生活在社会底层、作为社会主体的人民大众，在他们那儿是否是一味“事死如生”呢？翻阅历史，答案是否定的。一般平民百姓，平日里生都不易，死后又哪里顾得上履行如此隆重的葬礼呢？据文献记载，即使在文景盛世，也还有许多农民衣食无着，如景帝一篇诏书中说：“间者岁比不登，民多乏食，夭绝天年，朕甚痛之。”③ 假如遇上天灾人祸的困难时期，“尸骸相撑拒”“白骨蔽中原”，则更为悲惨。再加上地主阶级土地兼并，贫富分化加剧，就会出现“贫者无立锥之地，富者田连阡陌”的局面。所以流行于统治阶级上层的“事死如生”的观念，即使影响到民间，没有一定的经济基础也无法实行，不过是“富贵办棺木，贫穷席里裹”罢了。因此，我们认为汉代葬俗中“事死如生”的思想在下层百姓中间并没有多少市场，只是“渔者能猎，手不能书；农者能耕，口不能言”，他们对生与死的理性思想也就没有留下一鳞片爪。

不过，遍查史书，我们可以找到大量的反证材料，如“中山地薄人众……丈夫相聚游戏，悲歌慷慨，起则相随椎剽，休则掘冢作巧奸冶”④。

“汉桓帝冯贵人病亡，灵帝时，有盗贼发冢。”⑤

“汉建安四年二月……娥比舍有蔡仲，闻娥富，谓殡当有金宝，乃盗发冢求金。”⑥

“汉末，关中大乱，有发前汉宫人冢者。”⑦

盗墓之人也许是文中所称奸诈之徒，也许就是生活所迫的民众，我们姑且不去讨论，但是大量盗掘大墓的现象，却提醒我们：汉代上层信奉的灵魂不灭的观念和“事死如生”的思想在他们心里又划下多深的痕迹呢？

假若统治阶级上层在葬俗方面是以节俭形式表现出理性因素，尚含有为国家社稷

---

① 班固：《汉书》卷七十二《贡禹传》，中华书局 1962 年版，第 3071 页。

② 班固：《汉书》卷七十二《贡禹传》，中华书局 1962 年版，第 3078 页。

③ 班固：《汉书》卷五《景帝纪》，中华书局 1962 年版，第 139 页。

④ 司马迁：《史记》卷一百二十九《货殖列传》，中华书局 1959 年版，第 3263 页。

⑤ 干宝：《搜神记》卷十五，中华书局 1979 年版，第 187 页。

⑥ 干宝：《搜神记》卷十五，中华书局 1979 年版，第 180 页。

⑦ 干宝：《搜神记》卷十五，中华书局 1979 年版，第 186 页。

考虑的话，那么到了两汉士人这儿，则完全是由于生命意识的觉醒，更多表现为心理上的自觉追求，即使沿用先人丧葬仪式，也不过是一种纯粹的感情作用，仅对亡人尽孝而已，在心理上已不是那么虔诚，不具有任何宗教上的意义了。

检阅汉代士人言谈举止，可以看出他们已表现出前所未有的觉醒，这主要是由汉代士人在国家政治生活中所处地位决定的。士人指的是那些具备文化的下层贵族[①]，这个阶层处于“居上不上，居下不下”的特定社会地位，有相对自由，也拥有相对独立的人格。但是，当时的历史环境是天下一统、四夷皆平，整个国家呈现蒸蒸日上的势头，而且天子重英才，广开仕进之门，汉代士人再也不像战国士人那样惶惶奔走于诸侯国之间，通过“征辟”“察举”就有机会获得官职。正是如此，士人有了安身立命之所，同时也失去了思想的自由。随着专制意义的加强，士人们逐渐被束缚在大一统的体制下，失去了他们往昔的自由与风采，变成了秩序井然的大一统政府机器的一个零件[②]，陷入一种精神奴仆的境地。司马迁对此现象曾有感叹：“文史星历，近乎卜祝之间，固主上所戏弄，倡优蓄之，流俗所轻也。”[③] 而且一旦皇帝昏昧，这些士人只能被废退埋没，甚至引来杀身之祸。“人穷则返本”，士人们于是开始把对社会关注的目光更多转向对自身命运的思考。而且，汉代黄老思想盛行，这也在读书人的头脑里打下深深的烙印。因此，士人对于生与死的问题有了更为清醒的认识，在葬俗上也就表现出更为强烈的理性因素。

我们知道，传统的儒家对生与死的问题历来讳莫如深，采取回避的态度，如孔子所言“未知生，焉知死”。但是由于汉代士人主体意识的加强，他们已经敢于正视死亡了。如以含有道家思想的汉代士人集体编撰的《淮南子》云：“吾生也有七尺之形，吾死也有一棺之土。吾（生）之于比有形之类，犹吾死之沦于无形之中也。”[④] 其心胸是何等恢廓、博达，其人生态度是何等通达、洒脱！在文学作品中，我们也可以看到反复出现咏叹生死的主题，如《古诗十九首》中“人生天地间，忽如远行客”“人生忽如寄，寿无金石固”，消极的文字中透出对死的觉悟，与死亡相比较，人生是短暂的，更别奢谈死后之万事了。觉悟的士人还通过诗的形式对求仙的虚妄行径进行批判，如“服药求神仙，多为药所误”“仙人王子乔，难可与等期”，吟咏之中流露出对统治阶级祈求升仙、化而不死的荒唐之举的鄙夷。厌恶苟且偷生，士人们对死的问题也不再避讳。集文学家与思想家于一身的贾谊对生与死的思考也开始升华，他曾说：

---

① 袁济喜：《两汉精神世界》，中国人民大学出版社 1994 年版。

② 袁济喜：《两汉精神世界》，中国人民大学出版社 1994 年版。

③ 班固：《汉书》卷六十三《司马迁传》，中华书局 1962 年版，第 2732 页。

④ 陈广忠译注：《淮南子》，中华书局 2012 年版，第 345 页。

"其生兮若浮，其死兮若休；澹乎若深渊之静，泛乎若不系之舟。不以生故自保，养空而浮。德人无累，知命不忧。细故蒂芥，何足以疑!"[①] 在这里，死再也不是可怕的捉摸不到的东西，仿佛变成了触手可及的现实。《博物志》曾记载："明明哲士，知存知亡。崇陇原亹，非宁非康。不封不树，作灵乘光。厥铭何依，王史威长。"[②] 这是西汉醇儒王史威长一段心灵自白，折射出对死亡的觉悟，散发出浓厚的理性气息。在嘉祥出土的一块永寿三年（157 年）的汉画像石题记中云："被病在床……不为知间，暗忽离世，下归黄泉，古圣所不勉，寿命不可诤，呜呼哀哉。"[③] 此段记载墓主段国生病死的经过，流露出乐天知命的豁达。

以上文字表明，作为两汉精神世界主体的士人，再也不像战国儒家那样，对生命的来龙去脉不感兴趣，对死不敢正视，用遁词来敷衍的"人死观"，而是随着士人主体意识的觉醒，以文学作品的形式形象表达了对死亡的觉悟，完全把死亡视作一种新的归宿，死生问题上的神秘面纱已被彻底掀开了。至此，"事死如生"走出神话的迷宫。

由于清醒地认识到死的虚幻，汉代士人在葬俗上表现出异乎常人的理性。在当时的社会生活中，随处可见一个个活生生的例子。反对"事死如生"，主张顺应自然，不能不提一下杨王孙其人，他可是两千多年来一位难得的明白人，他对死的理解可谓精辟，在葬俗上的革新可谓彻底，他临死前遗嘱中言："且夫死者，终生之化，而物之归者也。归者得至，化者得变，是物各反其真也。其尸块然独处，岂有知哉？裹以币帛，隔以棺椁，支体络束，口含玉石，欲化不得，郁为枯腊，千载之后，棺椁朽腐，乃得归土，就其真宅。由是言之，焉用久客?"[④] 他对灵魂的不灭之说全盘否定，并愤怒谴责当时的流俗，发出强烈的呼吁："于戏，吾不为也。"这充分体现了一个唯物主义者的思想境界，在两千多年前的汉代实是不多见。杨王孙精神可贵，他开启了汉代士人反对"事死如生"的先河，查阅典籍，追随者亦不乏其人，如：

《后汉书》卷三十一《王堂传》："年八十六卒，遗令薄敛，瓦棺以葬。"

《后汉书》卷三十三《郑弘传》："临殁悉还赐物，敕妻子褐巾布衣素棺殡殓，以还乡里。"

《后汉书》卷三十九《赵咨传》："乃遣书敕子胤曰：'但欲制坎，令容棺椁，棺归即葬，平地无坟。勿卜时日，葬无设奠，勿留墓侧，无起封树。於戏小子，其勉

---

① 班固：《汉书》卷四十八《贾谊传》，中华书局 1962 年版，第 2228 页。
② 郑晓峰译注：《博物志》，中华书局 2019 年版，第 217 页。
③ 李发林：《山东汉画像石研究》，齐鲁书社 1982 年版，第 101 页。
④ 班固：《汉书》卷六十七《杨王孙传》，中华书局 1962 年版，第 2908 页。

之哉。’”

《后汉书》卷四十五《张酺传》：“酺病临危，敕其子曰：‘其无起祠堂，可作藁盖庑，施祭其下而已。’”

《后汉书》卷六十四《卢植传》：“临困，敕其子俭葬于土穴，不用棺椁，附体单帛而已。”

《后汉书》卷六十五《张奂传》：“光和四年卒，年七十八。遗命曰：‘通塞命也，始终常也。但地底冥冥，长无晓期，而复缠以纩绵，牢以钉密，为不喜耳，幸有前窀，朝殒夕下，措尸灵床，幅巾而已。奢非晋文，俭非王孙，推情从意，庶无咎吝。’”

这批清醒的知识分子，用理性的目光审视葬俗，对生与死看得十分透彻，均要求死后从简安葬，与那些殚精竭虑为自己死后安排墓穴的行为形成鲜明对比。他们已深深知道，人总是要死的，死后回归自然即是人的最高境界。

以上事实表明在两汉葬俗中理性因素已形成一股洪流，有力地冲击了当时的社会风气。也许有人认为这仅是两汉士人中的一个群体，不能体现社会的真实面貌。然而，正是这些出自社会底层的呻吟，往往更能真实地反映这个时代的精神，因为这里有真性情。

与此相呼应，善于思辨的思想者在思想领域也擎起批判的大旗，猛烈攻击葬俗之流蔽。王符曰：“其后京师贵戚，必欲江南檽、梓、豫、章、楩、楠……工匠雕治，积累日月，计一棺之成，功将千万。夫既其终用，重且万斤，非大众不能举，非大车不能挽。万里之中，相竞用之。此之费功伤农，可为痛心。”① 字里行间反映出忧民之情，充分体现社会良心对盲目效仿的厌弃。崔寔简直是拍案而起，他说：“乃送终之家，亦大无法度，至用檽梓黄肠，多藏宝货，飨牛作倡，高坟大寝。是可忍，孰不可忍。”② 这段话掷地有声，对当时流俗予以愤怒谴责，其思想进步意义是不言自明的。唯物论之集大成者王充依据他的形神论对社会上盛行的厚葬和长生不死的思想进行彻底的清算，他批判揭露厚葬的“害民伤财”，痛斥这是统治者的“奢泰之失”，提出“异道不相连”的理论，认为“事生厚，化自生，虽事死泊，何损于化？”③ 断言凡人必有死，“有血脉之类，无有不生，生无不死。以其生，故知其死也”④。他还把生和死、始和终等对立物联系起来考察，提出具有辩证性的观点，吹响了无神论的嘹亮号

① 马世年译注：《潜夫论》，中华书局 2018 年版，第 151 页。

② 孙启治译注：《政论昌言》，中华书局 2014 年版，第 51 页。

③ 王充：《论衡·薄葬》，岳麓书社 2015 年版，第 284 页。

④ 王充：《论衡·道虚》，岳麓书社 2015 年版，第 94 页。

角。至此，汉代葬俗中理性因素终于由涓涓细流汇成汪洋大河，滔滔奔涌向前，开启魏晋薄葬之风。

作者简介

刘照建 徐州博物馆（徐州市文物考古研究所）研究馆员。

赵　敏 徐州博物馆（徐州市文物考古研究所）馆员。

汉代关内侯的社会地位与政治影响[①]

师彬彬

汉代关内侯是一个重要而活跃的政治群体，一直属于高爵阶层与统治集团上层成员，并在社会等级结构中拥有重要地位。汉代高爵群体发挥了较大的政治影响，并为政府和社会成员所重视。如文帝十二年（前168年），大臣晁错向文帝上《论贵粟疏》曰："夫得高爵与免罪，人之所甚欲也。"[②] 另如汉代画像石中常见的"射爵射侯"图[③]，反映了社会成员对高爵群体的强烈向往和追求。

汉代关内侯是二十等爵制的重要组成部分，政治身份和社会地位较高，规模较大，并享有比较丰厚的经济权益。汉代关内侯呈现阶段性、严格等级化、爵位变动性、结局复杂化与鲜明时代性的特征，并对当时的政治、军事、法律、经济、社会生活、文化教育、民族关系发展等都产生了一定影响。汉代关内侯主要依附于政治权力而存在，经历了从皇帝主导到权臣支配的过程。

社会地位与政治影响是全面考察汉代关内侯问题的重要内容，反映了关内侯在统治集团和社会等级秩序中的身份演变。迄今为止，学术界虽已关注汉代关内侯的社会

① 本文是2021年度国家社科基金后期资助一般项目"汉代关内侯问题研究"（项目编号：21FZSB027）的阶段性成果。

② 班固：《汉书》卷二十四上《食货志上》，中华书局1962年版，第1134页。

③ 徐畅：《弼马温、马上封侯与射爵——汉画像中的细节内涵》，载《中国国家博物馆馆刊》2017年第10期，第69-89页。蒋波：《汉代为何多有"射爵射侯"画像石》，载《中国社会科学报》2018年2月22日第7版。

地位和政治影响问题，并取得了丰硕的研究成果[①]，但对这一问题的考察仍然存在一定争议且缺少深入、系统的探讨。

本文运用群体考察法与个案分析法，将政局变动、统治集团演变、官僚体制发展、社会等级结构调整和关内侯的规模变动、仕途状况、权益变迁及其与皇帝之间的关系演变和两汉关内侯的社会地位、政治影响紧密结合。笔者拟在梳理史料与总结已有研究成果的基础上，在“爵—秩体制”[②] 下，运用品位与职位视角[③]，注重在“权力运作过程”中考察汉代关内侯社会地位和政治影响的演变规律及其特征。探讨这一问题不仅有助于学术界全面理解两汉关内侯的政治身份与经济权益变动，而且可以深化我们对政局变迁、统治集团演变、官僚体制发展和社会等级秩序变动的认识。

汉代关内侯的社会地位呈现日益下降的趋势，政治影响也逐渐降低。爵首先是作为秩序结构的媒介而发挥其机能[④]，汉代关内侯逐步由贵族爵向官爵转化。汉代关内侯的权益趋于减少，并由普遍享有食邑向大多不可拥有食邑转化[⑤]，爵位也由可以世袭向大多不可继承演变[⑥]。张荣强认为：“汉代的关内侯其实有两种身份，食邑者为贵族，不食邑者为平民”[⑦]，这一观点并不确切。汉代关内侯的食邑状况变动既反映了关内侯的分化与从重新组合，又体现了皇权重视调整高爵群体的社会地位和政治影响。

---

① 参见漆侠：《二十等爵与封建制度——战国秦汉社会阶级构成初探之一》，载《历史教学》1961 年第 11-12 期，第 28-37 页，收入《漆侠全集·求实集》第七卷（河北大学出版社 2009 年版）；柳春藩：《西汉的食邑制度》，载《南充师院学报（哲学社会科学版）》1984 年第 2 期，第 45-51 页，后收入《秦汉封国食邑赐爵制》（辽宁人民出版社 1984 年版）；朱绍侯：《简论关内侯在汉代爵制中的地位》，载《史学月刊》1987 年第 1 期，第 17-21 页，后收入《军功爵制考论》（增订版）（商务印书馆 2017 年版）；朱绍侯：《〈奏谳书〉新郪信案例爵制释疑》，载《史学月刊》2003 年第 12 期，第 117-118 页，后收入《军功爵制考论》（增订版）（商务印书馆 2017 年版）；张荣强：《孙吴简中的户籍文书》，载《历史研究》2006 年第 4 期，第 3-20 页、第 189 页，后收入《汉唐籍帐制度研究》（商务印书馆 2010 年版）；贾丽英：《告地书中“关内侯寡”“五大夫”身份论考》，载《鲁东大学学报（哲学社会科学版）》2012 年第 2 期，第 69-75，97 页，后收入张德芳主编：《甘肃省第二届简牍学国际学术研讨会论文集》（上海古籍出版社 2012 年版）；刘敏：《西汉爵之类别》，收入中国秦汉史研究会编：《秦汉史论丛（第三辑）》（陕西人民出版社 1986 年版）；李治安，孙立群：《中华文化通志》第四典《制度文化典·社会阶层制度志》（上海人民出版社 1998 年版）；杨光辉：《汉唐封爵制度》（学苑出版社 2004 年第 3 版）。

② 学术界对汉代“爵—秩体制”的研究，参见阎步克：《从爵本位到官本位：秦汉官僚品位结构研究（增补本）》，生活·读书·新知三联书店 2017 年版，第 33-87 页。

③ 阎步克：《品位与职位——传统官僚等级制研究的一个新视角》，载《史学月刊》2001 年第 1 期，第 53-59 页；阎步克：《品位与职位：秦汉魏晋南北朝官阶制度研究》，中华书局 2009 年第 2 版，第 2-18 页；阎步克：《中国古代官阶制度引论》，北京大学出版社 2010 年版，第 9-25 页。

④ 西嶋定生著，武尚清译：《中国古代帝国的形成与结构——二十等爵制研究》，中华书局 2004 年版，第 319 页。

⑤ 师彬彬：《两汉关内侯的食邑》，载《许昌学院学报》2017 年第 4 期，第 78-82 页。

⑥ 师彬彬：《两汉关内侯的爵位继承》，载《许昌学院学报》2015 年第 4 期，第 97-101 页。

⑦ 张荣强：《孙吴简中的户籍文书》，载《历史研究》2006 年第 4 期，第 16 页，后收入《汉唐籍帐制度研究》（商务印书馆 2010 年版）。

汉代关内侯主要通过入仕进入政权，进而参与政治体制运作并产生了一定的政治影响。两汉部分功臣型、帝师型与宗室型的关内侯成为皇帝亲信并担任高官，拥有较高的社会地位并产生了较大的政治影响。如宣帝本始元年（前73年）春正月，论定策功诏曰："赐右扶风（周）德、典属国（苏）武、廷尉（李）光、宗正（刘）德、大鸿胪（韦）贤、詹事（宋）畸、光禄大夫（丙）吉、京辅都尉（赵）广汉爵皆关内侯。"① 另如东汉时期，"中兴而桓氏尤盛，自（关内侯桓）荣至典，世宗其道，父子兄弟代作帝师，受其业者皆至卿相，显乎当世"②。另外，汉代二千石以上的高官免职或致仕后，大多可以保留关内侯爵位以维持较高的社会地位，并可以通过上疏皇帝、参加朝会等方式参与政治体制运作并发挥一定的政治作用。然而两汉部分不入仕的关内侯社会地位相对较低，发挥的政治作用相对较小，在统治集团中的地位呈现出边缘化的趋势。如汉平帝元始二年（2年）夏四月，"赐故曲周侯郦商等后玄孙郦明友等百一十三人爵关内侯，食邑各有差"③。另如《后汉书》卷七《孝桓帝纪》载东汉桓帝延熹四年（161年），"占卖关内侯、虎贲、羽林、缇骑营士、五大夫，钱各有差"。

一、 西汉关内侯的社会地位与政治影响

伴随政局变迁、统治集团变动、官僚体制发展与社会等级秩序调整，西汉的官秩和爵位呈现日益分离的趋势。西汉初期，已出现"吏官庳（卑）而爵高，以宦皇帝者爵比赐之"④ 的政治现象。如汉高祖时期，"行赏而授位也，爵以功为先后，官以能为次序"⑤。西汉关内侯的社会地位与政治影响呈现下降趋势，关内侯的爵位并不能保证其入仕和获得高官。

西汉关内侯社会地位与政治影响的变迁呈现阶段性的特征，可以分为西汉前期和西汉中后期两个阶段。

西汉前期，关内侯拥有较高的社会地位，不必编入什伍与接受什伍连坐。如张家山汉简《二年律令·户律》规定："自五大夫以下，比地为伍，以辨□（券）⑥ 为信。

---

① 班固：《汉书》卷八《宣帝纪》，中华书局1962年版，第239-240页。

② 范晔：《后汉书》卷三十七《桓荣传》，中华书局1965年版，第1261页。

③ 班固：《汉书》卷十二《平帝纪》，中华书局1962年版，第353页。

④ 彭浩，陈伟，工藤元男：《二年律令与奏谳书——张家山二四七号汉墓出土法律文献释读》，上海古籍出版社2007年版，第212页。

⑤ 班固：《汉书》卷十八《外戚恩泽侯表》，中华书局1962年版，第677页。

⑥ "券"字为笔者所加。

居处相察，出入相司。”[①] 西汉前期，部分入仕的关内侯在建立政权、参与国家决策、维护社会稳定与维持政治等级秩序等方面均发挥了一定的作用。例如，“（关内侯鄂千秋）以谒者汉王三年初从，定诸侯，有功秩”[②]。另如高祖时期，“（郎中关内侯）刘敬从匈奴来，因言‘匈奴河南白羊、楼烦王，去长安近者七百里，轻骑一日一夜可以至秦中。秦中新破，少民，地肥饶，可益实。夫诸侯初起时，非齐诸田，楚昭、屈、景莫能兴。今陛下虽都关中，实少人。北近胡寇，东有六国之族，宗强，一日有变，陛下亦未得高枕而卧也。臣愿陛下徙齐诸田，楚昭、屈、景，燕、赵、韩、魏后，及豪杰名家居关中。无事，可以备胡；诸侯有变，亦足率以东伐。此强本弱末之术也’。上曰：‘善。’乃使刘敬徙所言关中十余万口”[③]。再如《史记》卷九十六《张丞相列传》载：“孝文帝元年，举故吏士二千石从高皇帝者，悉以为关内侯，食邑二十四人，而申屠嘉食邑五百户。”西汉前期，部分功臣型的关内侯发挥了较大的政治作用，如关内侯刘敬建议定都关中、迁徙豪强、与匈奴和亲并被高祖所采纳实施，对西汉政局演变和民族关系发展均产生了深远影响。

伴随政局变动、统治集团演变、官僚体制发展与社会等级秩序调整，西汉中后期关内侯的社会地位逐渐下降，产生的政治影响也呈现日益弱化的趋势。西汉中后期，关内侯要编入什伍并接受什伍连坐。在昭帝始元六年（前 81 年）召开的盐铁会议上，御史曰：“故今自关内侯以下，比地于伍，居家相察，出入相司。”[④] 另外，西汉中后期列侯规模急剧膨胀推动了关内侯社会地位与政治影响下降的进程。如汉哀帝时期，“上从（尚书令唐）林言，下诏赐（帝师、前大司空师）丹爵关内侯，食邑三百户”[⑤]。再如《汉书》卷十二《平帝纪》载平帝元始元年（1 年）春正月，“太仆王恽等二十五人前议定陶傅太后尊号，守经法，不阿指从邪；右将军孙建爪牙大臣，大鸿胪（左）咸前正议不阿，后奉节使迎中山王；及宗正刘不恶、执金吾任岑、中郎将孔永、尚书令姚恂、沛郡太守石诩，皆以前与建策，东迎即位，奉事周密勤劳，赐爵关内侯，食邑各有差”。又如平帝元始二年（2 年）夏四月，“赐故曲周侯郦商等后玄孙郦明友等百一十三人爵关内侯，食邑各有差”[⑥]。

西汉中后期，部分功臣型、帝师型、外戚型与宗室型的关内侯成为皇帝亲信并担

---

① 彭浩，陈伟，工藤元男：《二年律令与奏谳书——张家山二四七号汉墓出土法律文献释读》，上海古籍出版社2007年版，第215页。

② 司马迁：《史记》卷十八《高祖功臣侯者年表》，中华书局2014年修订版，第1098页。

③ 司马迁：《史记》卷九十九《刘敬列传》，中华书局2014年修订版，第3293-3294页。

④ 王利器校注：《盐铁论校注》卷十一《周秦》，中华书局2015年第2版，第648页。

⑤ 班固：《汉书》卷八十六《师丹传》，中华书局1962年版，第3509页。

⑥ 班固：《汉书》卷十二《平帝纪》，中华书局1962年版，第353页。

任高官，拥有较高的社会地位并产生了较大的政治影响。如宣帝本始元年（前73年）春正月，论定策功诏曰："赐右扶风（周）德、典属国（苏）武、廷尉（李）光、宗正（刘）德、大鸿胪（韦）贤、詹事（宋）畸、光禄大夫（丙）吉、京辅都尉（赵）广汉，爵皆关内侯。"[①] 另如《汉书》卷八十一《孔光传》载："元帝即位，征（高密相孔）霸，以师赐爵关内侯，食邑八百户，号褒成君，给事中，加赐黄金二百斤，第一区，徙名数于长安。"再如《汉书》卷七十九《冯奉世传》载元帝永光三年（前41年）诏曰："羌虏桀黠，贼害吏民，攻陇西府寺，燔烧置亭，绝道桥，甚逆天道。左将军光禄勋（冯）奉世前将兵征讨，斩捕首虏八千余级，卤马、牛、羊以万数。赐奉世爵关内侯，食邑五百户，黄金六十斤。"又如，"成帝即位，征（东平内史张）禹、（博士郑）宽中，皆以师赐爵关内侯"[②]。另外，"元帝竟崩，成帝初即位，擢（史）丹为长乐卫尉，迁右将军，赐爵关内侯，食邑三百户，给事中"[③]。此外，"成帝末年，立定陶王为皇太子，以（师）丹为太子太傅。哀帝即位，为左将军，赐爵关内侯，食邑"[④]。《汉书》卷七十三《韦贤传》亦载："哀帝为定陶王时，（韦）赏为太傅。哀帝即位，（韦）赏以旧恩为大司马车骑将军，列为三公，赐爵关内侯，食邑千户。"

然而西汉中后期不入仕关内侯的社会地位较低，产生的政治影响相对较小，在统治集团中的政治地位呈现边缘化的趋势。如平帝元始二年（2年）夏四月，"赐故曲周侯郦商等后玄孙郦明友等百一十三人爵关内侯，食邑各有差"[⑤]。另如孺子婴居摄元年（6年）夏四月，"（大司马王）莽白太后下诏曰：'惟（宗室刘）嘉父子兄弟，虽与（安众侯刘）崇有属，不敢阿私，或见萌牙，相率告之，及其祸成，同共雠之，应合古制，忠孝著焉。其以杜衍户千封（刘）嘉为师礼侯，（刘）嘉子七人皆赐爵关内侯'"[⑥]。西汉中后期，各种类型的关内侯拥有不同的社会地位并产生了不同的政治影响。这一政治现象不仅反映了关内侯群体的分化与重新组合，而且体现了政府重视对高爵阶层实施政治管理和身份控制。

"依据获爵原因的差异，西汉关内侯分为功劳类、恩泽类和官爵变动类。就赐爵时期、规模与类型而言，西汉前期的关内侯以功劳类（特别是军功型）为主，中后期则以恩泽类为主。"[⑦] 西汉不同类型关内侯的社会地位和政治影响呈现差异性的特征，

---

① 班固：《汉书》卷八《宣帝纪》，中华书局1962年版，第239-240页。
② 班固：《汉书》卷八十一《张禹传》，中华书局1962年版，第3348页。
③ 班固：《汉书》卷八十二《史丹传》，中华书局1962年版，第3378页。
④ 班固：《汉书》卷八十六《师丹传》，中华书局1962年版，第3503页。
⑤ 班固：《汉书》卷十二《平帝纪》，中华书局1962年版，第353页。
⑥ 班固：《汉书》卷九十九上《王莽传上》，中华书局1962年版，第4086页。
⑦ 师彬彬：《西汉关内侯的类型》，载《咸阳师范学院学报》2019年第1期，第25页。

不仅反映了高爵群体的分化与重新流动，而且体现了多种社会势力相互依附和相互制衡的政治局势，有助于皇权调整社会等级秩序与维护不同政治势力的基本平衡。西汉皇帝重视对不同类型关内侯社会地位与政治影响实施政治管理，既调整了统治秩序和社会等级结构，也确定了高爵群体在统治集团中的社会地位与政治影响。

二、东汉关内侯的社会地位与政治影响

东汉列侯依据食邑规模可以划分为县侯、乡侯、亭侯三个爵位等级序列①，“（列侯）功大者食县，功小者食乡、亭，得臣其所食吏民”②。另外，东汉列侯呈现规模扩大化的趋势③。如光武帝建武十三年（37 年），“夏四月，大司马吴汉自蜀还京师，于是大飨将士，班劳策勋。功臣增邑更封，凡三百六十五人。其外戚恩泽封者四十五人”④。东汉列侯等级增加并且规模扩大，从而相应降低了关内侯群体在统治集团中的社会地位与政治影响，进而推动了社会等级秩序调整和关内侯从贵族爵向官爵转化的过程。

东汉关内侯社会地位和政治影响的变迁呈现阶段化与鲜明时代性的特征，可以分为东汉前期和东汉中后期两个阶段。

东汉前期，关内侯的社会地位较高，并在巩固政权与参与国家决策方面产生了一定的政治影响。例如，东汉光武帝建武七年（31 年），“诏书以为（姑臧长孔）奋在姑臧治有绝迹，赐爵关内侯”⑤。另如《后汉书》卷十六《寇恂传》载光武帝建武八年（32 年），“中郎将来歙承制拜（高）峻通路将军，封关内侯”。再如建武十五年（39 年），“时董宪裨将屯兵于鲁，侵害百姓，乃拜（鲍）永为鲁郡太守。（鲍）永到，击讨，大破之，降者数千人。帝嘉其略，封为关内侯”⑥。又如《后汉书》卷七十九下《儒林列传·丁恭传》载：“（光武帝建武）二十年，（少府关内侯丁恭）拜侍中祭酒、骑都尉，与侍中刘昆俱在光武左右，每事咨访焉。”另外，“（明）封帝以（关内侯桓）郁先师子，有礼让，甚见亲厚，常居中论经书，问以政事，稍迁侍中。帝自制《五家

---

① 严耕望认为东汉列侯分为县侯、都乡侯、都亭侯、乡侯、亭侯五个爵位等级序列，“县侯最高，都乡侯次之，乡侯又次之，都亭侯再次之，亭侯最低。”参见严耕望：《中国地方行政制度史——秦汉地方行政制度》，上海古籍出版社 2007 年版，第 50 页。

② 司马彪：《续汉书·百官志五》刘昭注，收入范晔：《后汉书》中华书局 1965 年版，第 3630 页。

③ 据柳春藩统计，东汉列侯（包括随父）见于历史记载者合计 877 人。参见柳春藩：《东汉的封国食邑制度》，载《史学集刊》1984 年第 1 期，第 16 页，后收入《秦汉封国食邑赐爵制》（辽宁人民出版社 1984 年版）。另外，据尤佳统计，东汉列侯合计 892 人。参见尤佳：《东汉列侯爵位制度》，云南大学出版社 2015 年版，第 20 页。

④ 范晔：《后汉书》卷一下《光武帝纪下》，中华书局 1965 年版，第 62 页。

⑤ 刘珍等撰，吴树平校注：《东观汉记校注》卷十四《孔奋传》，中华书局 2008 年版，第 584 页。

⑥ 范晔：《后汉书》卷二十九《鲍永传》，中华书局 1966 年版，第 1019 页。

要说章句》，令（桓）郁校定于宣明殿，以侍中监虎贲中郎将”[①]。《后汉书》卷四十四《邓彪传》亦载章帝章和二年（88年）三月，“和帝即位，以（邓）彪为太傅，录尚书事，赐爵关（中）〔内〕侯”。东汉前期，关内侯的规模较小并拥有较高的社会地位。这一政治现象既反映了东汉前期皇帝重视调整统治秩序和社会等级结构，又与“国者慎器与名，为家者畏怨重祸。俱慎名器，则下服其命”[②]的政治理念密切相关。

关内侯人数迅速增长，很多不能继承爵位的可以通过买爵的形式获得，东汉中后期关内侯的社会地位和政治影响趋于下降。如《后汉书》卷五《孝安帝纪》载安帝永初三年（109年），“三公以国用不足，奏令吏人入钱谷，得为关内侯、虎贲、羽林郎、五大夫、官府吏、缇骑、营士各有差”。另如桓帝延熹四年（161年），“占卖关内侯、虎贲、羽林、缇骑、营士、五大夫，钱各有差”[③]。再如《后汉书》卷七十八《宦者列传·曹节传》载灵帝建宁元年（168年），“（宦官）十一人皆为关内侯，岁食租二千斛”。又如灵帝光和元年（178年），“初开西邸卖官，自关内侯、虎贲、羽林，入钱各有差”[④]。《后汉书》卷八《孝灵帝纪》亦载灵帝中平四年（187年），“卖关内侯，假金印紫绶，传世，入钱五百万”。又如献帝延康元年（220年），“（魏王曹丕）赐（关门亭侯庞德）子会等四人爵关内侯，邑各百户”[⑤]。东汉皇帝卖爵关内侯不仅直接加剧了关内侯群体规模急剧膨胀与高爵阶层社会地位贬值的过程，而且反映了政治腐败状况和国家财政困难局面。东汉中后期，皇帝卖爵关内侯者并不享有俸禄，清代学者俞正燮认为：关内则虚爵，以入钱谷得爵者无俸。[⑥]

东汉中后期关内侯的入仕规模较小，产生的政治影响趋于弱化。东汉中后期只有部分入仕的关内侯产生了一定的政治影响，既反映了高爵群体的分化与重新组合，又体现了皇权重视调整统治秩序和社会等级结构。如《后汉书》卷六十一《黄琬传》亦载灵帝中平五年（188年），“时寇贼陆梁，州境雕残，（豫州牧黄）琬讨击平之，威声大震。政绩为天下表，封关内侯”。另如献帝建安三年（198年），“太祖（曹操）破吕布于下邳，（张）辽将其众降，拜中郎将，赐爵关内侯”[⑦]。再如献帝建安九年

---

① 范晔：《后汉书》卷三十七《桓荣传》，中华书局1965年版，第1254-1255页。

② 范晔：《后汉书》卷十五《来歙传》，中华书局1965年版，第586页。

③ 范晔：《后汉书》卷七《孝桓帝纪》，中华书局1965年版，第309页。

④ 范晔：《后汉书》卷八《孝灵帝纪》，中华书局1965年版，第342页。

⑤ 陈寿：《三国志》卷十八《魏书·庞德传》，中华书局1982年第2版，第546-547页。

⑥ 俞正燮撰，于石、马君骅、诸伟奇点校：《俞正燮全集》第一卷《癸巳类稿》卷十一《关内侯说》，黄山书社2005年版，第519页。

⑦ 陈寿：《三国志》卷十七《魏书·张辽传》，中华书局1982年第2版，第517页。

（204年），“（校尉许褚）从围邺，力战有功，赐爵关内侯”①。又如献帝建安十八年（213年），“魏国既建，（关内侯王粲）拜侍中。博物多识，问无不对。时旧仪废弛，兴造制度，（王）粲恒典之”②。另外献帝延康元年（220年），“（魏）文帝（曹丕）即王位，（刘廙）为侍中，赐爵关内侯”③。此外献帝延康元年（220年），“（魏）文帝（曹丕）即王位，赐（征西将军司马郭淮）爵关内侯”④。

东汉关内侯逐渐成为统治集团成员拥有较高政治身份与社会地位的一种象征，并产生了一定的政治影响。东汉关内侯不仅在一定程度上可以代表家族的政治地位和社会荣誉，而且与家庭成员的仕途状况密切相关。东汉关内侯作为统治集团中的高爵群体而存在，但关内侯的社会地位和政治影响并无制度保障与法律规定。东汉关内侯的社会地位和政治影响主要取决于权力运行机制，并呈现阶段性、身份化和鲜明时代性的特征。东汉关内侯的社会地位与政治影响受政局演变、统治集团变迁、官僚体制发展、社会等级秩序调整和各种政治集团势力兴衰影响较大，并与关内侯的规模、功劳、仕途、德行、社会声望及其和皇帝的关系相关。

三、结语

综上所述，汉代关内侯作为统治集团中的高爵群体而存在并发挥了一定的社会作用，但关内侯的社会地位与政治影响并无制度保障。两汉关内侯的社会地位和政治影响主要取决于权力运行机制，并呈现阶段性、身份化与鲜明时代性的特征。汉代关内侯的社会地位和政治影响受政局变迁、官僚体制发展、统治集团调整、社会等级结构调整影响较大，并与关内侯的规模、功劳、政治素质、仕途、德行、社会声望及其和皇帝的关系相关。这一政治现象不仅反映了皇权重视对两汉高爵阶层实施奖惩、政治管理与身份控制，而且体现了各个时期的关内侯群体在统治集团中拥有不同的社会地位和政治影响。

伴随政局演变、官僚体制发展、统治集团演变与社会等级结构调整，汉代关内侯的社会地位呈现日益下降的趋势，产生的政治影响也逐渐降低。汉代关内侯享有的权益逐步减少，逐步由贵族爵向官爵转化，并由普遍食邑向大多不可拥有食邑转化，爵位也由可以世袭向大多不可继承变动。两汉中后期，关内侯的入仕规模相对较小。两汉中后期的关内侯主要作为统治集团成员拥有较高社会地位和政治影响的一种象征而

---

① 陈寿：《三国志》卷十八《魏书·许褚传》，中华书局1982年第2版，第542页。
② 陈寿：《三国志》卷二十一《魏书·王粲传》，中华书局1982年第2版，第598页。
③ 陈寿：《三国志》卷二十一《魏书·刘廙传》，中华书局1982年第2版，第616页。
④ 陈寿：《三国志》卷二十六《魏书·郭淮传》，中华书局1982年第2版，第734页。

存在，但可以拥有一定的经济权益和较高的政治荣誉。

汉代关内侯的社会地位和政治影响呈现阶段性、身份化与鲜明时代性的特征，分为西汉前期、西汉中后期、东汉前期和东汉中后期四个阶段。两汉前期，关内侯的社会地位较高，并在建立政权、参与国家决策与维护社会等级秩序等方面发挥了一定的政治影响。而两汉中后期，关内侯的社会地位呈现边缘化的趋势，发挥的政治作用也逐渐降低。

但就汉王朝而言，关内侯仍受到皇帝与统治集团成员的重视。汉代关内侯拥有较高的社会地位并享有比较丰厚的经济权益，但呈现日益衰落的趋势。两汉后期，关内侯的社会地位与政治影响产生了增加国家财政负担、削弱皇权政治的经济基础、助长社会上等级观念和特权思想盛行、激化社会矛盾与统治危机等弊端。由于两汉皇帝与高爵阶层拥有错综复杂的关系并存在一定的政治矛盾、权力斗争和利益冲突，皇权对关内侯群体采取利用与限制并存的政策。

汉代皇帝重视对关内侯的社会地位与政治影响实施政治管理和身份控制，并取得了一定成效。两汉皇帝在不同时期灵活运用了规范关内侯的赐爵程序[①]、控制关内侯规模、免为庶人（或夺爵为士伍）[②]、削减或剥夺关内侯权益（以食邑、名田宅、爵位继承、参政权、减免刑罚与恤典[③]为中心）等措施，减少了赐爵关内侯所产生的弊端。实施以上管理措施，既增强了汉代皇帝对高爵群体的政治控制力与身份支配性，又推动了关内侯社会地位和政治影响下降的过程。汉代关内侯社会地位与政治影响的变迁不仅成为皇权在统治集团分配权益和协调君臣关系的一项措施，而且发挥了加强中央集权、维护社会稳定、推动社会阶层分化、维持社会等级秩序、巩固政权基础与增强统治集团凝聚力的社会功能。

作者简介

师彬彬 河北临城人，许昌学院魏晋文化研究所讲师，南开大学历史学博士，研究方向为秦汉史。

① 师彬彬：《两汉赐爵关内侯的社会功能》，载《咸阳师范学院学报》2017年第3期，第21-25页。

② 师彬彬：《两汉关内侯的爵位变动》，载《齐鲁学刊》2017年第3期，第58-64页。

③ 师彬彬：《两汉关内侯的恤典》，载《咸阳师范学院学报》2016年第5期，第18-22页、第89页。

徐州汉画像石所见汉代饮食特色

朱 笛

内容提要： 本文以徐州出土汉画像石资料为依据，结合历史文献，从食材选择、烹饪方法、食器使用等细节角度，发掘徐州汉代饮食文化的地方特色和历史传承。

关键词： 徐州；汉代饮食；汉画像石

徐州是两汉文化之乡，地处交通要道，四通八达，历史地位举足轻重。自古以来的质朴民风造就了带有地方特色的饮食文化。徐州出土的汉画像石中保留了大量反映汉代饮食特色的图像，包括食材选择、烹饪方法、食器使用等细节，为我们追溯徐州饮食渊源提供了宝贵资料。

一、食材选择

1. 食鱼

徐州水泽众多，水产丰富，汉墓考古发掘中常见鱼骨、螃蟹、鱼子酱等水产类食物的资料，说明时人饮食中常以鱼、蟹等河鲜为重要食材。以鱼为代表的河鲜是两汉时期重要的食材，通过徐州地区出土的表现庖厨场景的汉画像石，我们能直观、生动地观察到相关图像。贾汪青山泉子房征集的一方东汉时期画像石中，三条鱼分盛三盘内依次排开，与现代菜肴别无二致（图 1）[①]。铜山县汉王乡（现为铜山区汉王镇）东沿村发现的东汉元和三年（86 年）汉画像石，第一层《庖厨图》表现膳夫准备盛筵的场景，在罗列丰富的食材中很醒目地悬挂着两条鱼，显然是等待烹饪的食材，一旁还有一对火腿以及待宰的雉鸡、雏鹿等野味（图 2）[②]。

图 1　徐州贾汪青山泉子房《鱼盘图》汉画像石

图 2　徐州铜山汉王出土的《庖厨图》汉画像石

徐州汉墓考古发掘也常见鱼类骨骼，狮子山楚王墓、翠屏山刘治墓、小金山西汉墓、奎山西汉墓等都曾发现鱼骨，说明王侯贵族嗜好食鱼。鱼既能熟食又可生啖，熟

① 中国画像石全集编辑委员会：《中国美术全集》卷四《江苏、安徽、浙江汉画像石》，山东美术出版社、河南美术出版社 2000 年版，第 67 页。

② 中国画像石全集编辑委员会：《中国美术全集》卷四《江苏、安徽、浙江汉画像石》，山东美术出版社、河南美术出版社 2000 年版，第 11 页。

制之法主要有炙、羹、蒸、炖等火熟法，也有脯、腊、熏、酢等腌渍法。生食法则为“鱼脍”，是汉代的珍馐佳肴。汉乐府《羽林郎》载：“就我求珍肴，金盘脍鲤鱼。”[①]马王堆3号墓出土木牍遣策（简223）载：“鱼脍一器。”[②]《礼记·内则》载：“鱼脍芥酱。”[③] 食用鱼脍通常要搭配芥子酱，既能提鲜又能中和生鱼片的腥冷之气。

2. 食犬

先秦时代，人们已有屠犬食用之俗，并饲养专供食用的“食犬”。《礼记·少仪》载“守犬、田犬”，唐孔颖达疏曰：“犬有三种，一曰守犬，守御宅舍也；二曰田犬，田猎所用也；三曰食犬，充君子庖厨庶羞用也。”[④] 屠狗为业者大有人在，《史记·刺客列传》记载，聂政家贫“客游以为狗屠”[⑤]。汉高祖刘邦的开国功臣樊哙微时，也曾屠狗为业，《史记·樊哙传》载：“舞阳侯樊哙者，沛人也。以屠狗为事，与高祖俱隐。”[⑥] 如今，徐州沛县狗肉闻名全国，想必与这位开国功臣的盛名不无关系。

徐州出土的众多汉画像石也反映出汉代徐州地区食狗之风。1986年徐州铜山县汉王乡东汉画像石墓出土了10块画像石，其中第3石上栏居左处即有屠夫半跪缚狗的场景（图3）[⑦]。徐州汉墓考古中也曾发现犬类骨骼，如奎山西汉墓北耳室内就曾出土过完整的小狗骨骼。土山东汉墓（M3）墓道近封门外，曾出土一瓮形罐，罐内盛放狗骨。

汉代人食狗肉，大多制成羹汤。枚乘《七发》曰：“肥狗之和，冒以山肤。”[⑧] 即用肥美的狗肉熬制的羹汤。马王堆汉墓出土竹简遣策，对狗肉烹饪的记载则更加丰富。如马王堆一号汉墓（以下简称马王堆M1）[⑨]，简一九“狗巾羹”，即狗肉水芹羹；简二八“狗苦羹”，即狗肉苦荼莱羹；马王堆三号汉墓（以下简称马王堆M3），简八三“狗巾羹一鼎”，简九六“狗苦羹一鼎”。除羹汤外还有炙法，如马王堆M1简四一“犬其劦炙一器”；马王堆M3简二〇八“犬朞劦炙一器”，即炙烤的两膀；马王堆M1简四二“犬肝炙一器”，即炙烤的肝脏。文献中“狗”与“犬”各有所指，《尔雅·释

① 徐澄宇选注：《乐府古诗》，春明出版社1955年版，第67页。

② 湖南省博物馆，湖南省文物考古研究所：《长沙马王堆二、三号汉墓：田野考古发掘报告》，文物出版社2004年版，第62页。

③ 郑玄注，孔颖达疏：《礼记正义》卷二七，《十三经注疏》，上海古籍出版社2007年版，第1464页。

④ 郑玄注，孔颖达疏：《礼记正义》卷三五，《十三经注疏》，上海古籍出版社2007年版，第1514页。

⑤ 司马迁：《史记》卷八六《刺客列传》，中华书局2003年版，第2522页。

⑥ 司马迁：《史记》卷三十五《樊哙传》，中华书局2003年版，第2651页。

⑦ 徐州博物馆：《徐州发现东汉元和三年画像石》，载《文物》1990年第9期。

⑧ 萧统编，李善注：《文选》卷三十四，上海古籍出版社1986年版，第1563页。

⑨ 湖南省博物馆，中国科学院考古研究所：《长沙马王堆一号汉墓》，文物出版社1973年版，第132-134页。

图3 徐州铜山汉王东汉画像石墓第3石拓片

畜》："未成豪，狗。"[①]《礼记·曲礼》："效犬者，左牵之。"孔颖达疏曰："大者为犬，小者为狗。"[②] 汉代所谓狗、犬实则分别指刍狗与大狗，因此在食材的选择上也有不同：刍狗，多取其肉制羹，如"狗巾羹""狗苦羹"；犬则因其为体型较大，多选择内脏为食材，如"犬朁劦炙""犬肝炙"。

繁华的食肆还有狗肉熟食，《盐铁论·散不足》记载有"狗䐑"[③]，即将狗肉熟制后再细切成薄片，很像现今徐州地区的狗肉铺子出售的熟食。狗䐑也是帝王御膳，《东观汉记·世祖光武皇帝》载："上至邯郸，赵王庶兄胡子进狗䐑马醢。"[④] 其制作方法或可参考《齐民要术》卷九引《食经》"作犬䐑法"："犬肉三十斤，小麦六升，白酒六升，煮之令三沸。易汤，更以小麦、白酒各三升，煮令肉离骨，乃擘。鸡子三十枚著肉中，便裹肉，甑中蒸，令鸡子得干，以石迮之。一宿出，可食。"[⑤] 缪启愉认为这是将肉撕开或切细和进作料蒸熟后，再包起来加以压榨或夹打使紧实，再作冷凝处理，使肉汁凝结成胶冻，然后切成薄片吃，类似肉冻、肴肉。可见，犬䐑自西汉至北朝一直是保留菜式。

古人饮食讲求医食同源，食物不单为满足口腹之欲，更是配合养生健体的食疗

① 郭璞注，邢昺疏：《尔雅注疏》卷十，《十三经注疏》，上海古籍出版社2007年版，第2653页。
② 郑玄注，孔颖达等正义：《礼记正义》，《十三经注疏》，上海古籍出版社2007年版，第1244页。
③ 王利器校注：《盐铁论校注》卷六《散不足》，中华书局1992年版，第352页。
④ 刘珍等撰，吴树平校注：《东观汉记校注》卷一《世祖光武皇帝》，中华书局2008年版，第5页。
⑤ 贾思勰，缪启愉校注：《齐民要术校注》，中国农业出版社1998年版，第630-631页。

法。以食用狗肉为例，先秦时代人们对于食犬已讲求膳食的温寒搭配，《周礼·天官·食医》载：“凡会膳食之宜……犬宜粱。”唐贾公彦疏曰：“犬味酸而温，粱米味甘而微寒，亦是气味相成。”[①] 认为狗肉和小米搭配食用可达到温寒相配的结果。传统中医认为狗肉味甘咸酸，性温，有安五脏、轻身益气、宜肾补胃、暖腰膝、壮气力、补五劳七伤、补血脉等功效。现代营养学分析，狗肉富含蛋白质、嘌呤类、肌呔、钾、钠、氯以及多种氨基酸和脂类，食用后可产生较高的热能，为冬令进补佳品。尽管营养丰富，狗肉也不可多食，否则易上火，生痰发渴；凡阳盛、火旺者不宜食用。疯狗、病狗肉绝不可食。[②]

3. 食羊

徐州长期以来有伏天吃伏羊的风俗，这或许与古老的伏腊祭祀有关。《诗经·小雅·甫田》：“以我齐明，与我牲羊，以社以方，我田既臧，农夫之庆。”《郑笺》：“大腊之时，劳农以休息之也。”[③] 羊是三牲之一，为祭祀土地神及四方的牺牲，有保佑地利丰饶、庆祝五谷丰登的深意。汉代仍恪守着类似的祭祀活动，杨恽《报孙会宗书》曰：“田家作苦，岁时伏腊，烹羊炰羔，斗酒自劳。”[④] 当然，在伏腊祭祀仪式之后，羊酒的归宿不外成为众人的盘中餐，神圣的祭祀活动，也逐渐演变为民俗，徐州地方民俗伏天吃伏羊的传统，应该与此相关。

“羊酒”是汉代常见的连文，1952 年河北望都汉墓前室西壁“羊酒图”，绘有一只羊并一只酒瓮，旁题“羊酒”二字。[⑤] 羊酒在汉代生活中影响深远，除伏祭与腊祭奉献羊酒外，还用于慰劳、赏赐及庆贺等活动。史载皇帝亲自下诏甄赐博士人一羊，《东观汉记·甄宇传》曰：“每腊，诏书赐博士羊，人一头，羊有大小肥瘦……宇因先自取其最瘦者，由是不复有争讼。”[⑥] 甄宇因此也获得“瘦羊博士”之美誉。《汉书·王莽传上》载王莽犒劳其侄师友：“奉羊酒，劳遗其师，恩施下竟同学。”[⑦]《汉书·昭帝纪》中“令郡县常以正月赐羊酒”[⑧]，则是用于表彰奖励郡县中有义行者。《后汉书·樊英传》载：“帝不能屈，而敬其名，使出就太医养疾，月致羊酒。”[⑨]《后汉书·

---

① 郑玄注，贾公彦疏：《周礼注疏》卷五，《十三经注疏》，上海古籍出版社 2007 年版，第 667 页。
② 余孚：《古代“六畜”之一——狗》，载《古今农业》1995 年第 2 期。
③ 毛亨传，郑玄笺，孔颖达疏：《毛诗正义》卷十四，《十三经注疏》，上海古籍出版社 2007 年版，第 464 页。
④ 班固：《汉书》卷六六《杨恽传》，中华书局 1983 年版，第 2896 页。
⑤ 北京历史博物馆，河北省文物管理委员会：《望都汉墓壁画》，中国古典艺术出版社 1955 年版，图版二四。
⑥ 刘珍等撰，吴树平校注：《东观汉记校注》卷十八，中华书局 2008 年版，第 839 页。
⑦ 班固：《汉书》卷九九《王莽传上》，中华书局 1983 年版，第 4040 页。
⑧ 班固：《汉书》卷七《昭帝纪》，中华书局 1983 年版，第 225 页。
⑨ 范晔：《后汉书》卷八二《方术传》，中华书局 1973 年版，第 2721 页。

周燮传》载："诏书告二郡，岁以羊酒养病。"① 此为皇帝对有德行之臣赐以羊酒以示慰问关怀。《史记·卢绾传》载："卢绾亲与高祖太上皇相爱，及生男，高祖、卢绾同日生，里中持羊酒贺两家。及高祖、卢绾壮，俱学书，又相爱也。里中嘉两家亲相爱，生子同日，壮又相爱，复贺两家羊酒。"② 民间百姓以羊酒庆贺，说明"羊酒"在两汉时期上至政治活动，下至百姓民生，均发挥着重要作用。图 4 为徐州出土的汉画像石《庖厨图》中屠羊待烹的场景。③

图 4　徐州出土汉画像石《庖厨图》表现屠羊待烹的场景

汉代对羊肉有多种烹饪方法，据马王堆汉墓遣策记载，主要有"羊酪羹"（马王堆 M1 简二）、"羊脍"（马王堆 M3 简二二〇）、"羊昔（腊）"（马王堆 M3 简一四一）等，分别指用羊肉熬制的酸菜羹、羊肉片（或为炙烤食料）以及腊制羊肉，可谓丰富多样。④ 此外，还有"羊胾肩"（马王堆 M3 六七、简二一一），即将羊前肢肉切割为大块进行烹饪。需要指出的是，羊肉对王侯贵族而言是寻常之食，但升斗小民却难得消受，《汉书·货殖列传》载："富者……犬马余肉粟，而贫者……含菽饮水。"⑤ 由此可见，普通百姓只能在每年的伏腊祭祀时得享口福，也愈发凸显羊肉的珍贵。

① 范晔：《后汉书》卷五三《周燮传》，中华书局 1973 年版，第 1741 页。

② 司马迁：《史记》卷九十三《卢绾传》，中华书局 2003 年版，第 2637 页。

③ 中国画像石全集编辑委员会：《中国美术全集》卷四《江苏、安徽、浙江汉画像石》，山东美术出版社、河南美术出版社 2000 年版，第 10 页。

④ 湖南省博物馆，中国科学院考古研究所：《长沙马王堆一号汉墓》，文物出版社 1973 年版，第 131 页。

⑤ 班固：《汉书》卷九一《货殖列传》，中华书局 1983 年版，第 3682 页。

4. 雉羹

《楚辞·天问》："彭铿斟雉，帝何飨?"汉代王逸注曰："彭铿，彭祖也。好和滋味，善斟雉羹，能事帝尧，帝尧美而飨食之也。"又曰："言彭祖进雉羹于尧，尧飨食之以寿考。"① 雉，即野鸡，为避汉高祖皇后吕雉名讳，故《汉书·高后纪》注引荀悦曰："讳雉之字曰野鸡。"② "雉羹"（野鸡汤）可谓是有文字记载的最古老的徐州地方美食，因其营养丰富，自古便被视为长寿饮食。

自古以来，雉羹就是王侯贵族的专属美味。《礼记·内则》载："蜗醢而苽食雉羹。"孔颖达疏曰：人君燕食"以蜗为醢，以苽米为饭，以雉为羹，三者味相宜"③，即蚌蛤酱、雕胡饭和雉鸡羹三种珍贵食材相搭配的高级饮食。

雉羹，原料选取野生雉鸡，汉代贵族为能享此美羹，非田猎不能获。邳州东汉彭城相缪宇墓曾出土一方《捕雉图》画像石，其中就有表现网捕雉鸡的场景（图 5）④。前述铜山汉王东汉元和三年（86 年）汉画像石《庖厨图》罗列的珍馐食材中，也有两只肥美的雉鸡（图 2）。

图 5　邳州东汉彭城相缪宇墓出土画像石《捕雉图》

物以稀为贵，正是雉鸡不易得，方才更加凸显"雉羹"的高端品质。退而求其次，家鸡亦可为原料。徐州汉墓考古也常见包括鸡骨在内的禽类骨骼，凤凰山庄西汉墓、奎山汉墓均出土鸡骨，小金山西汉墓西室出土的陶鼎内盛放鸡骨。翠屏山刘治墓出土的陶罐内盛大量的鱼骨和一段鸡骨。龟山汉墓第十一室和狮子山楚王墓 E1 出土大量的禽类骨骼，但因朽败不可明辨别，推测其中应该包括鸡骨。以上资料证明，鸡

① 洪兴组撰，白化文等点校：《楚辞补注》，中华书局 2006 年版，第 116 页。

② 班固：《汉书》卷三《高后纪》，中华书局 1983 年版，第 95 页。

③ 郑玄注，孔颖达疏：《礼记正义》卷二七，《十三经注疏》，上海古籍出版社 2007 年版，第 1464 页。

④ 南京博物院，邳县文化馆疏：《东汉彭城相缪宇墓》，载《文物》1984 年第 8 期。

肉是汉代徐州地区王侯贵族最常享用的美食之一。

据马王堆汉墓考古资料，“雉羹”“鸡羹”也是轪侯家族食谱上的常例。马王堆M3遣策简九一“鸡酵羹一鼎”、简九二“雉酵羹一鼎”，马王堆M1简九“鸡酵羹一鼎”、简八“雉酵羹一鼎”，即用鸡、雉加酸菜制成的羹汤。马王堆M3简七八“鸡白羹一鼎”、马王堆M1简一五“鸡白羹一鼎瓠菜”，所谓“鸡白羹”即用鸡、稻米熬制的羹汤。[①] 坊间一直流传，闻名全国的徐州小吃“饣它（shá）汤”据传就是源自彭祖的“雉羹”。饣它汤，以鸡汤为基，加入麦仁、面筋、胡椒粉等制成，主要原料的选材颇与“鸡白羹”类似，很难否认两者之间的渊源。

5. 食蝉

蝉是古老的昆虫，考古资料显示早在新石器时期，人们就已将这种幻化之虫以玉饰件的形式表现出来。湖北石家河罗家柏岭遗址的石家河文化曾出土玉蝉，良渚文化遗址也曾出土玉蝉。蝉是夏季常见鸣虫，《诗经·豳风·七月》有“五月名蜩”[②] 之句。每年农历五月，当阵阵蝉鸣回响，便宣告了夏天的开始。

古人食蝉，也发明了诸多捕蝉之法，最常采用“耀蝉”法，如《荀子·致士篇》记载：“夫耀蝉者务在明其火，振其树而已。”郝懿行注释：“耀者，照也。耀蝉者，火必明而后蝉投焉，蝉以阳明为趋也。”[③] 即在夜间树下点燃火堆，然后用力振树，蝉虫受火光的吸引，成群而来，如此捕蝉往往收获颇丰。明代神医李时珍在《本草纲目》也记载：“（蝉）古人食之，夜以火取，谓之耀蝉。”[④]蝉属于趋光昆虫，因此根据其习性，很容易利用火光捕捉，父辈人回忆童年趣事对此依然记忆犹新。

此外，也有用竹竿黏蝉的方法，汉代儿童已经精熟此道。王充《论衡·自纪篇》记载，王充幼年时，同龄的儿童无不喜欢捉雀、捕蝉之类的游戏，但王充却不肯从众。作为汉皇故里的徐州，恰有相关的考古资料。邳州燕子埠东汉彭城相缪宇墓中曾出土一组人物画像石，图像中正有表现儿童高举竹竿伸向树冠中捕蝉的场面（图6）[⑤]。

古人不但捕蝉，更有食蝉传统。据文献记载，古人食蝉的历史可以追溯至先秦时代，《礼记·内则》中罗列各色奉养饮食，其中就有名为“蜩”的动物性食材，而蜩就是蝉。古人食蝉当然不为果腹，而是将其奉为上品美味，《周礼·膳夫》记载周天

---

① 湖南省博物馆，中国科学院考古研究所编：《长沙马王堆一号汉墓》，文物出版社1973年版，第54页、第131页、第52页。

② 毛亨传，郑玄笺，孔颖达疏：《毛诗正义》卷八，上海古籍出版社1997年版，第390页。

③ 王先谦撰，陈啸寰、王星贤点校：《荀子集解》卷九，中华书局1988年版，第261-262页。

④ 李经纬，李振存：《本草纲目校注》卷四，辽海出版社2000年版，第1393-1395页。

⑤ 南京博物院，邳州文化馆：《东汉彭城相缪宇墓》，载《文物》1984年第8期。

图 6　邳州燕子埠东汉彭城相缪宇墓出土捕蝉画像石线图

子燕食的珍馐“百有二十品”，其中就包括蝉。

三国时代的文豪陈思王曹植作《蝉赋》，哀叹即将成为人们盘中餐的蝉的命运，曰：“有翩翩之狡童兮，运微黏而我缠……委厥体于膳夫，归炎炭而就燔。”① 《说文解字》注解“燔”字为：“宗庙火炙肉也。”② 说明当时人们食蝉，是以炭火烤后熟食，由此或可以推测在此之前的自先秦至两汉时期，人们也是采用火烤熟食法。

江苏徐州至今仍保留古而有之的食蝉习俗，但制法稍异。每年六七月份，坊间随处可见“炸金蝉”小食，即将未经蜕化的蝉虫，用盐水浸泡清洗后，入油锅中烹炸至酥脆。这道地方小吃营养丰富，富含蛋白质、脂肪、氨基酸，还兼有食疗功效，徐州民谚有食蝉明目退翳的说法。

二、食器种类

徐州出土的汉画像石中也有反映饮食器具的图像，炙烤肉类的炙炉、盛放美酒的壶钫、行酒使用的尊杯等。

1. 炙炉

炙，古老烹饪方法之一，《说文解字》释曰：“炙，炙肉也。从肉在火上。”段玉裁注曰：“有弗贯之加火上也。”③ 先秦时代就很盛行这种炙烤肉食的烹饪方式，汉承此法，最常见的就是将肉切割成大小均匀的肉块，用烤叉串好后置于炙炉上炙烤。当

① 欧阳询撰，汪绍楹校：《艺文类聚》卷九七，上海古籍出版社 1985 年版，第 1679 年。
② 许慎撰，段玉裁注：《说文解字注》，上海古籍出版社 1981 年版，第 1919 页。
③ 许慎撰，段玉裁注：《说文解字注》卷十下，上海古籍出版社 1981 年版，第 491 页。

时人将肉炙与鱼脍并列为天下至美的食物，枚乘《七发》曰："薄耆之炙，鲜鲤之鲙。"① 徐州画像石艺术馆收藏的一幅《庖厨图》中就有反映炙烤的场景（图7）②。图中的膳夫，面前放置一圆形烤炉，膳夫左手挥扇，左手执两串肉串于烤炉上炙烤，情形与现如今徐州夜市烧烤摊无别。

图7　徐州汉画像石艺术馆藏《庖厨图》画像石

炙烤的重要工具就是炙炉，形制大体可分成圆形和方形两种。徐州狮子山楚王墓出土一件铜炙炉，高16厘米、口径45.4厘米，炉身圆形，下有三兽形足，腹有四个铺首衔环。③ 这件烤炉应该能为楚王的宫廷宴会烤炙一顿丰盛的大餐。

2. 尊

汉代饮酒方式与现代的斟酒完全不同：饮酒时，需要先将酒从盅或坊内倒入尊中，再以勺从尊中舀酒，逐一向嘉宾杯中挹酒。尊（樽）是汉代重要盛酒器，《说文解字》释"尊"中段玉裁注曰："凡酒必实于尊，以待酌者。"④徐州博物馆馆藏一件铜尊，外呈筒形，下有三足，腹身两侧有铺首衔环。徐州汉画像石中表现宴饮题材的图像就反映出汉代贵族的饮酒场景。徐州铜山台上出土了《仙人六博饮酒图》汉画像石，图案中两人对坐，中有食案，上置一酒尊，尊中有勺，地面上有两耳杯。从尊中舀出的美酒分挹于两杯后便可开怀畅饮（图8）⑤。睢宁张圩出土的《宴饮》汉画像石中，两人坐于榻上，中置六博局，旁有尊及两只耳杯（图9）⑥。

---

① 严可均校辑：《全上古三代秦汉三国六朝文》卷二十，中华书局1965年版，第238页。

② 图片为作者拍摄于徐州汉画像石艺术馆。

③ 中国国家博物馆，徐州博物馆：《大汉楚王——徐州西汉楚王陵墓文物集萃》，中国社会科学出版社2005年版，第204页。

④ 许慎撰，段玉裁注：《说文解字注》卷十下，上海古籍出版社1981年版，第752页。

⑤ 中国画像石全集编辑委员会：《中国画像石全集》卷四《江苏、安徽、浙江汉画像石》，山东美术出版社、河南美术出版社2000年版，第43页。

⑥ 中国画像石全集编辑委员会：《中国画像石全集》卷四《江苏、安徽、浙江汉画像石》，山东美术出版社、河南美术出版社2000年版，第92页。

图 8　徐州铜山台上出土的《仙人六博饮酒图》汉画像石

图 9　睢宁张圩出土的《宴饮》汉画像石

汉代贵族饮酒也有一定的禁忌，《风俗通义·佚文》载："坐不移樽。俗说：凡宴饮者，移转樽酒，令人讼争。"[①] 可见，酒尊在宴饮中是不能轻易移动的，否则会让人产生纠纷。不过，笔者推测其真实的原因，或许因为美酒佳酿难得，倘若因为移动酒尊，很可能不慎洒溅，那岂不是太扫兴？

三、徐州汉代饮食特色

徐州地区汉代饮食文化丰富多彩。通过汉画像石图像资料结合文献史料，可见徐州汉代饮食在继承先秦饮食传统的基础上形成了其鲜明的特点，既体现了饮食基本特征，同时更表现出徐州的地域饮食特色，主要体现在以下三方面：

其一，烹饪方法多样，形成了较为固定的几种主要烹饪方法，对当今中国的烹饪方法仍有深远影响。汉代烹饪方法多样，徐州汉代考古所见的烹饪法则主要有羹、脍、炙等代表方法，仍沿用至今。

其二，食材种类丰富，体现出显著的地方特色。通过考古资料所见，徐州汉代食材

---

① 应劭撰，王利器校注：《风俗通义校注》，中华书局 1981 年版，第 565 页。

种类丰富，包括六畜肉类、禽类及水产等。肉食种类多样，鸡、犬、羊等是较为常见的食材，在重视食物美味的同时，也兼顾食材的养生，其中汉代徐州地区食犬、伏羊、雉羹、金蝉等都是营养丰富的滋补佳品。这几种地方菜不但汉代流行，至今仍有传承：徐州沛县狗肉被视为汉代食犬风俗的孑遗，伏天吃伏羊的传统也与汉代伏腊祭祀有关，而雉羹据传是徐州地方美食“饣它汤”的原型，夏日里街头巷尾油炸金蝉也是地方的特色小食。

其三，食器精美，与美食相得益彰，体现汉代生活的精致细节。徐州汉墓考古所见铜炙炉，不但是汉代王侯贵族的烹饪工具，同时也是工艺精美的艺术品。酒尊、耳杯等一系列饮酒器，不仅说明汉代饮酒方式与现代完全不同，还让我们更直观地见识到汉代徐州王侯的奢华生活。

对汉画像石图像所见徐州汉代饮食文化图像的分析，为开发徐州地区汉文化提供了较为可靠的物质资料和参考价值，在弘扬徐州饮食文化特点、宣传徐州地方文化特色方面，具有较为现实的积极意义。

作者简介

朱　笛　江苏徐州人，徐州博物馆馆员，南京大学历史学博士。

中国古代文献中“绿林”称谓的起源与内涵演变

徐　鹏

内容提要： 新、汉之际并不存在一支名为“绿林军”的武装力量。东汉官方史学对“更始群雄”的记载依然以新市、平林称呼。“绿林”只是上述农民军最初的屯聚之所。此后，东汉官方史学对“更始群雄”态度的变化影响了后世对“绿林”内涵的看法。东汉末年，“绿林”一词开始在内涵上出现转向。到南北朝后期，“绿林”开始成为新市、平林等农民军的代称。随着唐代“绿林盗”和“绿林豪客”等称谓的出现，“绿林”称谓的内涵最终由新末枭雄演变为山林贼寇。

关键词： 绿林；农民军；绿林豪客；贼寇

一　问题的提出

新朝末年，王匡、王凤所领导的农民军以绿林为根据地反抗新莽政权，最终联合各方军事势力，拥立刘玄称帝，建立了两汉之际著名的更始政权。对于这样一支在两汉之际十分活跃的武装力量，今人多以“绿林军”相称。进而在汉代历史的论著中，当代学者径称这一历史事件为“绿林、赤眉起义”。然而当我们查阅东汉史书渊薮——《东观汉记》时，在有关“绿林起义”的文字中，史官对这支农民军所使用的称谓却并不是“绿林”：

新市人王匡、王凤为平理诤讼，遂推为渠帅，众数百人。诸亡命往从之，数月间至七八千人，号新市兵。平林人陈牧、廖湛复聚众千余人，号平林兵。圣公入平林中与伯升会，遂共围宛。圣公号更始将军。自破甄阜等，众庶来降十余万。诸将立刘氏，南阳英雄皆归望于伯升。然汉兵以新市、平林为本，其将帅素习圣公，因欲立之。①

根据这段记载可知，王匡、王凤所领导的农民军，最初的名号应该是“新市兵”，其名号的来源是王匡等人的籍贯。而陈牧等人的农民军号为“平林兵”，原因同样是领导者的籍贯所致。两支农民军在建立后不久便与刘縯的军队合并。即使在史官的评论性文字中，也仍然使用“新市、平林”的称谓而非“绿林”。

由于《东观汉记》散佚已久，现存的这段材料是保存在《太平御览》之中，故而不能排除李昉等人可能在摘录史料时删节了一些原文。但《东观汉记》毕竟是东汉史料之渊薮，魏晋南北朝时期的东汉史著皆以之为本。从成书稍晚的《后汉纪》与《后汉书》的内容来看，有关新、汉之际王匡等农民军的记载，也只有“新市”“平林”“下江”等称谓，而不见“绿林”指称农民军的情况。

不仅如此，成书于东汉前期的《汉书》对于新莽末年农民大起义的史事也有记载，从《汉书·王莽传》的记载来看，班固在对这段历史的记述中也没有使用类似“绿林军”的称谓：

是时下江兵盛，新市朱鲔、平林陈牧等皆复聚众，攻击乡聚。②

会世祖与兄齐武王伯升、宛人李通等帅舂陵子弟数千人，招致新市平林朱鲔、陈牧等合攻拔棘阳。③

三月辛巳朔，平林、新市、下江兵将王常、朱鲔等共立圣公为帝，改年为更始元年，拜置百官。④

在今人的观念中，与“绿林军”并立者无疑是赤眉军。遍检史料后不难发现，“赤眉”确实是当时史官对樊崇等人所领导的农民军所使用的称谓。与新市、平林等称谓相比，“赤眉”一词频繁出现于新、汉之际的历史记载中：

其冬，赤眉十余万人入关，引兵入上林。⑤

是岁，赤眉力子都、樊崇等以饥馑相聚，起于琅邪，转钞掠，众皆万数。⑥

---

① 李昉：《太平御览》第一册《皇王部十五》“更始”引《东观汉记》，夏剑钦校点，河北教育出版社 1994 年第 2 版，第 795 页。

② 班固：《汉书》卷九十九下《王莽下》，中华书局 1962 年版，第 4176 页。

③ 班固：《汉书》卷九十九下《王莽下》，中华书局 1962 年版，第 4179 页。

④ 班固：《汉书》卷九十九下《王莽下》，中华书局 1962 年版，第 4180 页。

⑤ 李昉：《太平御览》第一册《皇王部十五》“更始”引《东观汉记》，夏剑钦校点，河北教育出版社 1994 年第 2 版，第 796 页。

⑥ 班固：《汉书》卷九十九下《王莽传下》，中华书局 1962 年版，第 4154 页。

对于“赤眉”的称谓，不仅存在于史官的笔下，也为新莽、东汉之际的人物对话当中，如邓禹曾对光武帝说：“更始虽都关西，今山东未安，赤眉、青犊之属，动以万数，三辅假号，往往群聚。”[①] 耿弇也对光武帝说：“青、徐之贼，铜马、赤眉之属数十辈，辈数十万众，皆东至海，所向无前，圣公不能办也，败必不久。”[②]

这样看来，无论是铜马、赤眉还是下江等农民军名号，都是当时人或东汉史官所惯用的称谓。而“绿林”则并非农民军的真正名号。那么，“绿林军”的称谓从何而来？又为何最终成为后世占山为王者的代称呢？

有关“绿林军”的研究成果主要集中在以下两个方面：一是对“绿林军”建立的更始政权的研究[③]，二是对“绿林起义”相关问题的研究[④]。但早期研究多立足于传统农民战争史的视角，改革开放以后的研究也只是重点关注了起义的过程及相关重要人物。此外，20世纪80年代，学界还曾对“绿林”是山名还是地名的问题进行了讨论[⑤]。进入90年代以后，对于“绿林军”相关问题的研究便走向了沉寂。在秦汉史研究积极倡导新史料与新方法的今天，“旧题新作”不失为一种好的思路。对于“绿林军”这一称谓的研究，还可以立足于史学史与称谓史的角度加以重新审视。从中可以看出东汉官方史学对更始一朝君臣的历史定位，亦可揭示出“绿林”内涵演变的历史轨迹。

二　“绿林军”称谓的由来

对于“绿林”称谓的考察，首先要从其最初的含义入手。有关新朝末年绿林的历史信息，现存史料中只有《后汉书》的记载最为完整。《后汉书·刘玄传》记载：

① 李昉：《太平御览》第四册《人事部》“游说中”引《东观汉记》，夏剑钦校点，河北教育出版社1994年第2版，第820页。

② 李昉：《太平御览》第四册《人事部》“游说中”引《东观汉记》，夏剑钦校点，河北教育出版社1994年第2版，第819页。

③ 张启琛：《更始政权评析》，载《河南师范大学学报（哲学社会科学版）》1987年第2期，第21-25页。曾维华：《关于更始皇帝刘玄即位的时间问题》，载《上海师范大学学报（哲学社会科学版）》1987年第2期，第140-141页。王光照：《论“更始政权”》，载《安徽教育学院学报（哲学社会科学版）》1994年第1期，第43-47页。李晓杰：《新莽东汉易代之际更始政权势力范围考述》，载《复旦学报（社会科学版）》1996年第4期，第92-96页。

④ 李鼎芳：《谈西汉末赤眉和绿林的起义》，载《历史教学》1954年11月号，第22-25页。王应琪：《论下江兵领袖王常》，《许昌学院学报》1986年第1期，第89-96页。刘序琦：《关于绿林、赤眉农民起义几个问题的商榷》，载《江西师院学报（哲学社会科学版）》1982年第3期，第46-53页。

⑤ 石泉：《绿林故址考》，载《江汉学报》1961年第1期，第31-37页。谭绪缵：《王莽末农民起义地点绿林山析疑》，载《湖南师院学报（哲学社会科学版）》1984年第2期，第23-26页。曾维华：《“绿林”非山名辨》，载《史林》1989年S1期，第6-8页、第78页。

王莽末，南方饥馑，人庶群入野泽，掘凫茈而食之，更相侵夺。新市人王匡、王凤为平理诤讼，遂推为渠帅，众数百人。于是诸亡命马武、王常、成丹等往从之；共攻离乡聚，臧于绿林中，数月间至七八千人。地皇二年，荆州牧某发奔命二万人攻之，匡等相率迎击于云杜，大破牧军，杀数千人，尽获辎重，遂攻拔竟陵。转击云杜、安陆，多略妇女，还入绿林中，至有五万余口，州郡不能制。①

李贤等人在《后汉书·刘玄传》中对“绿林”作注曰：“绿林，山，在今荆州当阳县东北也。”②《太平御览》引《荆州记》记载：“江陵县东一百里有绿林山。”③ 王先谦在《后汉书集解》中援引清代学者万承苍之说法：“本传有离乡聚绿林山，则离乡聚与绿林均为地名，可知章怀注非。”④ 我们至少可以确定的是，这支武装力量的根据地是一个叫“绿林”的地方。从在“绿林”中“至有五万余口”的情况来看，这个“绿林”的面积应该很大。因此，至少在这一时期，“绿林”很可能仍是指一片位于荆州境内的山林。

《后汉书·刘玄传》在叙述王匡、王凤等人早期史事的同时，也道出了“绿林”没有成为这支军队名号的原因。地皇三年（22年），荆州暴发瘟疫，“绿林”地区的农民军大量感染疫病。于是，农民军被迫一分为二，“王常、成丹西入南郡，号下江兵；王匡、王凤、马武及其支党朱鲔、张卬等北入南阳，号新市兵”⑤。这一记载与《汉书》略有不同。《汉书》称“是时，南郡张霸、江夏羊牧、王匡等起云杜绿林，号曰下江兵，众皆万余人”⑥。而《东观汉记》则记载为“荆州下江平林兵起，王匡、王凤为之渠率”⑦。尽管各种史籍记载的内容存在出入，但均指向同一信息，即王匡等人虽起兵于“绿林”，但东汉前期的史官并未以“绿林”代称其军队。

不久之后，新市兵与下江兵重新合并在一起。这次合并与舂陵刘氏集团存在密切关系。在王匡、王凤等人起兵前后，南阳的刘縯、刘秀兄弟亦起兵反莽。《后汉书·刘縯传》对此的记载如下：

莽末，盗贼群起，南方尤甚。伯升召诸豪杰计议曰：“王莽暴虐，百姓分崩。今枯旱连年，兵革并起。此亦天亡之时，复高祖之业，定万世之秋也。”众皆然之。于是分遣亲

---

① 范晔：《后汉书》卷十一《刘玄传》，中华书局1965年版，第467-468页。

② 范晔：《后汉书》卷十一《刘玄传》，中华书局1965年版，第468页。

③ 李昉：《太平御览》第一册《地部二十二》“林”，夏剑钦校点，河北教育出版社1994年版，第513页。

④ 王先谦：《后汉书集解》卷十一《刘玄传》，中华书局1984年影印本，第175页。

⑤ 范晔：《后汉书》卷十一《刘玄传》，中华书局1965年版，第468页。

⑥ 班固：《汉书》卷九十九下《王莽下》，中华书局1962年版，第4164页。

⑦ 萧统编，李善注：《文选》卷一《赋甲·京都上·两都赋》李善注引《东观汉记》，上海古籍出版社1986年版，第29页。

客，使邓晨起新野，光武与李通、李轶起于宛。伯升自发舂陵子弟，合七八千人，部署宾客，自称柱天都部。①

起兵之后，刘縯便着手联合新市、平林等农民军，并促成了舂陵刘氏集团与新市、平林等农民武装的合作。但是在这一联盟中，舂陵刘氏集团的实力不及新市、平林等武装力量，因而在政权建立过程中处于下风。对于合并之后的军队，《后汉纪》以"汉兵"称之②。但《后汉书》则记载在更始即位之前，联盟中的三方均保持着原有的称谓。关于更始政权建立前联盟的称谓问题，《汉书》的记载与《后汉书》相同：

四年正月，汉兵得下江王常等以为助兵，击前队大夫甄阜、属正梁丘赐，皆斩之，杀其众数万人。③

汉兵乘胜遂围宛城。④

这里的"汉兵"指刘縯兄弟的军队，在"汉兵乘胜遂围宛城"的记载后，这一军事联盟便拥立刘玄称帝，新市、平林等称谓亦不再被使用。

综合上述内容不难发现，有关新莽末年新市、平林等农民军的记载，现存最早的一批材料主要集中于《汉书》与《东观汉记》两部著作之中。值得注意的是，《东观汉记》和《汉书》有关新市、平林等军队的史料很可能出自同一人之手，《后汉书·班固传》记载如下：

父彪卒，归乡里。固以彪所续前史未详，乃潜精研思，欲就其业。既而有人上书显宗，告固私改作国史者，有诏下郡，收固系京兆狱，尽取其家书。先是扶风人苏朗伪言图谶事，下狱死。固弟超恐固为郡所覈考，不能自明，乃驰诣阙上书，得召见，具言固所著述意，而郡亦上其书。显宗甚奇之，召诣校书部，除兰台令史，与前睢阳令陈宗、长陵令尹敏、司隶从事孟异共成《世祖本纪》。迁为郎，典校秘书。固又撰功臣、平林、新市、公孙述事，作列传、载记二十八篇，奏之。帝乃复使终成前所著书。⑤

班固参与撰写《东观汉记》的时间大致在汉明帝永平年间。而根据现代学者考证，班固撰写《汉书》的时间大致自明帝永平元年（58 年）至章帝建初七年（82 年）。⑥ 班固之所以能够完成平林、新市、公孙述等史传作品，应该与皇家在史料上的支持存在直接关系。而这些史料又可能为班固在撰写《汉书·王莽传》时所继续利

① 范晔：《后汉书》卷十四《刘縯传》，中华书局 1965 年版，第 549 页。

② 《后汉纪》："进拔棘阳，与莽前队大夫甄阜、属正梁丘赐战于小长安，汉军大败，还保棘阳。"见《袁宏〈后汉纪〉集校》（李兴和点校），云南大学出版社 2008 年版，第 4 页。

③ 班固：《汉书》卷九十九下《王莽下》，中华书局 1962 年版，第 4179 页。

④ 班固：《汉书》卷九十九下《王莽下》，中华书局 1962 年版，第 4180 页。

⑤ 范晔：《后汉书》卷四十上《班固传》，中华书局 1965 年版，第 1333-1334 页。

⑥ 杨翼骧：《增订中国史学史资料编年·先秦至隋唐五代卷》，商务印书馆 2013 年版，第 63-67 页。

用。因此，《东观汉记》有关新朝末年的内容与《汉书》之间存在着较为密切的关系。[①]

遗憾的是，《东观汉记》涉及“绿林军”的内容大部分已经散佚。而《汉书》对于“绿林军”的记载也只有《王莽传》中的只言片语。从两部史书现存的文字可知，迟至东汉明章时期，官方文献在提及这支武装力量时，仍使用其在地皇三年后的称谓，即新市兵和下江兵。《汉书》与《东观汉记》作为东汉人撰写的史书，代表了东汉史家的话语。“绿林”在这一时期的历史语境中，只是一个地理名词。

三 “绿林军”称谓与东汉官方史学的关系

东汉末年，时人对“绿林”称谓的使用与东汉前期相比出现了微妙的变化。这一时期有关“绿林”称谓的使用仅见于臧洪致陈琳之信中。臧洪在信中写道：

昔高祖取彭越于巨野，光武创基兆于绿林，卒能龙飞中兴，以成帝业。苟可辅主兴化，夫何嫌哉！[②]

陈琳讥讽臧洪与当时的农民武装——黑山军联合，对此，臧洪援引史事，指出汉高祖与光武帝的创业均曾依靠盗贼的势力。所谓巨野，是秦末彭越等人聚集之所。据《史记》记载，彭越“常渔钜野泽中，为群盗”[③]。此处“钜野”即“巨野”，同书《栾布传》记载“彭越去之巨野中为盗”[④]。可见在东汉末年，“绿林”称谓仍然指农民军聚集的一处地名。但从臧洪的行文中，“绿林”实际上已经和“巨野”一样，成为“黑山”“黄巾”等“贼寇”屯聚之所。“绿林”已经不再是一个仅仅表示地名的中性词，而带有了与朝廷对立的深层次内涵。

“绿林”一词在内涵上出现这种微妙的变化，其原因可能与东汉中后期官方对更始政权的态度变化有关。徐冲曾在讨论“开国群雄传”问题时谈到了“新末群雄传”的概念，并指出“在将前代王朝之末世群雄列为纪传体王朝史之书写对象这一点上，

---

① 有学者认为《东观汉记》的修撰过程中，皇权的束缚使班固无法正常发挥其才能。参见邵毅平：《汉明帝诏书与班固》，载《复旦学报（社会科学版）》1985年第6期，第65-68页。胡家骥：《班固史学观念的转变与〈汉书〉体例》，载《理论界》2015年第2期，第121-125页。但另一方面，班固所写作的《汉书》同样是经过了汉明帝阅读并首肯之后，才得以继续并最后完成的。因此，从皇权对史书修撰的干预来看，《东观汉记》与《汉书》在对新莽时期史事的记述上都难以真正做到“秉笔直书”。两书的区别仅在于《东观汉记》可能是群体创作，而《汉书》之大部分为个人创作，故而在史料剪裁与写作风格上存在不同。

② 陈寿：《三国志》卷七《魏书·臧洪传》，中华书局1982年版，第235页。

③ 司马迁：《史记》卷九十《魏豹彭越列传》，中华书局2014年版，第3143页。

④ 司马迁：《史记》卷一百《季布栾布列传》，中华书局2014年版，第3309页。

《汉书》与《东观汉记》却是一致的。应该说，这构成了三国西晋时代‘开国群雄传’最为重要的渊源”[①]。在《东观汉记》所收录的“新末群雄”中，我们可以进一步将更始政权的核心人物单列为“更始群雄”。因为与其他“新末群雄”不同的是，“更始群雄”在东汉史学的发展过程中，存在着地位不断下降的趋势。

东汉前期官方对于更始的定位较高。如光武帝时期，杜笃曾在《论都赋》中写道：“天畀更始，不能引维。慢藏招寇，复致赤眉。”[②]“畀”的意思是“相付与之，约在阁上也”[③]。杜笃认为更始定都长安乃天命所与，只是由于其本人无能，最终招致灭亡。这篇《论都赋》是杜笃呈光武帝阅读的，其中的内容自然不会与朝廷的政治语境相悖。因此，我们可以认为至少在光武时期，更始仍被认为是兴复汉室的刘氏宗亲之一。与此同时，文中对赤眉的评价则直接引《易经》之典故，称之为“寇”。可见这一时期士人对更始政权与赤眉军的不同认知。至明帝末年，班固等人在编修《东观汉记》时，情况开始出现了变化。但从《东观汉记·刘玄传》的内容来看，更始只是一个不该承受天命的失败者。“班固试图证明更始帝为什么无资格受到天命，就把他描述成愚蠢的酒徒。”[④] 东汉中期，张衡曾就更始的正统性问题上书朝廷“更始居位，人无异望，光武初为其将，然后即真，宜以更始之号建于光武之初”[⑤]。但朝廷没有接受张衡的建议。

至东汉末年，董卓决计迁都长安时，杨彪曾说：“更始赤眉之时，焚烧长安，残害百姓，民人流亡，百无一在。”[⑥] 此时杨彪已经将焚烧长安、残害百姓的过错同时归于更始与赤眉。由此可见，更始帝在东汉时期的历史地位存在一个不断下降的过程。而与更始政权关系密切的新市、平林诸将，可能也经历了同样的境遇。

既然臧洪认为“绿林”是盗贼的藏匿之所，那么为何他会提及光武帝之基业创于绿林呢？这是因为臧洪这段话的重点在于这些“贼寇”能够“辅主兴化”。换言之，这些藏身于绿林的盗贼曾经辅佐刘秀成就帝业。最初，春陵刘氏与新市、平林军合并

---

① 徐冲：《中古时代的历史书写与皇帝权力的起源》，上海古籍出版社 2012 年版，第 84 页。

② 范晔：《后汉书》卷八十上《杜笃传》，中华书局 1965 年版，第 2605 页。

③ 许慎：《说文解字》，中华书局 1963 年版，第 99 页。

④ 崔瑞德、鲁惟一编，杨品泉等译：《剑桥中国秦汉史》，中国社会科学出版社 1992 年版，第 263 页。

⑤ 范晔：《后汉书》卷五十九《张衡传》，中华书局 1965 年版，第 1940 页。

⑥ 陈寿：《三国志》卷六《魏书·董卓传》注引《续汉书》，中华书局 1982 年第 2 版，第 177 页。该则史料在《后汉书·杨彪传》中记作：“昔关中遭王莽变乱，宫室焚荡，民庶涂炭，百不一在。”但根据《后汉书》卷十一《刘玄传》可知：“王莽败，唯未央宫被焚而已，其余宫馆一无所毁。”（第 470 页）杨彪熟悉历史，“熹平中，以博习旧闻，公车征拜议郎”。（范晔：《后汉书》卷五十四《杨彪传》，中华书局 1965 年版，第 1786 页。）晚年家中“颇存注记”。（刘知几撰，浦起龙释：《史通通释》卷十二：《古今正史》，上海古籍出版社 1978 年版，第 342 页。）因此，《续汉书》所记可能更接近于杨彪当时之言。

后，史称当时“汉兵以新市，平林为本”[①]。但事实上，河北才是光武真正崛起的基础。更为重要的是，出身于“绿林”的将领中，相当一部分拥护刘玄。光武之“基兆”为何会来自“绿林”呢?

对于这一问题的回答，首先要弄清出身“绿林”的诸将为何在与春陵刘氏联合之后便发生了分裂。同出于绿林的两派最终分道扬镳的原因还要从这支农民军产生的背景进行分析。当时聚集在“绿林”中的人主要包括两类，即饥民与“亡命”。饥民最初并不是聚集于绿林，而是出没于野泽。饥民在野泽中由于食物的有限常会引起争斗，新市人王匡与王凤由于能够“平理诤讼”，故在饥民中拥有了较高威望，最终被众人推为渠帅。这批人最初可能仍在“野泽”中活动。后来马武、王常等“亡命”加入其中，使队伍进一步壮大。这些“亡命”正是光武帝赖以开创基业的重要力量。

《汉书·张耳传》中颜师古对“亡命”一词作注曰：“命者，名也。凡言亡命，谓脱其名籍而逃亡。”[②] 晋灼称“亡命者当弃市”[③]，目前也有人认为汉代的“亡命”所指当为负罪逃亡之人[④]。这样一群人的加入，将这支原本寄食于“野泽”的饥民队伍引向新的发展阶段。于是这一群体开始进攻离乡聚，并进而将“绿林”作为藏身所在。《后汉书·王常传》记载，王常在“王莽末，为弟报仇，亡命江夏。久之，与王凤、王匡等起兵云杜绿林中”[⑤]。《马武传》记载：“少时避仇，客居江夏。王莽末，竟陵、西阳三老起兵于郡界，武往从之，后入绿林中，遂与汉军合。”[⑥] 两人皆有亡命于江夏的经历，故与聚集于野泽中的流民不同。正如刘秀对王常的评价：“此家率下江诸将辅翼汉室，心如金石，真忠臣也。”[⑦] 可见王常应是下江兵的主要统帅。而刘秀明确称之为“下江诸将”，也表明下江军在当时对春陵刘氏集团的支持。因此，这群“亡命”之人让这支屯聚在“绿林”的流民武装内部出现了两股力量：一是王匡、王凤为首的新市兵，其主力应为野泽流民；二是马武、王常等人领导的下江兵“亡命”势力。从《刘玄传》的记载来看，新市兵由王匡、王凤直接领导，下江兵则由曾经作为“亡命”的王常、成丹统帅。“绿林”中的部分军事力量确实成为光武开创基业的重要基础，

---

① 李昉：《太平御览》第一册《皇王部十五》“更始”引《东观汉记》，河北教育出版社 1994 年版，第 795 页。

② 班固：《汉书》卷三十二《张耳传》，中华书局 1962 年版，第 1829 页。该说法亦为李贤所采用，见范晔：《后汉书》卷十五《王常传》，中华书局 1965 年版，第 578 页。当代学者朱绍侯也基本赞成这一说法，见朱绍侯：《对几种“亡命”说的分析与评议》，载《中原文化研究》2017 年第 4 期。

③ 班固：《汉书》卷四十四《淮南厉王长传》，中华书局 1962 年版，第 2142 页。

④ 陶传祥：《秦汉“亡命”考论》，载《南都学坛》2016 年第 2 期，第 6-10 页。

⑤ 范晔：《后汉书》卷十五《王常传》，中华书局 1965 年版，第 578 页。

⑥ 范晔：《后汉书》卷二十二《马武传》，中华书局 1965 年版，第 784 页。

⑦ 范晔：《后汉书》卷十五《王常传》，中华书局 1965 年版，第 581 页。

但无论是“流民”还是“亡命”都是朝廷担忧的社会群体。因此尽管东汉末年的官员认为“光武兆基于绿林”，但在其观念中，“绿林”绝不是一个真命天子开基创业的理想场所。

由于王匡、王凤等人后来均成为更始政权中的大臣，故而与一般意义上的流寇、流贼存在明显区别。因此在东汉前期官修史书中，仍存在新市、平林的记载或列传。但范晔《后汉书》中已经不见王匡、陈牧、朱鲔等人的传记，足见在东汉中期以后，有关新市兵与平林兵的历史形象曾经发生过变化。

值得注意的是，《续汉书·天文志》中已经出现了“下江、新市贼”① 的说法。司马彪自称“绍《汉书》作《天文志》”②。根据刘昭注引蔡邕《表志》的记载：“撰建武以来星变彗孛占验著明者续其后。”③ 刘昭在《后汉书注补志序》中提及：“推检旧记，先有地理，张衡欲存炳发，未有成功。《灵宪》精远，天文已焕。自蔡邕大弘鸣条，寔多绍宣。”④《续汉书·天文志》所记新莽时期的三则史料分别涉及光武起兵、昆阳之战和新莽灭亡，构成了汉室中兴的叙事框架。这些内容可能出自蔡邕之手。由此可知，东汉后期新市、下江等农民军形象已经转变为史官笔下的“贼寇”。

四　从“绿林”军到“绿林豪客”

在讨论记载东汉历史的文献时，必须注意到这样一个问题：现存有关东汉历史的史书多为魏晋南北朝时期的作品。⑤ 但从流传至今的史书来看，史家均在记述东汉史事时使用新市、平林、下江等名号，未出现以“绿林”代之的情况。

从现有文献的记载来看，大约在南北朝后期，即南朝的梁、陈时期和北朝的北周、北齐时期，在史书之外的文献中，“绿林”开始成为新市、下江等农民军的代称。这种指代首先表现为“绿林”与黄巾、青犊的并列：

吾假延晷漏，常虑奄忽，幼好狂简，颇有勤成。诸生孰能传吾书者，使黄巾、绿林，不能攘夺；炎上润下，时为保持。则关西夫子，此名方丘；东里先生，梦中相报。⑥

自古铜头铁额，兴暴皇年。梼杌、穷奇，流灾中国，王弥、石勒，吞噬关河。绿林、

① 司马彪：《后汉书志》第十《天文上》，中华书局 1965 年版，第 3218 页。

② 司马彪：《后汉书志》第十《天文上》，中华书局 1965 年版，第 3215 页。

③ 司马彪：《后汉书志》第十《天文上》，中华书局 1965 年版，第 3217 页。

④ 刘昭：《后汉书注补志序》，《后汉书》附文，中华书局 1965 年版，第 1 页。

⑤ 根据谢保成的统计，从东汉到南朝，有关东汉历史的著作，除《东观汉记》外，尚有 21 种之多，其中成书于魏晋南北朝者为 18 种。详见谢保成：《中国史学史》，商务印书馆 2006 年版，第 292 页。

⑥ 萧绎撰，许逸民校笺：《金楼子校笺》卷四《立言九下》，中华书局 2011 年版，第 946 页。

青犊之群，黑山、白马之众，校彼兵荒，无闻前史。八王故事，曾未混淆，九州春秋，非去祸乱。[①]

需要指出的是，引文中出现的“黑山”是东汉末年的一支农民军。上述名号的如此使用，除了以四支农民军指代反抗朝廷的百姓外，还可能是出于行文中对仗的需要。

在新、汉之际众多的农民军当中，后世提及最多的当属四家：绿林、赤眉、青犊、铜马。这四支队伍之所以能够获得后世的重视，主要是由于他们自身的势力较大。东晋时期的司马彪在《续汉书·祭祀志》中收有一篇光武即位祝文，从中也可以看出，赤眉、青犊和铜马三支力量与河北的王郎集团齐名，而这四支力量的覆灭即可视为“平定天下”的重要标志：

皇天上帝，后土神祇，眷顾降命，属秀黎元，为民父母，秀不敢当。群下百僚，不谋同辞，咸曰王莽篡弑窃位，秀发愤兴义兵，破王邑百万众于昆阳，诛王郎、铜马、赤眉、青犊贼，平定天下，海内蒙恩，上当天心，下为元元所归。[②]

这篇祝文的真实性长期以来备受质疑，王先谦认为“光武即位祝文，已载帝纪，而文内窜入诛赤眉、青犊后事”[③]。考察史书记载会发现，光武帝降服铜马军是在即位之前的更始二年（24 年），而击败赤眉军是在建武三年（27 年）正月，消灭青犊军则在同年二月。由此观之，这份诏书的确可疑。但即使这篇文告存在造伪的情况，也表明至迟在东晋时期，已经有史家将赤眉、青犊与铜马一同视为光武帝统一天下的劲敌。

与青犊相比，铜马军的影响力更大。这支活跃于当时河北地区的农民军最终在更始二年为刘秀降服，而铜马军也成为刘秀崛起于河北的重要基础。光武在获得铜马军后实力大为增强，“故关西号光武为‘铜马帝’”[④]。这一称号足以说明铜马军对当时刘秀集团的重要意义，而“铜马”这一名号同样值得注意。

成书于东晋年间的《后汉纪》曾记载“王击铜马于元氏”[⑤]。在此条史料之下，周天游进行了如下考辨：

钮永建曰：“按铜马已于前一年破灭，余众十余万悉降，无复遗类，故关西号光武为‘铜马帝’。此云击铜马，不可解。《光武纪》及耿弇、吴汉、马武等传皆云光武北击尤

---

① 徐陵撰，许逸民校笺：《徐陵集校笺》卷六《与王僧辩书》，中华书局 2008 年版，第 533 页。

② 司马彪：《后汉书志》第七《祭祀上》，中华书局 1965 年版，第 3157-3158 页。

③ 王先谦：《后汉书集解》“序”，商务印书馆 1959 年版，第 1 页。

④ 范晔：《后汉书》卷一上《光武帝纪》，中华书局 1965 年版，第 17 页。

⑤ 袁宏撰，周天游校注：《后汉纪校注》卷三《光武皇帝纪》，天津古籍出版社 1987 年版，第 54 页。

来、大枪、五幡于元氏，不云击铜马，疑纪文有误。”按：河北诸义军，铜马最强，他军多以铜马之命是从。时铜马虽败没，余部尚存，并与五幡、尤来、大枪诸军合兵并进。《范书·吴汉传》载，建武二年，汉破铜马、五幡于新安，即可为证。又《水经注》亦曰：“光武追铜马、五幡，破之于顺水。”可见《袁纪》乃按当时习惯，以铜马统称诸义军。①

从周天游的推测来看，历史上可能出现过以铜马指代诸义军的书写方式。但根据《后汉书》记载，建武二年（26年）十一月“铜马、青犊、尤来余贼共立孙登为天子于上郡”②。由此看来，似乎范晔并未以铜马统称诸义军。反观袁宏在《后汉纪》对铜马的记述，如“其余赤眉、铜马、青犊、高湖、董达等众各数万，旬月之间，天下皆遍”③；“铜马、赤眉之属数千万人，所向无前，圣公不能办也，败必不久”④；“伦相率厉，坚垒壁，铜马、赤眉数十辈皆不能下”⑤。这样看来，似乎袁宏只在一处使用了统称，而在其他记载中，依然将铜马与其他农民军并列。根据陈连庆的研究，“铜马军、高湖军、重连军，大致属于一个集团”⑥。而《后汉纪》将铜马与高湖并列，似乎说明袁宏无意用铜马概括各路农民军。因此，对于《后汉纪》的此处记载，恐不宜认为是以铜马统称诸家义军。即使到了南北朝后期，“绿林”也仅能指代新市、平林等特定的几支农民军而已。

东汉后期出现的以“绿林”表示寇贼屯聚之处的使用方式，在南北朝时期得到了进一步发展，在庾信的文学作品中，“绿林”意象出现得较为集中：

绿林兵息，潢池盗静，名振赤山，威高青岭。⑦

盖闻雷惊兽骇，电激风驱，陵历关塞，枕跨江湖。是以城形月偃，阵气云铺，非绿林之散卒，即骊山之叛徒。⑧

天下之事没焉，诸侯之心摇矣。既而齐交北绝，秦患西起。况背关而怀楚，异端委而开吴。驱绿林之散卒，拒骊山之叛徒。⑨

在庾信笔下，“绿林”与“潢池”“骊山”相对，足见其在文中为地理概念。但他

---

① 袁宏撰，周天游校注：《后汉纪校注》卷三《光武皇帝纪》，天津古籍出版社1987年版，第54页。

② 范晔：《后汉书》卷一上《光武帝纪上》，中华书局1965年版，第31页。

③ 袁宏撰，周天游校注：《后汉纪校注》卷一《光武皇帝纪》，天津古籍出版社1987年版，第21页。

④ 袁宏撰，周天游校注：《后汉纪校注》卷二《光武皇帝纪》，天津古籍出版社1987年版，第47页。

⑤ 袁宏撰，周天游校注：《后汉纪校注》卷十《孝明皇帝纪下》，天津古籍出版社1987年版，第294页。

⑥ 陈连庆：《两汉之际河北农民军杂考（上）》，载《东北师大学报》1981年第1期，第54页。

⑦ 庾信撰，倪璠注：《庾子山集注》卷十四《周陇右总管长史赠少保豆卢公神道碑》，中华书局1980年版，第932页。

⑧ 庾信撰，倪璠注：《庾子山集注》卷九《拟连珠》，中华书局1980年版，第602页。

⑨ 庾信撰，倪璠注：《庾子山集注》卷二《哀江南赋》，中华书局1980年版，第150页。

的笔下所有关于“绿林”的描写，也都明显与军事有关。绿林之兵与潢池之盗、骊山叛徒相对应，显然在身份上已经走向了正常社会秩序的对立面。

同样的书写方式也存在于南北朝后期的其他文献中，例如在《齐故假节督朔州诸军事朔州刺史刘公墓志铭》中就有“丹浦绿林之陈，柏塞榆关之下，恒擐甲而先鸣，亦称雄而独步”① 之句。丹浦，指尧与有苗氏交战之地，沈休文《应诏乐游苑饯吕僧珍诗》有云：“丹浦非乐战，负重切君临。”李善注：“《六韬》曰：尧与有苗战于丹水之浦。高诱《吕氏春秋》注曰：丹水在南阳。浦，崖也。”② 因此，“丹浦绿林之陈，柏塞榆关之下”当指地名而言。足见南北朝后期，“绿林”虽作为地理概念出现，但已经取代新市、平林、下江等更始政权中原有的农民军名号。

造成这种情况出现的原因，可能与魏晋以来文学中多以“绿林”指称山林的情况有关。自魏晋以降，“绿林”一词还衍生出另一个重要内涵，即成为山林的代名词。从曹植的“愁戚戚其无为，游绿林而逍遥”③ 到范缜的“绿林兮被崖，随风兮纷披”④，魏晋南北朝的文人在寄情山水的同时，也将秦汉时期的“山林”一词丰富为更加具有文学色彩的“绿林”一词。这也同样是“绿林”内涵在魏晋南北朝时期的新发展。这一内涵虽然与新末农民军并无直接关系，但其现实意义却有可能使之成为与官府相对立的在野势力的生存空间。

到了唐代，“绿林”一词仍然在一些场合中保留了东汉时期的内涵。如在唐代《章怀太子庙乐章》第五首《武舞作》中，就有“绿林炽炎历，黄虞格有苗”⑤ 的诗句。这里的“绿林”在内涵上与东汉末年“光武创基兆于绿林”的说法近似，是唐代以后罕见地将“绿林”一词用于龙兴之处、王师之佐的情况。纵观唐代各种文献，大部分“绿林”称谓继承了南北朝时期的内涵，并在此基础上产生了新的变化。

在唐代文学作品中，“绿林之兵”仍然存在，如“绿林兵起结愁云，白羽飞书未解纷”⑥，“江上烟消汉水清，王师大破绿林兵”⑦。而与此同时，“绿林之盗”也开始出

---

① 赵超：《汉魏南北朝墓志汇编》，天津古籍出版社 1992 年版，第 444 页。

② 沈休文：《应诏乐游苑饯吕僧珍诗》，萧统编，李善注：《文选》卷二十，上海古籍出版社 1986 年版，第 972 页。

③ 曹植：《九愁赋》，曹植著，赵幼文校注：《曹植集校注》卷二，人民文学出版社 1984 年版，第 253 页。

④ 范缜：《拟招隐士》，李昉等编：《文苑英华》卷三百五十八《骚五》，中华书局 1966 年版，第 1835 页。

⑤ 刘昫等：《旧唐书》卷三十一《音乐四》，中华书局 1975 年版，第 1146 页。

⑥ 窦巩：《唐州东途作》，《全唐诗》卷二百七十一，中华书局 1980 年版，第 3051 页。

⑦ 陈羽：《旅次沔阳，闻克复，而用师者穷兵黩武，因书简之》，《全唐诗》卷三百四十八，中华书局 1980 年版，第 3894 页。

现，如“誓于丹浦之师，剿彼绿林之盗”[①]、“谁知绿林盗，长占彩霞峰”[②]。正是在唐代文学中，首次出现了单纯使用“绿林”指代盗贼的情况。如“少年结客散黄金，中岁连兵扫绿林”[③]。此处的“绿林”已经独立成为盗贼的代称，完成了其由历史上的地理名词向现实中的社会称谓的转变。

唐代文学作品中的另一个重要现象是“绿林豪客”形象的出现。李涉在《井栏砂宿遇夜客》中写道：“暮雨萧萧江上村，绿林豪客夜知闻。他时不用逃名姓，世上如今半是君。”[④]《唐才子传》记载了关于该诗由来的传说，作者将“绿林豪客”视为“跖、蹻之辈”[⑤]。因此，“绿林豪客”可视为后世“绿林好汉”之最初形象。

五 结 论

此后历代王朝的文献中，有关“绿林”称谓大体上遵循唐代的几种使用方式。例如，在涉及两汉史事的内容上，“绿林”作为一个特定的历史称谓仍指代新莽末年的农民军，如宋代宰相李纲曾在上书中提及：“今日盗贼正当因其力而用之，如铜马、绿林、黄巾之比”[⑥]；而司马光也曾写道：“绿林、赤眉、黄巾、黑山之徒，自何而有？皆疲于赋歛，复值饥馑，穷困无聊之民耳”[⑦]。在涉及现实社会的描述时，“绿林”则指代盗匪或流寇，如北宋苏过“靖康中，得倅真定。赴官次，河北道遇绿林”[⑧]。明代文献中对于“绿林”的使用依旧如是。如“近闻城郭之外，遍地绿林”[⑨]。由此可以认为，在唐代，“绿林”兼具历史与现实形象的多元内涵已经定型。

刘知几在探讨史书的称谓问题时曾写道：“夫历观自古，称谓不同，缘情而作，本无定准……豪杰则平林、新市，寇贼则黄巾、赤眉。”[⑩] 刘知几认为：“凡此诸名，皆出当代，史臣编录，无复张弛。盖取叶随时，不藉稽古。”[⑪] 刘知几所见之史书称平

---

① 刘昫等：《旧唐书》卷一百一十《李光弼传》，中华书局 1975 年版，第 3306 页。

② 钱起：《归故山路逢邻居隐者》，王定璋校注：《钱起诗集校注》卷四《五言律诗》，浙江古籍出版社 1992 年版，第 98 页。

③ 韩翃：《送王诞渤海使赴李太守行营》，《全唐诗》卷二百四十五，中华书局 1966 年版，第 2751 页。

④ 李涉：《井栏砂宿遇夜客》，《全唐诗》卷四百七十七，中华书局 1966 年版，第 5436 页。

⑤ 傅璇琮：《唐才子传校笺》卷五《李涉》，中华书局 1987 年版，第 309 页。

⑥ 李心传：《建炎以来系年要录》卷七《建炎元年七月》，中华书局 2013 年版，第 197 页。

⑦ 李焘：《续资治通鉴长编》卷二百五十二，中华书局 2004 年版，第 6166 页。

⑧ 王明清：《挥麈录》卷八，上海书店出版社 2001 年版，第 145 页。

⑨ 徐旭旦：《拟平楚万言策》，《魏源全集》编辑委员会编校：《魏源全集》第十七册《皇朝经世文编》，岳麓书社 2004 年版，第 864 页。

⑩ 刘知几撰，浦起龙释：《史通》卷四，上海古籍出版社 2008 年版，第 108-109 页。

⑪ 刘知几撰，浦起龙释：《史通》卷四，上海古籍出版社 2008 年版，第 109 页。

林、新市为“豪杰”，这可能是源自《东观汉记》之说法。这种“缘情而作”的称谓，在《后汉书》中亦有记载：“又别号诸贼铜马、大肜、高湖、重连、铁胫、大抢、尤来、上江、青犊、五校、檀乡、五幡、五楼、富平、获索等，各领部曲，众合数百万人，所在寇掠。”[①] 对这些农民军名号，“章怀注”曾有过分析：“诸贼或以山川土地为名，或以军容强盛为号。”[②] 后世史官在运用这些称谓时，同样“无复张弛”。但在史官之外，魏晋以来的众多文人则不必受到如此羁绊。故而将“绿林”由新市、下江兵的啸聚之所，拓展为所有寇贼的生存空间。

综上可知，“绿林军”称谓在东汉至唐代的数百年时间里，出现了一个不断丰富的发展过程。由东汉前期作为王匡、王凤所率领的农民军的屯聚之所，到南北朝时期“绿林兵”的正式出现，再到唐代“绿林盗”与“绿林豪客”的出现。“绿林”最终从地名演变为“群体式组合式称谓”。而这一变化的关键，在于东汉官方史学对“更始群雄”认识的转变。“绿林”开始逐渐与“亡命”“流民”等概念相关联，并在这一道路上渐行渐远，最终彻底演变为现实中的盗贼代称。这种变化既是一种历史称谓的内涵演变，更是东汉史学史上值得注意的一个现象。

作者简介

徐　鹏　延安大学历史文化学院讲师，陕北历史文化研究中心研究人员。

---

① 范晔：《后汉书》卷一上《光武帝纪上》，中华书局1965年版，第16页。

② 范晔：《后汉书》卷一上《光武帝纪上》，中华书局1965年版，第16页。

中国汉代画像石

劳　佛著　陈泫邑　崔玮东　许　诺译
（译者单位：中国矿业大学外国语言文化学院）

汉代（前206—220年）遗留下来的石雕文物可分为三类：① 石板砌筑的墓室（石墓室）；② 墓前的石柱；③ 盛放棺材的石椁。同一时期的石碑上会有对史料的记载，有时也雕刻有花卉及其他图案，但从考古意义上看这些图案居于次要地位。

武梁祠是前147年为纪念武氏家族而建。1893年，沙畹（Chavannes）在其著作《中国两汉时期的石刻》（*La sculpture sur pierre en Chine au temps des deux dynasties Han*）中，对该墓葬群进行了细致独到的研究，该墓葬群因此而闻名于世。遗憾的是，墓室里部分石板早就已经脱落。在该墓葬被发掘后，这些石板又被随意地收集起来放在专门的储藏室里，我们只能尝试对墓里墙壁和屋顶上原有的石板进行理想化的修复。沙畹于1907年到孝堂山考察时发现，该地的墓葬仍然保存完好，向我们展示了已知的唯一一例保存完好的墓葬。[①] 1904年1月，我还对沙畹提到的新乡附近的另一座墓葬进行过考察，我之所以进行考察是因为有关该地区的中国编年史中提到了它。

正是由于沙畹的不懈付出，我们才有机会从他的代表作《北中国考古图录》

① 沙畹：《关于考察团考古成果的初步说明》（*Note préliminaire sur les résultats archéologiques de la Mission*），载《碑文研究院文集》（*Comptes Rendus de l' Académie des Inscriptions*），1908年。

(*Mission archéologique dans la Chine septentrionale*，两卷，1909年，巴黎）中看到武梁祠的石柱图；在河南省登封市，他又发现了另外三对类似的石柱，前两对石柱的年份分别是118年和123年，第三对疑似是123年。前面还有几间石墓室，两边石座上各立有一根石柱，将大厅分成了三部分。石柱上通常刻有图案，甚至还有日期标记。

他除了复刻武梁祠中的画像石（该复刻版远远优于以前的版本）外，还拓印了大量的石头拓片，其中包括费舍尔（Fischer）带回的石头拓片以及多隆（D' Ollone）在四川雅州（今四川雅安）附近发现的一些画像石拓片，还有很多尚未明确地点的石头拓片。其中第187号和189号两张拓片的照片是由沃尔佩特（Volpert）[①] 公开的。这些拓片是沃尔佩特自己发现的，后来又回到了沙畹手中。

以上所说的石头拓片和沙畹的大部分来源不明的拓片一样，都属于沃尔佩特所描述的第三类汉雕作品。石椁由六块石板组成，侧面长约两米，顶部和底部是两块方形石板；这些石板被切割后严密地拼接在一起，它们大小不同，厚度从10厘米到30厘米不等。一般来说，棺椁的石板上不刻有任何图案，但也有在两面或四面进行雕刻的情况，或是只在棺盖上进行雕刻。图案通常刻于石板内侧，显然是为逝者而刻。这些石刻不是为后人展示过去的生活和行为方式的纪念碑，也不是为了让活着的人永远铭记逝者而刻；它们被埋在地下，面对着已逝的人，生者希望用这种方式让逝者享受到生前的乐趣。这是墓葬艺术的产物，虽然注定不见光明，却能伴逝者永世长眠。其中一些石板因其精湛的雕刻技术和独特的艺术风格而闻名。与武梁祠中的浅浮雕不同，大多数浮雕属于高浮雕，花纹凸出石板底面约6毫米；而其他浮雕也会在石头表面进行镂空雕刻，但雕刻粗糙，且没有抛光，雕刻方法更古老一些。

套在外面的大棺材叫作槨（椁）或鞹，早在周朝的文学作品中就有记载，而从它的汉字构成中也可以看出它是由木头或石头制成的。中国古代最常见的是木棺，因为木料相对便宜。周朝时也有关于石棺的史料记载。但由于资料匮乏，我们只能推测只有在特殊情况下人们才选用石头作为制棺的材料［德·格鲁特（De Groot），《中国宗教体系》（*The Religious System of China*）第1卷，1892年版，第288页］[②]。《西京杂记》中有一个例子，用2.4米多高的脉石筑成的魏襄王（前334—前319年）陵中并未发现棺材的痕迹。这表明当时棺椁和棺材通常是不加区分的，尸体可以直接放在

① 沃尔佩特在《人类》一书的“中国古代的墓葬与石雕”（Gräber und Steinskulpturen der alten Chinesen, *Anthropos*）（第三卷，1908年，第14-18页）中展示了3张印有7块墓石的照片。第三张照片中的两块墓石与费舍尔1908年在《通报》上公开的一号和二号墓石完全相同。

② 参考沙畹的《司马迁史记》（第二卷），第4页和第176页里有对秦墓历史中的石棺的记载。

棺椁中，而不需要单独放在棺材里。考古人员对山东汉墓的现场勘测进一步论证了这个事实，他们发现很多情况下石椁的作用与棺材一样，可以充当棺材或是代替棺材使用。我们根据仅有的考古勘察推断，下葬实际上是一个经济问题，比如同时买得起棺材和石椁的富人在下葬时会选择木棺，然后将其放在石椁里，而穷人只能选择其中一种。我们查阅了目前所有的史料文献后发现，石椁下葬这一现象在汉代并不少见；中国很多地区都有石椁，而且有些规模很大；它们不仅外形坚固，雕刻也十分精美。

接下来，我会在下文中对山东省汉墓石椁中新出土的八块画像石作具体介绍。关于这些画像石的发现，我会如实地进行简要、客观的陈述。

一号石板（图 1）（1.10 m×0.80 m）出土于兖州府泗水县。汉代卞县的旧城遗址位于现兖州市以东 50 英里，靠近泗水源头，如今我们仍可以看到当年遗存的古迹。从古城遗址出发，沿道路向西行有一处高出地面 1 米左右的大型墓葬。

图 1　一号石板

这处墓葬的石板上雕刻有图案，右侧和右下角受到轻微的损坏。原先刻在人像旁边的简短题刻，因年代久远，表面侵蚀严重，难以辨认。除此之外，这些浮雕无疑是汉代石刻艺术中最优秀的作品，它的人物刻画生动形象，保存也相对完好。和过去一样，这些刻有图案的石板被放置在宽敞开放的大厅里。图中刻画的是两座风格迥异的建筑，一座搭建在另一座上面，看起来像座两层高的小楼。但事实上，我们在第二层的右侧发现了一处大门，是带门槛的对开门，门楣轮廓清晰，由于人们往往不会在第二层修建这样的门，所以这并不是一座两层的建筑，而是一前一后的两座建筑，且后楼与前楼处于同一水平面上。也许是地方有限，这两座楼几乎是挨在一起的，前楼看起来要比后楼高得多（高出大约三分之一）。两座房子都有山墙屋顶，其中有扇门的左侧放置了一尊半身人像，像是正透过窗户向外望，几座汉代小陶楼都是如此。背对着它的另一尊蹲着的人像则望着相反的方向，但看起来面目狰狞，满脸胡须，头上还长着一簇尖尖的头发。

右下角还有一个人，他正蹲坐在地上，双手交叉在胸前，微微颔首，神情严肃，长长的胡子垂下来，看起来很是威严。还有两个人走了进来，前面的那个人谦卑地跪在地上，摆出叩头的姿态，另一个人站在他身后，呈恭敬鞠躬状。还有一个人站在柱子后面。他们都穿着长袍，袍子一直垂落到脚边，腰间系着腰带，袖子松垂；他们的衣服看起来和日本的和服没什么两样，但从脖颈处的衣领可以区分出地位尊卑。

摆出叩头姿势的人的脸下方有一个小物件，我只看出来是一个正方形的底座，上面的东西并不清楚。

二号石板（图 2）（0. 90 m×0. 85 m）出土于济宁州以南 60 英里的两城山。古时候这里有毛城和匡城两座城镇，它们相隔很近。现在该地的村名就来源于这两座城。这块画像石是在一处开放的墓室附近发现的，有一部分裸露在外面，刻有浮雕的那面

(a)　　(b)

（a）正视图；（b）侧视图。

图 2　二号石板

朝上，下面还有一块约 30 厘米厚的圆石。

这块画像石的下半部分是三排坐着的人，一共有二十人：第一排有六人，第二、三排各有七人。第一排的六个人两两相对，他们露着额头，前面头发中分，后脑勺上盘着一个厚厚的发髻，剩下的人都戴着高高的帽子。所有人的手都拢在扎起来的袖子里。

画像石上半部分是两棵对称相连的树，多节树干在地面上交错缠绕，蔓延向上，在树枝处交会。从树干之间的空隙隐约可以看到一个人影。树顶上长出很多长长的叶子，有十一只鸟（喜鹊）栖息在上面，左右角上各有一只展翅飞翔的鸟。在栖息的鸟中，从左边数第一只留着长长的尖尾羽，看起来与其他鸟有些不同。树荫下也有两匹马，面朝树站着，位置与武梁祠中的画像石上所刻的图案一样。每匹马前面都有一只鸟。

这棵树与武梁祠画像石中（《中国两汉时期的石刻》，五号石板、十号石板和二十号石板）多次出现的那棵树形状很相似。但不同的是，那棵树的树枝交错盘绕在一起，因此沙畹（《中国两汉时期的石刻》，第 29 页）称它为合欢树[①]。但武梁祠画像石上的这种树只有一个树干。还有一种［卜士礼（Stephen Wootton Bushell）的著作中也出现了上文引述中的十号石板，详见其《中国艺术》（*Chinese Art*），第一卷，图 16］树干分叉的情况，与树的整个几何造型和对称性搭配在一起有种奇异的和谐。相比以上三种树的雕刻类型，高浮雕中的树尽管也是人工雕刻而成，却处理得非常自然生动。这种树我在沃尔佩特[②]给出的一张画像石图片上见过，图中树荫下站着两匹马。由于那幅图印刷模糊，我不能确定那是一棵单株树还是合欢树。

尽管与武梁祠画像石上的合欢树相似，但二号石板上的树，其两个树干是连在一起的，这让我联想到了连理树（木连理，即两棵树的枝干连在一起）。人们认为连理树是吉祥的象征，在《中国汉代陶器》（*Chinese Pottery of the Han Dynasty*）第 284—286 页中有对它的简要介绍。

为了便于比较，我在这里放了两张图片（图 3、图 4），这两张图片出自《金石索》，是根据拓印图绘制而成的。

其中一幅图在《金石索》中出现了两次，图中的图案取自武梁祠画像石上的祥瑞图。遗憾的是，那块画像石损坏严重，所以这张图片有可能是根据沙畹《北中国考古图录》中的第 47 块被完整拓印下来的画像石绘制出来的。图 3 是我得到的拓印图，图上是一块刻有连理树的石板。图 4 的内容与图 1 相同，它是根据《金石索》中的插

① 布雷特施奈德（E. Bretschneider），《中国植物研究》，第三部分，第 324 号。

② 《人类》（*Anthropos*）第三卷第 16 页对面的拓片插图。

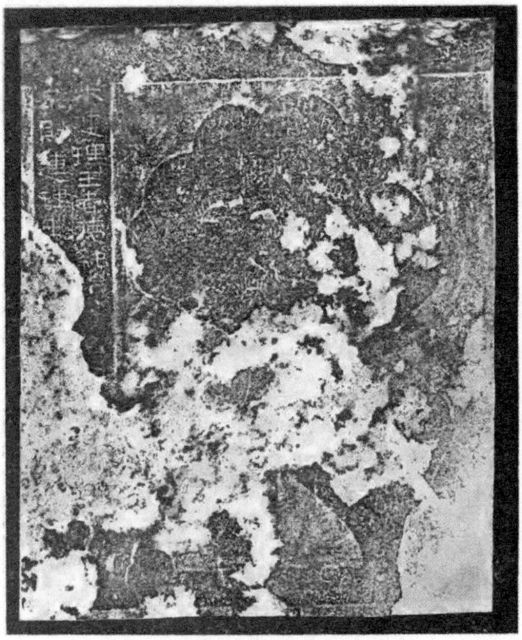

图 3　汉代画像石上的连理树

（出自原版拓片）

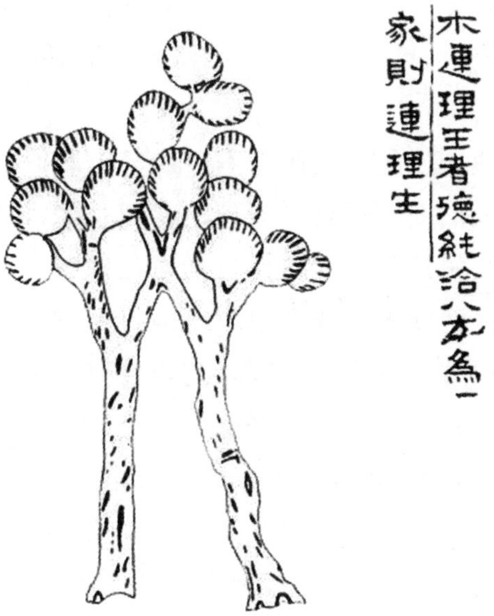

图 4　图 1 连理树

（根据《金石索》中的插图绘制而成）

图细心描摹而成。我在之前的作品中（见《中国汉代陶器》，第 70 页）解释过浅浮雕的保存现状不容乐观的原因，还对冯氏兄弟在 1821 年出版他们的巨作前就拿到清晰复印图的原因作出了解释。图 5 所示的图案是在甘肃省成县一处墓碑上发现的，该石碑于 171 年为纪念秦相李斯而立。图中树的外形与前两幅图并无差别，但在呈现方式上却有很大不同。这可能是由于地理环境导致的，这棵树生长在西部地区，与山东地区的树有差别。人们把这种树看作是吉祥的象征，它和其他三种类型的树都可以在沙畹的《北中国考古图录》第 167 号图片中看到。

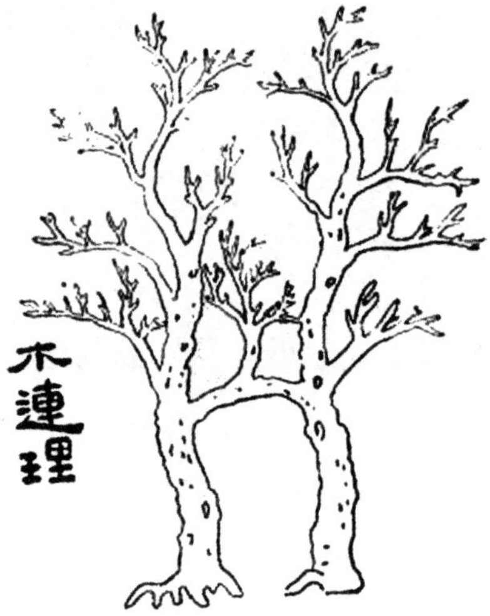

图 5　171 年的汉代画像石上的“合欢树”

仔细观察会发现，这块碑上的树与画像石（二号石板）上的连理树的风格有着明显的差异。一方面可能是人们受到启发，设计风格更加倾向于自然；另一方面可能是又经过了同化，人们对合欢树进行了改造。虽然自然随意的雕刻风格略显粗糙，但却存在固有的特点。这块碑上两棵树的结合仅仅是通过一根树枝把树干连接起来，而在画像石上，两棵树的所有树枝都缠绕在一起，艺术性更为强烈。

我相信从中国民俗学的角度可以解释这种奇怪的艺术动机的起源。施莱格尔（Schlegel）在一篇名为《民间传说的对比》（Parallèles en Folklore）（见 *Mélanges Harlez*，第 274 页，1896 年，莱顿）的研究报告中，就提到了中国民间观念中的“相思树”。他还提到了奥维德作品中的费莱蒙和鲍西丝，他们被丘比特变成了一棵橡树和一棵椴树，但两棵树的枝干却相互交织在一起。还有特里斯坦和伊索尔德，他们被马可国王埋在了一座大理石墓中，国王在他们的坟上种下了一棵藤蔓和一丛玫瑰，藤蔓和玫瑰紧紧地缠绕在一起，任何人都无法将它们分开。施莱格尔还提到了《列异传》中的一个故事：大夫韩冯妻美，宋康王夺之。冯自杀，妻投台下死。王怒，令冢相望。宿昔有文梓木生二冢之端，根交于下，枝错其上，宋人哀之，因号其木曰相思树。大意是周朝时宋康王有位门客名叫韩冯，他的妻子何氏因貌美被宋康王相中。宋康王夺走了何氏，并把韩冯关进了监狱，韩冯因此含恨自杀。一日，宋康王召何氏登上青陵台，想纳她为后。何氏纵身从台上跳下自尽。人们在她的飘带上发现了一封信，信中她请求宋康王让她夫妻二人葬在一处。宋康王知道后十分愤怒，命人把他们葬在大道两边，永不相聚。但是到了晚上，他们的坟墓上长出两棵树。不到十天，这两棵树就长成了参天大树。它们的树根连在一起，枝干相互缠绕。百姓为了哀悼他们，称此树为“相思树”。

梅辉立（William Frederick Mayers，1831—1878）在《中国辞汇》中（*The Chinese Reader's Manual*，第 47 页）给出了故事的另一个版本：“王怒，弗听，使里人埋之。冢相望也”“宿昔之间，便有大梓木生于二冢之端”“屈体相就，根交于下，枝错于上。又有鸳鸯，牝牡各一，恒栖树上”“晨夕不去，交颈悲鸣，音声动人”。愤怒的宋康王命人将他们埋在相望的墓里，但是，令所有人惊讶的是，两具棺木生枝发芽，合为一体，长出来的树枝上盘旋着雌雄两只鸳鸯，唱着动人的挽歌。

《古今图书集成》第 309 章第 20 节中也记载了这个故事。此处除了引用《搜神记》中的故事外，还有两段来自《述异记》的记载。一首是战国时期的小曲：

战国时，诸侯苦秦之难，
有民从征，戍秦不返，
其妻思之而卒。
既葬，冢上生木，
枝叶皆向夫所在而倾，
因谓之相思木。

另一段记载与秦赵开有关，传说他拥有形似石竹（菊花科，见布莱特施奈德著《中国植物研究》，第 2 部分，第 156 号）的相思草，这种植物的枝节是相互连接的。它还有另外四种独特的称呼，如愁妇草、孀草人等。

中国 16 世纪下半叶自然史巨著《本草纲目》的作者李时珍，曾引用过宋书《古今诗话》中的一段话：“相思子圆而红。故老言：昔有人殁于边，其妻思之，哭于树下而卒，因以名之。此与韩冯冢上相思树不同，彼乃连理梓木也。或云即海红豆之类，未审的否?”讲的是这种相思子又圆又红。有老人曾讲过一个故事：从前，有一个人丧妻后，由于非常想念自己的妻子，每日在树下痛哭流涕，最后悲伤而死，因此此树得名相思子。但这棵树与韩冯坟冢上的不同，那棵是连理梓木。有人说，这棵树属于海红豆，但这种说法还未得到证实。

但有一点可以证明，那就是“相思树”一词最早出现在韩冯的故事中，它是民间传说的产物。我们不必过多纠结于人们赋予诗意想象的相思树到底属于哪种植物门类。人们创造了这个名字，并用来称呼几种植物，有时它代表的是红豆，有时指的是树。李时珍曾说：“相思子生岭南。树高丈余，白色。其叶似槐，其花似皂荚，其荚似扁豆。其子大如小豆，半截红色，半截黑色，彼人以嵌首饰。”据我所知，这种树此前从未有人发现过。

图 6 是相思树，这是《古今图书集成》里的一幅插图。但和上述描述不同的是，这两棵树是从岩石后面长出来的，其中一棵树的枝条横搭在旁边树的树干上，这两棵树也是合生在一起。

图 6　名为“相思子”的树

（出自《古今图书集成》）

这幅画中并没有明显传达出“连理树”所蕴含的汉代古老的创作动机。明末画家丁云鹏善水墨，用笔细秀。[1] 在他的木刻作品中，连理树刻画得十分鲜活。图 7 是他的作品，出自 1588 年出版的墨锭版画集《方氏墨谱》[2]，墨锭背面有题词。翟理斯（Herbert Allen. Giles，1845-1935）的《中国绘画艺术史导论》（*An Introduction to the History of Chinese Pictorial Art*）中没有出现这幅作品，但这幅版画的重点在于它的文字传达出作者对于还原汉代图案的浓厚兴趣与使命感。墨上的落款为丁云鹏的字“南羽”，他所有的木刻作品都是用“南羽”来落款的。其背面所题的诗作为：

木连理

彼木连柯何异枝，庆云奄鬱甘露滋。

麒麐臻瑞凤来仪，圣主良臣德及斯。

图 7　丁云鹏作品“合欢树”

（出自《方氏墨谱》）

我们知道“甘露”[3]、“麒麟”、“凤凰”都属于汉代画像石中的吉祥之物。正如我之前所述，丁云鹏的木刻作品与纪念李斯的石碑上的图案惊人地相似，因此我推测他一定见过石碑的复刻品。

就在同一本书中，还有一幅有趣的作品也是出自丁云鹏，叫作“连理石”，和“连理枝”类似，如图 9 所示。

最近一项关于中国风景的研究或能解释该设计理念的来源：创作者无意间从自然风景中得到了灵感。例如南宋画家李迪[4]（12 世纪）的雪景图，《国画》中的第 71 号作品就是这幅画的拓印品。画中一个农民牵着家里的牛回家，看到后院两颗光秃秃的

---

① 我从他那里获得了一套完整的十八罗汉图，共 18 卷，上面还绘有佛僧生活的有趣场景。他的画作用笔工整娟秀。北京有很多他的仿品，现在还有人在制造，不过我一眼就能辨别出是否为真迹。

② 伟烈亚力（Alexander Wylie）（1815-1887）著《中国文献纪略》（*Notes on Chinese Literature*）第 146 页。

③ 对照图 8 中从李斯墓中的画像石上临摹下来的图案，甘露从树上落了下来，有个人用手掌接住了它。

④ 河阳（今河南省孟州市）人，见翟理斯，《中国绘画艺术史导论》，第 123 页。

图 8　汉代画像石上的甘露树

（根据《金石索》中的插图绘制而成）

图 9　丁云鹏所绘“连理石”

（出自《方氏墨谱》）

树，载满白雪，中间的枝干相连在一起，树的构造如图 10 所示。连理树的艺术创作动机大抵是这样，也有可能是像韩冯的传说那样，但无论如何，都对汉朝雕刻家们的创作产生了影响。“连理”并不仅限于树，人和动物都有可能，这在汉朝盛极一时。这种理念应用广泛，并作为吉兆蕴涵于令人称奇的物象中，在传统故事和古代民族神话中得以发扬，但其来源无迹可寻。在武梁祠画像石中，双头龙或许代表闪电（沙

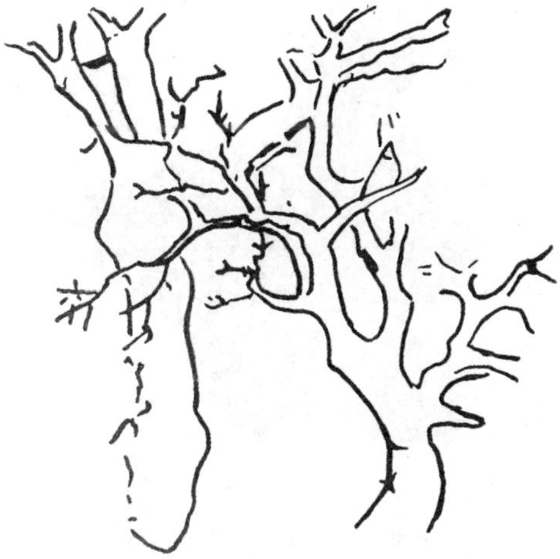

图 10 描摹自李迪所绘雪景图

畹，《中国两汉时期的石刻》，第 65 页），双身鱼即比目鱼（同上，第 36 页），双头鸟即比翼鸟（同上，第 35 页），而后两者则属于将吉兆寓于奇物之中[①]。根据《金石索》中的图片，我在三号石板上复刻了这种鸟的图案，如图 11 所示。1910 年，我在思恩府发现了一件独特的汉陶，如图 12 所示。这件汉陶以真实生物为原型，融入了风靡一时的“连理生物”概念。很显然，这只鸟的原型是一只鸭子，有一个身体，一双蹼足。但有条分割线将头颈一分为二，毫无疑问，这是一只双头鸟。这只鸟有一个喙，或说是两个半喙合成一个。但喙下方、胸口处的两个口腔又再次表明这是双头鸟，或是只合体鸟，翅膀和羽毛也刻画得栩栩如生。此汉陶高 16.5 厘米，从喙至尾巴长 21.5 厘米。

图 11 三号石板上的双头鸟

（图案出自《金石索》）

① 对照沙畹的《司马迁史记》第三卷，第 426 页。

图 12　汉陶“双头鸭”

（收藏于芝加哥菲尔德博物馆）

我忍不住在想，这种艺术概念有其流行的基础，如雨后春笋般发展起来，或许是源于鸳鸯，这种鸟因其异性的相互依恋而广为人知，所以它们也被视作夫妻恩爱忠诚的象征。它们也叫作“匹鸟”，因为如果一只被人类捕获，另外一只也会立刻死去①。这可以回溯至 4 世纪崔豹写的《古今注》一书。

如果考古学家可以从古代石碑中听到古人的话语，并感同身受，从而富有想象力地解读出他们表达的心理状态，我会认为这件陪葬的陶器应是埋在一对夫妇的墓室中，他们倾心相待，相爱相知，祈盼愿如鸳鸯，忠贞不移，生死相随。

图 13 是出自《三才图会》的比翼鸟。这种构思自产生之时起，便深深影响着人们的思想，他们竭尽全力地描绘着，誓要创造出一个具体的、有本土特色的鸟禽形象。《三才图会》中记载：结胸国有比翼鸟。《尔雅》云：南方有比翼鸟，不比不飞，谓之鹣鹣。注解曰：似凫，青赤色，一目一翼，相得乃飞。王者有孝德，于幽远则至。

二号石板的图片上有画像石的侧视图，上面有精美的高浮雕［见图 2（b）］。图中有一个人两手向上伸直，越过头顶，举着太阳形状的球。一个四足怪物跑向他，而那个人好像保护着太阳球，避开那只怪物的攻击。上面刻着著名的三足鸟，可以断定那个圆形物体就是太阳，因为这样的设计就是汉代画像石中的太阳形象，正如圆圈中有蟾蜍就代表着月亮一样。卜士礼的《中国艺术》第一卷中的图 14 和沙畹的《北中国考古图录》中的第 53 号图片上就是刻有太阳和三足鸟的汉代画像石。图 14 是《方氏墨谱》中的一幅插图，图中的两块画像石上刻着两只这样的鸟。

显然，画像石上的图案反映了一些与太阳有关的神话，但到目前为止，我们还未

① 《三才图会》鸟兽卷，第二章，第 13 页。

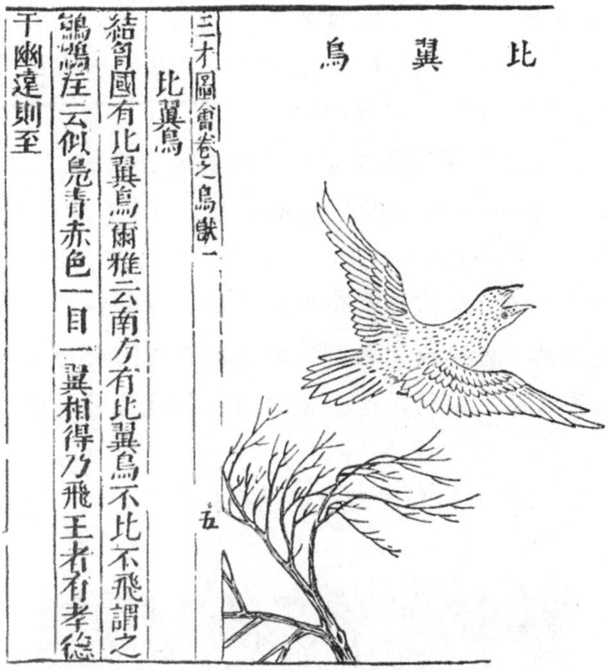

图 13　比翼鸟

（出自《三才图会》）

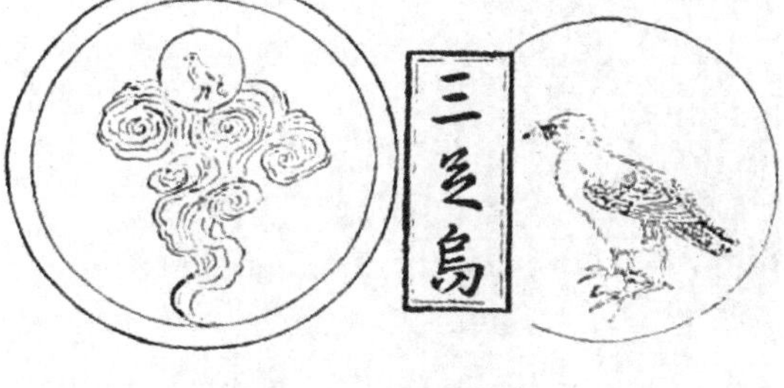

图 14　三足太阳鸟

（出自《方氏墨谱》）

发现同时期有助于阐述这一话题的相关资料。

三号石板画像石的构图和部分内容让我想起了位于武梁祠东西两侧的石柱上的图案，沙畹的《北中国考古图录》中首次记载了相关内容。该书的第 72 号图片的画像石上，一个人拿着鱼站在前面，在他下方有一只飞蹿的九头蛇，弯着伸长的脖子，被一只张开血盆大口奔跑的怪物追着。书里的第 66 号图片的画像石上，顶部有一个人的侧影，他的下半身是鱼尾，他面前立着一条鱼，再往下是和 72 号图片一样的九头蛇，然后是一个和72号图片顶部一样的拿着鱼的人，画像石最底下又刻着一条鱼。第64号图片的画像石顶部刻着一条鱼，栩栩如生，还有一只老虎追着一条带有条纹的九头蛇。显然，这三块画像石的主题和构图协调统一，蕴含共同的神话意义。二号石板画像石［图2（b）］中太阳的形象就是从鱼发展过来的。二号石板中，怪物的目标是被人保护的太阳，而第64号图的目标则是鱼。第64号图片中的怪物上面有条鱼，但没有出现把鱼抓在手中保护鱼的人，说明鱼就是被袭击的对象。第66号图片中的人可能是由鱼幻化而成，他似乎对鱼很感兴趣，对着鱼弯下腰，双手合十，似在祈祷，可能对他来说鱼是某种神灵。拿着鱼被怪物袭击的人与举着太阳被怪物追赶的人之间或许存在着某种联系。最后，这些相关的图案是否可以证明太阳和鱼的形象是等同的呢？[①]

四号石板（图15）所展示的画像石曾经是嘉祥县附近的一座石墓中的石穹顶的一部分。

图15　四号石板

① 保罗·卡鲁斯（Paul Carus）听从了我的建议，在 *The Open Court*（1911年，第400页）一书中并排放上了这三块画像石的图片，他更倾向于这象征的是日食。

墓石（0.67 m×0.47 m）的雕刻有一些磨损，刻的是一座三层的宫殿，它的侧面是直达房顶的立柱。在下层的大厅中，坐着一个人，入口处还有守卫们拿着长矛看守。奇怪的是，在上层中心刻着一个圆环，据我所知，其他画像石中并没有发现有这样的图形。它被两条对角线分割开，对角线两端嵌入横梁角。我不敢妄加猜测这个圆环的含意。众所周知，圆形窗户在现代建筑中很常见，但到目前为止，不管是陶艺还是石刻，都未发现汉代房屋中有圆窗。

五号石板（图 16）（0.56 m×0.44 m）上展示的是在嘉祥县南部山区发现的一块残缺的画像石，其上方边缘有磨损，该画像石分为上下两部分。上半部分中，最前面是一匹带有马鞍和马镫的马（可能驮着骑马侍从），往后是一架方形的低矮马车，有高高的八辐条轮，车夫紧抓着缰绳，一个男人跟在后边。下半部分还是熟悉的狩猎场景。两名头戴窄帽、身穿紧衣的男子，肩扛带长柄的猎网，跟在两只精壮的灰狗后面，两只灰狗并排奔跑，追赶两只兔子，前方有一个男人拿着强弩瞄准它们。可以看出，猎人的策略是先让猎物受惊奔跑，然后被狗追赶至伏击地带。

图 16　五号石板

桥城村出土的画像石上也有一个类似的场景，在《金石索》中“中国陶器”部分有插图。可以看出，两块画像石的构图相近，唯一不同之处在于桥城村画像石上，左边的猎人用缰绳拉着灰色猎犬，上边缘还多了一只鸟和一条狗。

沙畹的《北中国考古图录》中的第 176 号图片，是沁阳山的一块画像石的拓印图，其下半部分有着同样的场景。

从带有浮雕的汉陶花瓶可以看出，狩猎场景在汉代时期的墓葬石刻中很常见。此外，在北京的送葬队伍中，有一套特殊的组成，包括猎鹰、猎狗、一只载着蒙古帐篷的驴和一匹没有鞍的马[①]。

六号石板（图 17）（0. 74 m×0. 60 m）所示的画像石出自嘉祥县南部的山区，损坏严重，右侧浮雕被磨掉了很多。但通过仔细观察，再与保存良好的画像石上的相应部分进行比较，就能得到尽可能合理的解读。

图 17　六号石板

该画像石的一个平面上呈现了三个不同的场景。左侧下方描绘的是厨房劳作的情景（如《中国汉代陶器》第 87 页所示）。厨房位于一个开放的空间，上面有一个大炉灶和一个带盖的水壶；炉灶前跪着一个人，正在烧火；墙边的架子上挂着的食物是两条鱼和一只猪头，还有一个长方形的竹条托盘，就像我们发现的同时期在陶炉上用黏

① 顾路柏（Grube）：《北京民俗》（*Zur Pekinger Volkskunde*），第 43 页。

土制成的物品一样。厨房旁边的部分磨损严重，已经无法辨别所刻内容了。只剩两个男人的上半身，轮廓雕刻精美，非常清晰。

中间部分的主题仍是“寻找三脚鼎”，就如《中国陶器》第75-76页[①]描写的那样。

令人深感遗憾的是，此处的石头表面磨损严重，由于其在许多方面与迄今已知的两种刻画形式有所不同，并且更加生动，更具现实感，所以许多细节无从考证。左下方可见一个人划着一条小船，一个高个子的人叉开腿坐在船上，拉着固定青铜三脚鼎的绳子。还有一个很威严的人站在这根绳子后面。中间的青铜容器因其外侧装饰而引人注目，已拓印在图18中。

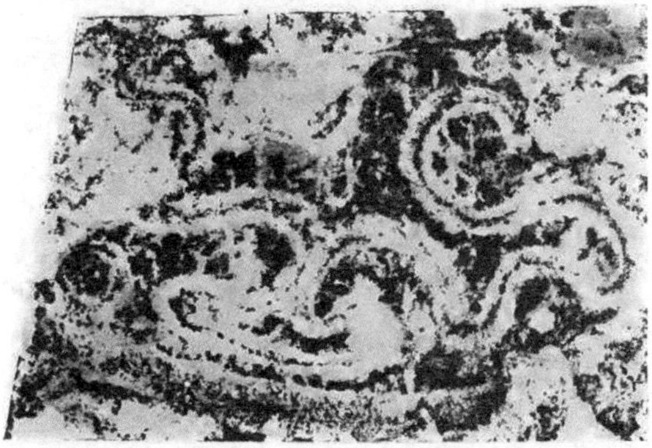

图18　六号石板上的青铜三角鼎浅浮雕

（源自拓印品）

画像石顶部有一只怪物的头，根据传统文化判断，也许象征着龙，它的嘴里有一个倒置的容器；它咬断绳子，然后鼎掉入水中消失了。

石板的上半部分刻着五个人：中间是年轻的周成王，右边是两名侍从，左边是周公和鲁公两位大臣。这一幕已经在三个地方的画像石上发现过，一处是在武梁祠（《中国两汉时期的石刻》，二十八号石板，第三部分，同《北中国考古图录》，第128号；卜士礼，图5），一处是在孝堂山（《中国两汉时期的石刻》，三十九号石板，同《北中国考古图录》，第48号），还有一处在鲁村［《中国两汉时期的石刻》，四十三号石板，第三部分；《金石索》（石索，卷四）］。其中鲁村的画像石与此处的六号石板所刻内容最为接近。

七号石板（图19）所展示的画像石上的中间部分也有这样的场景，但一些地方稍

① 沙畹《北中国考古图录》中的第148号图片是关于这个故事的阐释，图上的内容出自刘家村的一块画像石，上面有滑车，还有一个爬在桥上的人举着刻有龙头的鼎。

有不同。这块画像石上的年轻君主与站在其身后的人相比，身躯稍显矮小，他身后有两个侍从撑伞，右侧有一个人举着旗，左侧是三个举着长矛的护卫。状似长矛的青铜戟是周、汉时期特有的兵器。上半部分有两架只有顶篷的马车，每架马车上有两个人，车夫坐前面，主人坐后面。马是健壮的汗血宝马。下半部分是叫作“黄龙”的怪物，它们张开长长的嘴，吐着舌头，露出锋利的牙齿，一对角向后弯曲，有一对原始的翅膀，脚有四爪，长长的身体上布满鳞片。还有一个带羽翼的仙人，身着羽冠和羽衣，骑在它背上。①

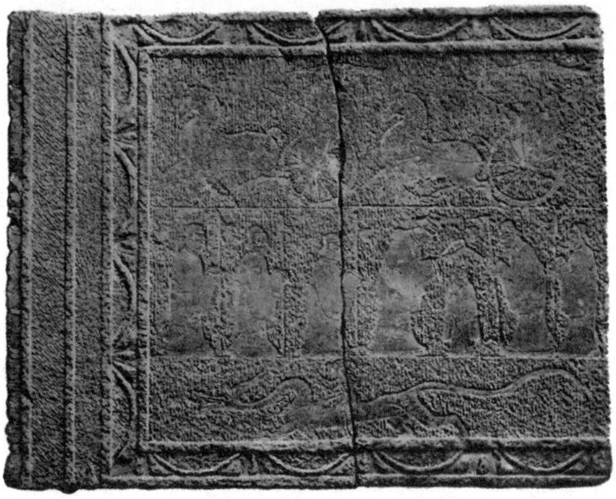

图 19　七号石板

卜士礼所著的《中国艺术》（第一卷）中有相同的图案，如图 18 所示（由于疏漏导致放置颠倒），他称这种生物就是龙（第 37 页），并认为这是已知的最早的中国龙的形象。不加辨别地认定这些怪物都是龙，这是不可取的，而且会给这些形象和神话的研究工作带来阻碍。此处的怪物显然是黄龙，它和经常出现在画像石上的龙不是同一个物种，两者分属于不同的艺术表达形式。卜士礼的著作中只有该画像石拓印图的左侧部分，右侧还有一个像恐龙的怪物，但身上没有鳞片。此画像石的完整拓印图参见沙畹的《北中国考古图录》第 54 号图片。

为进一步获得研究黄龙的材料，将其与龙和九头蛇区分开，我在八号石板上拓印了于山东南部沂州府附近发现的汉代画像石（0. 50 m×0. 25 m），该画像石未在以前的书中出现过。1904 年 1 月，我在泰安府得到了这块画像石的拓片。上面有一条抬起右脚，扭头向后看的黄龙；鳞片是马蹄状的半圆，每四片呈螺旋状排列（图 20）。沙畹的《北中国考古图录》第 8 号图片中的怪物虽然也是扭动脖子和头部，但没有抬起

① 画像石上的神仙有羽毛及双翼，可在空中飞翔。——福克（Forke），*Lun-Heng*，第一部分，第 330 页。

前爪，而且体型不大，身形纤细，身上的鳞片也更真实。其余有关黄龙的研究，见《北中国考古图录》第 23 和 36 号图片。

结合武梁祠画像石上的“祥瑞之物”，可以区分这些具有神话色彩的生物与黄龙。与八号石板上的一样，此处的动物一样举起右前爪，符合之前列举出来的同时期画像石中有关于黄龙的描绘（如图 21，出自《金石索》），铭文内容正如沙畹（《中国两汉时期的石刻》，第 32 页）所说：如果没有排干池塘来捕鱼，那么黄龙就会在池塘里行走（参见梅辉立，《中国辞汇》，第 142 页）。

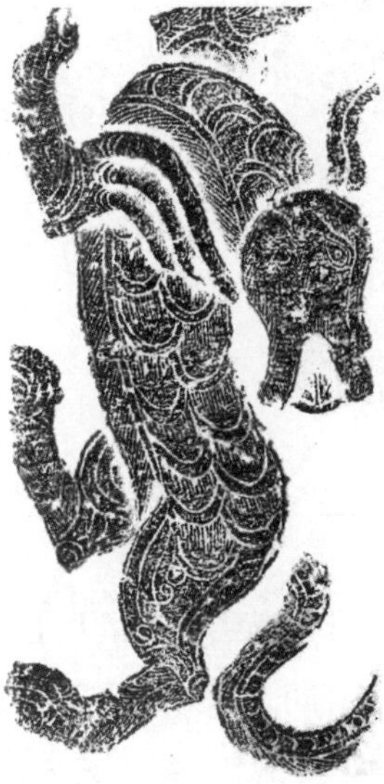

图 20　八号石板上的黄龙

图 21　汉代画像石上的黄龙

（出自《金石索》）

九号石板（图 22）（0. 84 m×0. 65 m）上的浮雕是已知的最好的高浮雕之一，出自嘉祥县南部吕村附近的一座山。这块画像石被发现的地方离一座古城的遗址不远，那里有许多汉墓。像孝堂山汉墓中的一样，这块画像石是在三角形石顶下发现的（《中国两汉时期的石刻》，四十号石板）。据此可以推测它原本是在一个石室或墓室中，而不是封闭的石棺里，因为封闭的石棺不可能有这种形状。

石顶上的两只大鸟可能是孔雀，都长着一对宽大的尾羽，与孝堂山汉墓上所刻的鸟相似（《中国两汉时期的石刻》，三十六、三十七号石板）。下面的几何图案和经常出现在汉陶上的波浪纹、汉砖上的菱形花纹以及画像石两侧的纺帘，在这一时期都较为流行。虽然画像石所表现的是神话主题，但无论是龙弯曲的身形，还是下面的螺旋图案、三足鸟和纯观赏性的三角形图案，都带有明显的几何性质。左上角的龙头后面

图 22　九号石板

有一个人，头戴高尖帽，下身是鱼尾，似是在云上休憩或盘旋。作为天上的神仙，他显然与龙有着千丝万缕的联系，或是指挥，或是诱导。中间的巨大图案很奇妙，甚至有些不合常理：这是一个左膝弯曲，右腿远远地向后伸展的形象；其左臂末端是鸟头，右臂大概也是这样；右脚后面有一只完整的巨鸟。它长着人类的脸，后脑勺上有类似角的东西，也许是头饰，胸前覆盖着羽毛，其余部分裸露在外。这些龙属于九头蛇类，无角，身体细长光滑，没有鳞片。

武梁祠画像石（《中国两汉时期的石刻》三十二号石板，第三部分）上刻画的天气现象中也出现了类似的事物：第二部分的石板上是雷电，第三部分石板上是雨。云彩或是带着鸟头的图案，或是直接用旋着翅膀的鸟来表示。长着双翼的神仙正飞舞着推云布雨，这会直接影响到第四部分的石板上的一队人马。一位神仙正指挥着云向行进的车驾飘去，还有一条龙从云层下伸出头和前爪，向掌管大熊星座的神仙喷水。

我相信，虽然风格不同，但九号石板上所表现的是相似的天气现象，鸟象征着云，龙负责布雨，两位神仙在试图劝说它们为下界带去雨水。

十号石板（图 23）（1. 30 m×0. 81 m）所示的画像石出自嘉祥县以南的山区，其表面受到了一定程度的磨损，难以进行解读。画像石底部刻有波浪纹，另外三侧是菱形花纹。石板的上半部分刻的是一个单独的场景，上面有四辆马车，每辆马车上有两

图 23　十号石板

个人，跟在马车后面骑着马的是新郎。其余部分是一座由柱子支撑的两层宫殿，侧面是两座双柱三层角楼，每层都有房顶，第三层的房顶悬空于中心的楼阁之上。两只巨大凶猛的鸟目不互视，像图腾一样立于屋顶。下面敞开的厅堂里侧坐着两人，有两个人向他们行礼，另外两个则站在后面。那两个跪拜的人，一个刻在另一个之上，这种构图让我想起了沙畹的《中国两汉时期的石刻》中的二十号石板，上面是武梁祠画像石上的一个场景，但书中的第 52 页并未对此作解释。该场景与十号石板上尚未得到明确的内容略有相似，卜士礼在《中国艺术》（第一卷，第 41 页，图 16）中对相关内容有过记述，他认为这是西王母在接待周穆王的情景。这个解释非常巧妙，也较为合理，但只能将其认定为其中一种可能，因为画像石上没有任何解释性的文字能够指向这一观点。而此处的十号石板上则不可能是西王母的故事，因为画面中并没有出现西王母的宫殿。此外，那个像蜥蜴一样的巨大怪物也引人注意，它的尾巴呈螺旋形，从下面的屋顶冒出来，显得很是神秘。它的身体攀附在右侧烟囱上，脖颈和嘴缠绕着一个圆盘，盘中也绘有一些怪物。这个蜥蜴一般的庞然大物似是这块画像石的主角。这或许会让人联想到关于褒姒的传说，相传褒姒是一名少女与一只黑色蜥蜴所生。这只蜥蜴是由夏朝时期两条神龙的泡沫幻化而成的（沙畹，《司马迁史记》，第一卷，第 282 页）。

阐释汉代画像石上刻画的内容，需要从中国的思想观念出发，因为它们都源自中国历史和神话传说。对画像石的解读，必须和本土的传统文化紧密结合，不能脱离其文化发源地。由于没有遵循上述原则，且忽视了对现有画像石的对比研究，费舍尔未能解读出其二号石板上的内容。1908 年的《通报》（第 580 页，同《北中国考古图录》

第 171 号）上有关于此内容的记载。

要了解画像石上所描绘的女性神灵的意义，其实不必像费舍尔主张的那样去联想埃及文化。此画像石上的是中国古代神话中的星神——著名的织女。孝堂山画像石上的织女就是女神形象，她擅纺织，头上有三颗星环绕，属于天琴座（卜士礼，《中国艺术》第一卷，第 38 页，图 14，同《北中国考古图录》第 53 号；沙畹，《两汉时期的中国石刻》，第 84 页）。《淮南子》一书中对牛郎织女的浪漫爱情故事进行了描述。牛郎与织女被分隔在银河两边，他们只能在每年的农历七月初七在鹊桥上相会一次［梅辉立，《中国辞汇》第 97 页；德·格鲁特，《一年一度的节日》（*Les fêtes annuelles*），第二卷，第 436 页；顾路柏，《北京民俗》，第 76 页］。南武阳石阙（《北中国考古图录》第 155 号）的第三块石板上的内容与费舍尔的画像石很相似：织女正在纺车前劳作，她前面是三只喜鹊用翅膀搭成的桥。喜鹊身上系着绳子，绳子末端握在织女手中。费舍尔的画像石上的画面则有些不同。虽然同样有鹊桥和纺车，但不一样的是，织女的脸和上半身在纺车前面；她倾身向前，从手势可以明显看出，这一天是她和牛郎相会的日子。画面中间那个大张着嘴的男子就是牛郎，轮廓清晰，引人注目。

他对着喜鹊和心上人大声呼喊，宣告他的到来。织女明白了他的心意，早已指引喜鹊飞向他，翘首以盼。至于织女身后的是根据天规将织女带回天宫的西王母，还是其他神仙，此处无从考证。右边那个长着鸟头的形象则代表某个天神。

汉文帝时期，七夕节出现了一种习俗，即在七月初七的晚上，女子要登上高台，穿七根针以祭拜织女。明代著名画家仇英的女儿仇珠（号杜陵内史）极有绘画天赋，她为后世留下了一幅佳作来描述这一习俗，此画作见于《国画》（1902 年）第 147 号。“宫殿里建起一座假山，女子穿着长袍，上面绣着鹊桥的图案”（顾路柏，《北京民俗》，第 78 页）。博克斯（Box）在对上海民俗学的研究（*Journal China Br. R. A. S.*，第三十六期，上海，1905 年，第 146 页）中提到，喜鹊展开翅膀，为牛郎架起一座桥，助其跨过银河与织女相会。根据这位作者的说法，在上海，妇女们于七夕之夜在月下尝试穿针。她们会将针对着月光，或把它放在纸上，或让它漂浮在水中。如果第一次尝试穿针就成功，则为吉兆，预示该女子求得聪慧和巧思。

汉代画像石上雕刻的内容是我们研究古代中国人文化生活的最宝贵的资料。画像石展示了汉代的屋舍宫殿，真实再现了当时百姓下厨的场景及他们的日常生活、宴席、娱乐活动、交通工具、服饰、兵器和运动项目等，最重要的是还展现了当时广受欢迎的神话传说。这些资料非常重要，值得我们仔细研究其所有细节。几年前，我曾设想过把画像石上出现的所有文物绘制成图画，并对它们进行恰当的分类，以作为描绘中国古代文化的地图集的基础。同时还会将汉代的陶器、青铜器、铁器①和玉器绘制下来收录到这本地图集中，希望此地图集能够在几年内出版。

哑剧史是近十年来东方学家和民族学家关注的一个课题，但是到目前为止，中国的相关领域在这一课题上仍未作出显著贡献。为了展现汉代画像石的历史文化意义，我建议从哑剧的角度简要思考一下我们可以从这些画像石中了解到什么。

虽然受到严格的道德体系统治的影响，但中国人并不像我们所想象的那般死板严肃。他们喜欢游戏和消遣，几乎不会错过任何休闲娱乐的机会。汉代的中国是欢乐的，从一系列画像石中就能看出，音乐、舞蹈和杂耍是那个时代娱乐的主题，这三者之间相互联系，大概自古以来就关系密切。

汉代画像石上的图案总体上是严肃而庄重的，甚至还有道德教化的倾向，但更值得一提的是，墓室中的画像石上竟有民间娱乐这样的画面。由此可以推断，这种娱乐活动对那个时代的人来说是非常珍贵的，在他们的日常生活中扮演着重要角色。放置在墓室中的，或是用艺术手段表现出来的一切东西，都具有鲜活的现实意义，亲人们也希望挚爱的逝者能继续享受他们生前的乐趣。

以下的戏剧表现形式已为人们所熟知。

(1) 汉代武梁祠画像石(《两汉时期的中国石刻》，十四号石板，第46页，即《北中国考古图录》第104号)的第三个石块上的一个场景：画面右侧，三名观众端正地坐在地垫上，体现了这一表演的形式特征。其中一个人用手势向面对观众的两个魔术师中的一个提出问题或发出指令。他们面前摆放着垫子、盘子、水壶、魔方和若干碗碟。沙畹认为这些物品是餐具。但在我看来，将这些东西解释为表演者所使用的道具，可能更符合此处的情境。在现代中国，人们也能看到同样的表演。其中两个表演者为观众表演杂技：一个甩袖跳舞；另一个头朝上，脚朝下，以双手倒立行走。他们的表演都是在器皿状的物体或是鼓上进行的。

(2) 汉代武梁祠画像石上的一幕(《两汉时期的中国石刻》，二十三号石板)：一名杂耍者在并排放置的五件器皿上进行表演，他右手拿着一把扇子，面朝上，左右两侧各有一个人协助。左侧的人递给他一件看起来像伞的物品，显然这是个仆人，负责在适当的时候给表演者递上用具。另一个人伏在地上，明显是在试图用手走路。他或许是个滑稽的小丑，笨拙地试图模仿表演者，这也是中国杂技演员表演中的一个陪衬。画面的右侧是正在进行演奏的乐队，直到今天，音乐在任何形式的表演中都是必不可

① 在劳佛收藏在芝加哥菲尔德博物馆的藏品中，有6000多件中国文物和5000多件来自中国西藏的标本，还有12个汉代的铁器，其中包括铸有铭文的炉灶、水壶、灯、矛、钱币模具等。

少的。他们分为两组，三个女人和三个男人面对面。而实际上只有三名乐师在演奏，第一个女人演奏箜篌，第二个男人吹竖笛，第三个男人吹箫。

（3）右侧第五排的孝堂山汉代画像石（《两汉时期的中国石刻》，三十九号石板）上的一幕：杂耍者一次将七个球抛向空中；在他身后，一个表演者跪在地上，托举着四个杂技演员叠成的金字塔，他们攀附在一根带有两个横杆的杆子上；两个男孩站在他们的手上，紧贴着上面的横杆，其中一个用手抓住对方，身体在空中自由舞动，而他的同伴则倒立着，右脚紧贴着上面的横杆，将头支撑在下面的横杆上。我们的马戏团中也有一些表演是由这个动作演变而来的。画面中还有一支乐队，但其中的乐器，只能辨认出一根斜立着的短笛。我们知道笛子分为两种，一种是短笛，另一种是长笛（《两汉时期的中国石刻》四十号石板中就有长笛出现）。两名长笛演奏者位于骑兵和战车的队伍前方。

（4）沙畹在他的《北中国考古图录》一书中提到了许多汉代画像石，这些画像石是他在山东的旅途中获得的，但他无法确定具体的出土位置。其中有几块墓葬石刻上的画面就属于百戏（杂耍）这一类。在桥城村（第151号）的一块石碑上有这样一幕（尽管非常不可思议，但在我看来似乎是真实的）：一名杂耍者同时抛接九个球，其中两个在手里，其余的在空中，另一个人在表演翻跟斗。他们中间的两个鼓手正在用力击鼓，鼓由两条带子拴着，吊在一根横杆上。我们在一块孝堂山汉代画像石（《两汉时期的中国石刻》，三十七号石板，同《北中国考古图录》第45号）上也看到了类似的画面。乐队乘着战车[①]，四名乐师在演奏着簧风琴，上面还有两名鼓手。他们如同跳舞一样，高举双臂，充满激情地挥动手中的鼓槌。值得一提的是，不同于其他画像石上的鼓，此处的战鼓精雕细琢、轮廓清晰。其形状与现代鼓一样，都是桶形；根据画在鼓上的纹饰可以推测，当时的鼓身也是用木头制成的，上下两侧的鼓皮则由动物皮革制成。鼓前面挂着一个扁平的金属（青铜）铃，外形与卜士礼所著的《中国艺术》第一卷中的图63相似[②]。鼓被固定在战车的顶篷上，由一根位于中心的竖杆做支撑。顶篷两端以龙首作为装饰，这在其他战车上是没有出现过的。因此，似乎可以将其视为这种乐队战车特有的标志，而且这一设计可能与鼓的存在有关。实际上，我们发现近代中国也有类似的悬挂着鼓和铃铛的构造，其顶端的两个角也装饰有雕刻的龙首（有时也以鸟头作装饰）。[③] 由于具有重要历史意义，穆尔（Moule）在题为《中国

① 此“战车”在布歇尔的书中也有记载，详见《中国艺术》第一卷，图9。

② 与“磬”（佛教法器，用铜制成，形状像钵，可击打发声）类似，参见范·阿尔斯特：《中国音乐》，上海1884年版，第49页。

③ 参见范·阿尔斯特：《中国音乐》第48、49、54、56、78页中的示例。

乐器一览》(*A List of the Musical and other Sound-producing Instruments of the Chinese*)的论文中也对这台战车作了描述，并将车上的鼓标记为“kao”：据几本古书记载，这是一种战时使用的战鼓。此说法的真实性存疑，但一个不可忽视的事实是，虽然外观上与战车很相似，但这辆车并不是战车，而是盛大节日游行中帝王的专用车架。此外，簧风琴通常用于娱乐的场合，其演奏者不可能，也没有理由出现在战车上。

在最开始提到的画像石(《北中国考古图录》，第151号)中，我们注意到鼓杆下面有一只有斑纹的狗，确切地说应该是老虎，它向后转头，张开嘴作咆哮状。在下文将要提到的四件画像石中，鼓杆下也有这样一只老虎，杆子正好穿过一块木雕，显然是将其作为底座。上层石板上刻的是三个坐着的人，右边的那个在演奏簧风琴。他对面的人手拿七弦琴(与日本十三弦古筝类似)，琴雕刻得很精细，这个人显然暂停了演奏。中间的人双手抱在胸前，似乎只是个听众。

(5)《北中国考古图录》的第158号图中的第三块石板上，是一对男女正在跳舞的场景。男子穿着短袄和长裤，女子穿着及地长袍，两人的衣袖都很长。舞蹈的主要动作似乎就是甩袖，他们将袖子挥舞过头顶，再甩向地面。鼓的形象和鼓手的姿势动作与之前的画像石上的几乎一样。

(6) 在第160号画像石上，也有这样一对鼓手，鼓放置在华盖上，两人各拿着一对大木槌。从他们的位置可以看出，击鼓的动作是有节奏的。第一声由甲用右手、乙用左手同时敲击上鼓皮；第二声则是甲用左手、乙用右手敲击下鼓皮。鼓的悬挂方式也有所不同，这是将鼓固定在两根交叉为十字形木杆上，杆从天花板延伸到上鼓皮的中间部分，从鼓中间的黑色接口可以看出，中间的竖杆穿过了鼓身。这种鼓与穆尔(《圣门乐志》，第55页)所描述的一种乐器类型相似。该乐器名为楹鼓，形状似桶，放置在由一根柱子支撑的平面上，柱子的底座是四只交叉排列的木制老虎。柱子穿过鼓，上面有一个巨大的丝质顶篷(参见图24)。此画像石中的表演者是两个杂技演员，其中一个在用四个球表演抛接，用额头接住落下的球；另一个在跳肚皮舞。石板上半部分刻着两个人，一个在演奏双簧管风琴，另一个则在演奏双管风笛，其余乐器看不清楚。

(7) 第163号画像石上的戏剧场景非常精致，有各种各样的舞蹈、杂耍和音乐。一名苗条女子穿着飘逸长裙，系着腰带，翩翩起舞，长袖飘扬。她的男伴站在两个大球上跳舞，袖子比她的更长。虽然他的身体正对着前方，但头是侧过去看着女伴的。在这对男女的上方(即在他们的身后)，有三个动作伶俐的杂技演员在用手行走；鼓手和之前的一样；乐师中有一个拿着双簧管风琴，值得注意的是，上排还有个拿着竖

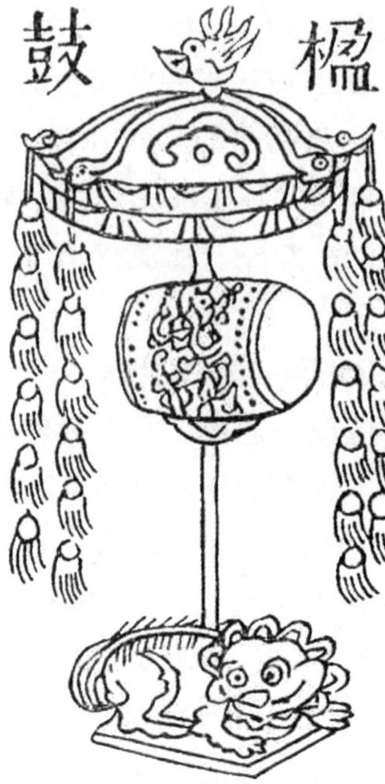

图 24　楹鼓

（出自《圣门乐志》）

琴的人；最后一个人将乐器横放在栏杆上，与第 151 号上的一样，只是方向相反。

需要补充的一点是，这些表演都具有纯粹的世俗性质。最重要的是，这些舞蹈没有宗教意义，似乎只是为了休闲娱乐而进行的专业表演。古代中国人的宗教舞蹈都是由一群男子表演的哑剧，他们挥舞着手中的东西，例如战斧、圆盾、羽毛、牛尾刷、旗子等，而我们在画像石上所看到的，则是一对男女共同起舞。[①] 在这一点上，第 149 号图片上的画像石呈现的画面很有启发性，因为从中可以推断出当时的娱乐活动是在室内进行的，且与大型的宴席庆祝活动有关。厨房里一派忙碌的景象，正在宰杀生猪。一个人把猪拖进厨房，扔到地上，另一个人抓住它的脚，把刀刺入它的心脏。画面的上方，乐队的两名乐师和鼓手正在专心演奏。因为期待着能分到一盘猪肉，他们的情绪也愈发高涨。

（8）第 182 号画像石上可能也有一个跳舞的女人，沙畹称该画像石为“济宁石”。1904 年 1 月，我得到这块画像石的拓片时，得知其出土地点就是在济宁的一个村庄——白杨村。这块画像石非常奇怪，只粗略地勾勒出女子的轮廓，没有眼睛、鼻子

① 对比第 156 号“南武阳石阙”第四块石板，在四人管弦乐队的伴奏下，女子身着长裙跳舞，男子舞动双手应和。

和嘴巴，丝毫看不出脸部刻画的痕迹。画中站立的舞者与第 163 号画像石相似。画像石上还有三个跪着的女子，中间的一个人物形象此处不作解释。这个场景在房子的下层，而上层是三个坐成一排的女子，很明显是观看表演的观众。

(9) 耍蛇人很可能是刘家村的第二件石刻（《北中国考古图录》，第 148 号，第二块石板）上的形象：一名男子手握凶猛的眼镜蛇，他的同伴背着剑，转过头避开蛇的靠近，敲击着鼓。这两个人穿戴奇特，面貌怪异，显然并不是中国人。长长的胡须两端颇有现代人的风格，穿着打扮则与古代土耳其和匈牙利人相似[①]，但明显不是这两个国家的人。他们很可能是来自印度的眼镜蛇杂耍者。眼镜蛇杂耍者的头饰与佛教八大法器之一的“盘长”（参见顾路柏，《北京民俗》，第 141 页，第 4 号）很像，而另一个人的头饰则与现在的僧伽罗人佩戴的龟甲梳较为相似。此外，眼镜蛇的出现似乎也佐证了耍蛇人来自印度。

此外，还有一幅奇怪的杂技表演的插图，在《金石图说》（第一卷，第 24 页）中流传下来。它最早刻于石头上，是 126 年建于河南省登封县以北十里处的一座寺庙的遗迹的一部分。图 25 是两匹飞驰的鞍马。前面的一匹马上有一女子颇为轻松地握住缰绳，双手撑在马鞍前部。后面一匹马上是一个侧身坐着的男子，他挥动长袖下的手臂以保持平衡。[②]

另一个场景是一场蹴鞠比赛——这是《金石图说》的编者的看法，我不予质疑。两名球员手持棍棒，棍棒中间夹有一个大球。其中一个球员高高跃起，用右脚踢球，同时用棍子将球击出。值得注意的是，这个人的穿着和姿势，尤其是手臂处过长的衣袖，与画像石上的舞者一样。这很有可能是目前为止最古老的足球比赛。[③] 另外，在启母阙上，也明显有一个蹴鞠者的形象（《北中国考古图录》，第 25 号）。

古时纪念死者的石碑上刻有伶人的表演，在现在的风俗中可以找到与之相同的说法，即从葬礼的前两天开始，连续上演四天戏剧。虽然这个习俗在中国大部分地区已经过时，但依旧盛行于保定府，那里仍会邀请擅长马术的女子前去表演［戴遂良 (L. Wieger)，《道德与民间习俗》(*Morale et Usages*)，河间府，1905 年第 2 版，第

---

① 有趣的是，在现代中国戏剧中，脸上涂着白色颜料的丑角开始粘上了两端上翘的大胡子。

② 中文解释为：两人走马而舞为角抵戏。这一解释并未得到普遍认同。翟理斯在《柔术之乡》(*The Home of Jiu Jitsu*)［《耀山笔记》(*Adversaria Sinica*)，第 5 篇，1906 年，第 133-134 页，上海］一文中，对“角抵戏”这项运动作了详细描述：“双方戴上由牛皮、牛角等物制成的头冠，以公牛斗角的方式向对手发起进攻，将其击败，如插图所示。”这句话摘自《三才图会》，与汉代画像石上雕刻的场景并无相似之处。除非作者对角抵戏有所了解，否则很难想象两个人是如何在飞驰的马匹上进行“斗角”。

③ 足球在汉代时期有较大的发展，翟理斯在其有趣的论文《中国足球与马球》(*Football and Polo in China*)（《耀山笔记》，第 4 篇，第 87-98 页）中引用大量典故，证明了这一事实。另参见斯图尔特·库林：《朝鲜游戏》(*Korean Games*)，第 40-41 页（1895 年，费城）。

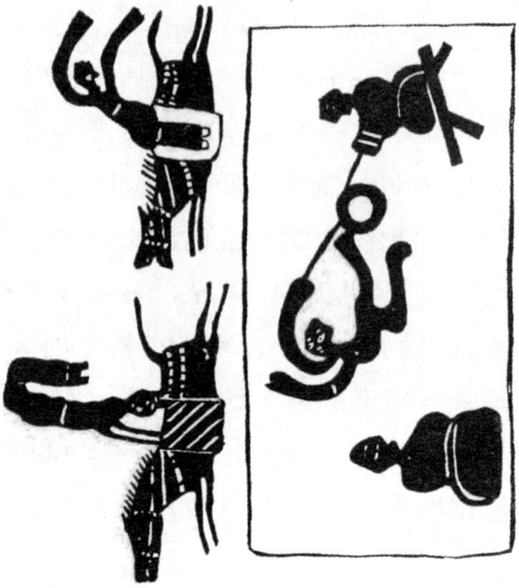

图 25　126 年的一块汉代画像石上的马术杂技和蹴鞠比赛

（出自《金石图说》）

535 页]。这是一种普通的马术杂技，名为“跑马解的”或“飞娟”。

他们在葬礼上的表演，正如戴遂良的中文文献所描述的那样，直立在马背上或头朝下或单脚站立——与上述图 25 中的画像石几乎吻合。我们可以得出这样的结论：这种马术早在汉代就已出现，后又作为葬礼上的一种表演形式。

作者简介

劳　佛　(Berthold Laufer，1874—1934)，美国德裔汉学家，专长于博物馆学研究、中国艺术研究、中亚语言研究以及人类学研究。劳佛 1874 年生于德国科隆，肄业于柏林大学，1897 年在莱比锡大学获博士学位。通达波斯文、梵文、日语、汉语、藏语、蒙古语、满语等。劳佛学识渊博，作品数量多且水准颇高，著有《玉石——中国考古学和宗教研究》（*Jade：A Study in Chinese Archaeology and Religion*）、《中国伊朗编》（*Sino-Iranica*）等。

原文出处：Berthold Laufer：*Chinese Grave-Sculptures of the Han Period*. F. C. Stechert & Co.，1911：1-45.

藉清敌黄对苏鲁豫皖接壤地带的环境及社会影响①

胡其伟

内容提要： 康熙年间，靳辅治河二十余年，以“筑堤塞决，束水攻沙，藉清敌黄”为策，于徐州上下建若干减水坝，分流黄水。北流或归河或归运，南流多经洪泽湖出清口助清敌黄，其继任者多沿用此措施。此举于当时保漕颇有裨益，但却导致黄河河床不断淤高，黄、淮、运河的水位日益抬高，洪泽湖高家堰不断延长、加高，不得不分流入江，并导致苏鲁豫皖接壤地带水系及环境的巨大变化，从而引起一系列的后患，其表现形式既有朝堂之上的倾轧，也有地方势力的角逐，甚至百姓流血械斗。

关键词： 藉清敌黄；黄河夺淮；环境变迁；水利纠纷

---

① 本文是国家社科基金项目“明清运河沿线湖泊环境变迁与国家水资源管理体制研究”（项目编号：19BZS104）、徐州市2021社科基金项目“统筹推进大运河与黄河故道文化研究”（项目编号：21XSM－072）的阶段性成果。近年相关研究有王英华：《康乾时期关于治理下河地区的两次争论》，载《清史研究》2002年第4期；贾国静：《清前期的河督与皇权政治——以靳辅治河为中心的考察》，载《中南大学学报（社会科学版）》2017年第3期；周艳：《明清时期苏北运河工程与农业生产》，聊城大学硕士论文2016年（文章注意到水患灾害危及漕运安全使治黄、导淮、济运等诸多任务汇聚于苏北一地引起的更加复杂的局面，却并未展开论述）；成鹏：《明清治运保漕与苏北水灾》，聊城大学硕士论文2014（文章注意到明清政府固持“蓄清刷黄”的治水方针，致清口淤积、洪泽湖湖底泥沙淤垫，而高家堰越筑越高，洪泽湖变成“悬湖”，吞并了大量的土地且湖区几乎年年都发生水灾）；胡阿祥：《围绕京杭大运河之“蓄清刷黄保漕”的反思——以淮源、洪泽湖、高家堰、泗州城为例》载《学海》，2018年第5期（文章指出洪泽湖的扩大与高家堰的成型、酿成悲剧的泗州城的淹没等与其时京杭大运河“蓄清刷黄保漕”的国家大政密切关联）；马俊亚：《从沃土到瘠壤：淮北经济史几个基本问题的再审视》，载《清华大学学报（哲学社会科学版）》，2011年第1期及《集团利益与国运衰变——明清漕粮河运及其社会生态后果》，载《南京大学学报（哲学·人文科学·社会科学版）》，2008年第2期（文章注意到漕运对该地区社会政治经济的巨大影响等）。本文从环境变迁的视角考察藉清敌黄措施对苏鲁豫皖接壤地带的环境及社会影响，具有开创性。

一、藉清敌黄与苏鲁豫皖接壤地带环境变迁

黄河南流夺淮时期，自明代潘季驯“筑堤蓄水，以水攻沙”以后，黄河河道被固定在归德、徐州、淮安一线，徐州一带成为治黄关键所在，究其缘由，盖因黄河在徐州以上河道宽广，及至州城脚下，受地势影响，河道急缩，由40～50公里瞬间收束为4公里左右，最窄处仅1～2公里，河水时刻威胁徐州城及黄河大堤，故早在明隆庆四年（1570年），翁大立即指出“比来河患不在山东、河南、丰、沛，而专在徐、邳”[①]，今人郑肇经也在其《中国水利史》中描述徐州黄河河道之狭窄：“黄河自荥泽以下河道宽十余里至二三十里不等。下达徐州，两岸群山夹峙，中间河道，仅宽六十余丈，形如蜂腰。壅而上溃，有明二百余年间，徐州迤上，漫溢时见，徐城屡有冲决，皆由于此，为第一要害之地。”[②]

河道迅速收窄，导致黄河常常在徐州一带决口。北决往往冲决运道，而一旦南岸漫溢则会导致徐吕二洪浅涩，影响漕运。即使泇河开通后，避开了徐吕二洪，漕船安全系数有所提高，但黄河治理仍然是关系全局的难题，一旦溃决，“不特凤徐淮属州县漫淹，而其水全归洪泽湖，撼击高家堰，一有不支则全淮东泻，黄蹑其后，而清口淤，运河垫。清水潭等工皆不可保矣”[③]。因此，徐州以上砀萧黄河南岸堤工虽与运道相距甚远却相关甚切，尤其是明代，洪水入洪泽湖后水位抬高威胁明祖陵，此是大忌，故终明一代，历任河督均尽力维护南岸大堤，以使溃决宁北勿南，避免黄水冲击祖陵。

清代并无祖陵之忌，故在苏北、皖北、豫东、鲁南等地区兴建了许多工程，但却未能改变这一带水灾频发的状况。顺治至雍正期间，仅在江苏的淮北地区，中运河的河道变迁达10次，沂水河道变迁6次，睢水河道变迁2次，沭水河道变迁1次。黄河减水道变迁达6次。乾隆时期，黄河向北岸溃溢8次，南岸溃溢12次。[④]

康熙十六年（1677年），安徽巡抚靳辅[⑤]受命总督河道、提督军务，山东、河南各巡抚悉听节制，康熙并允许其“便宜行事，不从中制”大权。靳辅在幕僚、杭州人陈潢的协助之下“浚淤筑堤塞决，束水攻沙，藉清敌黄”，“经营十载，算无遗策”[⑥]。靳辅莅任次年，在徐州一带建五座减水闸坝：“先于砀山县南岸建坝一座，以减豫东

---

① 张廷玉等：《明史》卷八十三，志第五十九《河渠一》，中华书局1974年版，第2015页。

② 郑肇经：《中国水利史》，商务印书馆1939年版，第70页。

③ 赵田恩：《江南通志》卷五十一，凤凰出版社2011年版，第108页。

④ 武同举：《江苏淮北水道变迁史》，《两轩賸语》，1927年版，第13页。

⑤ 靳辅，字紫垣，辽阳州人，时奉命总督河道、提督军务。

⑥ 武同举：《旧黄河史略》，《江苏水利全书》卷十一《淮七》，南京水利实验处1937年，第20页。

二省骤来之水，砀山坝内疏泄不及者，随于萧县南岸，又建一坝以减之……两坝所减之水，导归睢河，从姬村、永堌等湖而下，使沙停湖内，听清水由白洋河复入黄河；北岸州城以上二坝所排之水，排入微山、吕孟等湖而下，亦使沙停湖内，听清水由韩庄闸归运河，出骆马湖复入黄河。花山一坝所减之水，引令从新大决口内而下，亦使沙停口内，听清水由猫儿窝归运河，亦出骆马湖复入黄河。"① （图 1）康熙十八年（1679 年）又"创建宿迁县之朱家堂、温州庙，桃源县之古城，清河县之王家营，安东县之茅良口减水坝共六座"②，减水至归仁堤，部分仍归黄河，部分由归仁堤减坝入洪泽湖。康熙二十三年（1684 年）十一月，康熙南巡回銮驻陛天妃闸，召靳辅入对，问及如何防止黄水倒灌运河，靳辅回答："别无他策，惟有分黄助淮一法。今年黄水倒灌因黄强淮弱所致，臣欲于徐睢黄河南岸再造减水坝几座，如遇黄淮并强之时启黄河北岸减水坝开泄，若黄强淮弱，则南北两岸减坝并启，以北坝泄黄，以南坝引黄助淮敌黄，如此防法可无倒灌之虞。"③

靳辅"藉清敌黄"之举，作用在于泄黄之有余，济淮之不足，"今试泄黄水十之二，使入毛城铺归湖，以出清口计，正河减二分，清口增二分，则合处差四分。试泄十之三，使由毛城铺归湖以出清口，则合处计差六分矣。黄大则清亦大，黄小则清亦小，名为以清刷黄"④。其后的几位继任河督除于成龙外多奉行此道。如"张鹏翮建归仁、安仁、利仁三闸，俱减睢黄水入洪泽湖，乾隆中，睢道渐淤，改于乌鸦岭西，由泗州谢家沟入洪泽湖，自是睢河正干全入安徽境，其余波由宿迁归仁集出安河，经桃源县入金锁镇，入泗州安河洼，归于洪泽湖"⑤。康熙评价张鹏翮"惟守成法"。嵇璜，高斌、吴瓛等皆有疏浚毛城铺、天然闸等减河之举。至民国初年武同举评价靳辅开创的"引黄济清"的后果："靳辅建毛城铺减水大坝、王家山天然减水闸、峰山四减水闸，减黄入睢，又建归仁堤五堡减水坝……迄今形势无变。"⑥

分黄入淮、藉清敌黄措施给苏鲁豫皖接壤地带的环境带来了巨大的变化。笔者认为其中导致苏鲁豫皖接壤地带环境产生巨大变化的主要原因有两个：一是开浚引河，主要改变的是堤内环境；一是建减水坝，则是改变堤外环境。"公乃以推测土方之法移而推测水方，其法以上流之宽深准下流之浅窄，量入为出以洩之，然漕中之水又必

---

① 武同举：《靳辅疏略》，《江苏水利全书》卷十《淮六·附编一》，南京水利实验处 1937 年版，第 22 页。

② 靳辅：《善后事宜疏》，见赵田恩《江南通志》卷五十一，凤凰出版社 2011 年版，第 111 页。

③ 赵田恩：《江南通志》卷五十一，凤凰出版社 2011 年版，第 110 页。

④ 庄亨阳：《河防说》，《皇朝经世文编》卷一百《工政六·河防五》，文海出版社 1966 年版，第 3554 页。庄亨阳（1686—1746），字元仲，号复斋，福建靖南人，官至淮徐海道，康乾时期治水专家。

⑤ 武同举：《旧黄河史略》，《江苏水利全书》卷十一《淮七》，南京水利实验处 1937 年，第 33-34 页。

⑥ 武同举：《旧黄河史略》，《江苏水利全书》卷十一《淮七》，南京水利实验处 1937 年，第 33-34 页。

须留以涤沙……公为之审度地宜，于黄河两岸建减水闸坝十余座，且酌定高卑之数，既可以洩所应洩又可以留所应留。是以上流奔赴之水一及闸坝即可洩其余涨而不至于冲崩，其正流之在漕者，未及闸坝则仍有所蓄，使其力可刷沙而不至于患弱。”[①] 其影响主要有以下几方面：

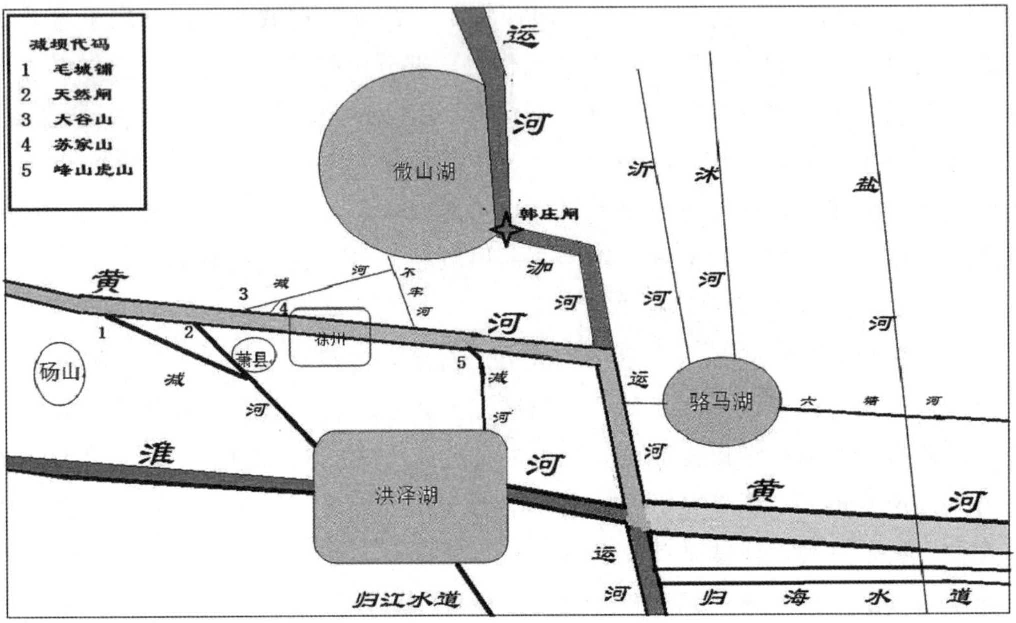

图 1　靳辅治河时期黄淮运水系关系示意图

首先，导致水灾不断。庄亨阳在盛赞靳辅治水成就的同时也指出了其危害：“自乾隆三年（1738 年），毛城铺闭，水势无所分。去年（乾隆十一年，1746 年），南岸天然闸暴逼下注，四倍往常，水势过猛，闸下引河狭小，不能容纳，两堰溃决。铜山之西乡、萧县之东北南三乡，胥受其害。此水流入睢溪口至睢宁，又因洪泽湖水满倒漾，不得宣泄，以致淹没。”[②] 即一旦泄洪，铜萧以下，大受其害，水入洪泽湖后，洪湖水涨，又导致沿湖农田受淹。如遇清口洪湖水位高于黄河水位，则又需开周口坝泄水经高宝、邵伯诸湖导水入江，扬州一带亦受威胁，可谓牵一发动全身。

乾隆四年（1739 年）至嘉庆十六年（1811 年）共计 73 年间，毛城铺闸计开 31 次，天然闸计开 14 次，苏家山闸计开 15 次，峰山闸计开 18 次。而因河底高程或水

① 傅洪泽：《行水金鉴》卷五十二引《淮安府志》，商务印书馆 1927 年版，第 752 页。

② 庄亨阳：《河防说》，《皇朝经世文编》卷一百《工政六·河防五》，文海出版社 1966 年版，第 3554 页。

量不同，各闸并非年年开闸，开闸亦未必四闸全开，如“毛城铺、王家山闸坝，康熙三十九年以后，河底渐深，水不过闸”①。即便开闸，则因过水情况及时间不同，成灾程度各异。一般农历六月中旬后开闸对越冬小麦的收割不会有太大影响，但会影响秋熟作物的播种；农历八月以后开闸则减河内所种庄稼，必定受灾。表 1 列出了乾隆十二年至乾隆五十九年（1747—1794 年）毛城铺开闸情况及过水情况。

表 1　1747—1794 年间开闸情况及过水情况表②（时间均为农历，▲表示可能成灾）

年份	开坝情况	年份	开坝情况
1747	六月初七开③▲	1763	八月二日过水数寸旋即断流，七、八日又过水数寸； 十月五日过水九寸至一尺三寸③▲
1748	闰七月二十七过水④	1766	九月十四、十五日开闸，过水一丈二尺⑤▲
1750	八月十一日过水无多⑥	1767	八月二十九日开坝⑦▲
1757	七月二十六日过水⑧	1768	八月十一过水五六寸及一尺二寸，十五，十六日过水一尺四寸⑨▲
1760	七月三、四日过水⑩	1770	二月十日（凌汛），过水一丈（尺）七寸⑪； 七月五日，开闸，过水三尺五寸⑫▲
1761	七月二十五日过水数寸至尺余； 八月二十七日过水二三尺▲	1771	七月五日及八月六日两次启放⑬▲
1762	八月七日，开坝⑭▲	1772	七月十七日启放，过水六尺⑮▲

① 高斌：《河防图说》，《灵璧县志·河防志》，《中国地方志集成·安徽府县志辑 30》，江苏古籍出版社 1998 年版，第 101 页。

② 本表根据水利电力部水管司、水利水电科学研究院编写的《清代黄河流域洪涝档案史料》（中华书局 1993 年版）编制。

③ 乾隆二十八年七月初十及九月初五日，江南河道总督高晋奏章，见《清代黄河流域洪涝档案史料》（中华书局 1993 年版），第 255 页。

④ 乾隆十三年八月十一，大学士高斌奏章，前揭，第 180 页。

⑤ 乾隆三十一年八月十九日，江南河道总督李宏奏章，前揭，第 264 页。

⑥ 乾隆十五年八月二十八，大学士高斌奏章，前揭，第 190 页。

⑦ 乾隆三十二年七月初十日，江南河道总督李宏奏章，前揭，第 270 页。

⑧ 乾隆二十二年八月初七，两江总督革职留任尹继善奏章，前揭，第 217 页。

⑨ 乾隆三十三年七月十二日，江南河道总督李宏奏章，前揭，第 273 页。

⑩ 乾隆二十五年六月初四，安徽巡抚高晋奏章，前揭，第 227 页。

⑪ 乾隆三十五年正月二十五日，江南河道总督李宏奏章，前揭，第 279 页。

⑫ 乾隆三十五年五月二十八日，江南河道总督李宏奏章，前揭，第 281 页。

⑬ 乾隆三十六年六月二十八日及七月初二日，两江总督高晋奏章，前揭，第 290 页。

⑭ 乾隆二十七年七月初五及二十八日，江南河道总督高晋奏章，前揭，第 252 页。

⑮ 乾隆三十七年六月二十二日及二十七日，江南河道总督吴嗣爵奏章，前揭，第 296 页。

表 1（续）

年份	开坝情况	年份	开坝情况
1773	七月十日开放，过水五尺五寸；八月十五过水六尺五寸①▲	1786	八月十八日开②▲
1774	六月内开放，过水七尺五寸至九尺③▲	1788	七月二十三日启放，过水三尺五寸④▲
1775	七月二十三日启放，过水一丈零三寸⑤▲	1790	七月二日启坝，过水六尺余，八月七日过水八尺五寸，八月十七日过水一丈九尺，下游两处漫滩⑥▲
1776	七月十九启放⑦	1791	七月十四日开，过水六尺六寸⑧▲
1780	六月二十四日启放；八月三日再启⑨▲	1792	八月十七日开，过水六尺；九月七日过水九尺▲⑩
1784	八月八日开，过水四尺五寸▲	1793	七月二十日开，过水一丈一尺⑪▲
1785	七月二十七日启放⑫	1794	七月十九日开⑬

其次，导致洪泽湖淤垫，大批湖泊湮灭。如嘉庆十五年（1810 年）五月一日吴璥奏云："伏查黄河底淤垫，其来已久，而近数年愈淤愈高，当日洪泽湖存水七、八、九尺，即能外出清口，近年蓄至一丈二、三、四尺，湖为黄水所阻，实属受病已深。"⑭大抵自道光初年以来，洪泽湖底已从嘉庆初年的一丈有几淤至二丈开外，一旦大水，洪泽湖水位即高出高宝湖 7 米左右，高出里下河地区更达 13 米左右，洪泽湖由此成为名副其实的"悬湖"⑮。而其他小湖如姬村、青伊、硕项等皆次第湮灭。

再次，引起纠纷。一是黄水下泄引起洪泽湖水位高涨，淹没沿湖民田并威胁高

① 乾隆三十八年五月二十九日及七月初七，江南河道总督吴嗣爵奏章，见《清代黄河流域洪涝档案史料》（中华书局 1993 年版），第 304-306 页。

② 乾隆五十一年闰七月，两江总督李世杰、武英殿大学士阿桂等奏章，前揭，第 340 页。

③ 乾隆四十年正月初八日，两江总督统理河务革职留任高晋奏章，前揭，第 309 页。

④ 乾隆五十三年六一九月，江南河道总督李奉翰奏章，前揭，第 345-346 页。

⑤ 乾隆四十年闰十月二十八日，两江总督总理河务革职留任高晋奏章，前揭，第 311 页。

⑥ 乾隆五十五年五一九月，江南河道总督兰第锡奏章，前揭，第 348-350 页。

⑦ 乾隆四十一年七月十七日，两江总督总理河务革职留任高晋奏章，前揭，第 312 页。

⑧ 乾隆五十六年六一八月，江南河道总督兰第锡奏章，前揭，第 355 页。

⑨ 乾隆四十五年六月十五日，江南河道总督陈祖辉及七月初八两江总督萨载奏章，前揭，第 319、321 页。

⑩ 乾隆五十七年七一八月，江南河道总督兰第锡奏章，前揭，第 356 页。

⑪ 乾隆五十八年六一七月，江南河道总督兰第锡奏章，前揭，第 359 页。

⑫ 乾隆五十年五一八月，江南河道总督李奉翰、两江总督萨载等奏章，前揭，第 334-337 页。

⑬ 乾隆五十九年七一九月，江南河道总督兰第锡奏章，前揭，第 363-365 页。

⑭ 水利电力部水管司，水利水电科学研究院：《清代淮河流域洪涝档案史料》，中华书局 1998 年版，第 477 页。

⑮ 胡阿祥：《围绕京杭大运河之"蓄清刷黄保漕"的反思——以淮源、洪泽湖、高家堰、泗州城为例》，载《学海》2018 年第 5 期，第 156 页。

邮、宝应等地。二是正常年景，于这些河道、河滩、湖滩、涨滩内占种庄稼不必缴纳租税，可以增加收入。有些河道积年不担泄洪之任，久而久之，占种者甚至视为私田，而一旦开闸行洪则颗粒无收。因此，每值官府开闸泄洪之时，民众往往倾力阻挠，希望不开或者晚开，以便有所收获。地方官员或碍于情面，或惮于豪强权势，或因便于征税纳粮，亦希望不开。守河官吏受地方民情裹挟，难免以当地利益为取舍。占种者中，地方豪强是主力，往往通过自身影响力掣肘国家政策制定，引起庙堂之争。三是由于减河带来大量的泥沙，淤塞原有河道湖泊，带来水系的巨大变化，苏鲁豫皖交界地带原有水系被黄河阻断，南岸成为奎濉河水系，属淮河流域，北岸归为湖西诸河，属于沂沭泗水系，都是水利纠纷特别突出的地带①。

二、淮扬士绅对藉清敌黄的态度

靳辅及继任漕督实施“藉清敌黄”政策以来，大开减坝，皆以有利漕运为目的，而于地方则无疑加重防洪任务，于流经地区的百姓则不啻是灾难，因此，自始至终反对之声不绝于耳。康熙二十一年（1682 年）六月河决宿迁徐湾、萧家渡，靳辅主持堵口并将两处堤工修筑完毕，“疏请大臣阅验”。不料“有候补布政司崔维雅②著河防二书进呈，请尽变前法，于是上遣廷臣勘验，复召靳辅入见，咨询两河情形，辅备悉条奏，辨论维雅剿袭之谬，上韪辅议，令卒功”③。《清史稿》亦载：“当靳辅兴大工时，维雅奏上所著河防刍议、两河治略，并诋靳辅所行诸法，列二十四事难之。辅疏辨，谓维雅说不可行。”④ 康熙支持了靳辅的意见，但康熙似乎有所顾虑，以至于两年以后借南巡至山东郯城红花埠之际，召靳辅问：“前崔维雅奏各减水坝不当建，依尔见识还是当建不当建？回奏：这减水坝是必要的，若无此各坝，河道断难成功。”⑤

如果孙靳之争尚属技术路线不同的君子之争，那么著名的“靳辅于成龙之争”则有浓重的地域之争的味道。关于下河地区的治理，靳辅、于成龙在治理方案上发生了争执。两人各持己见，互不相让。康熙二十四年（1685 年）九月，靳辅奏请修治下河，“筑重堤自高邮、车逻历白驹至海直达大洋”，即遭到淮扬京官“抗疏力争”“谤议蠭起”，其中于成龙忌妒尤深，宝应乔侍御莱卒以四不可止之。随后不久，靳辅即因硕项湖兴垦，“清厘私垦”，得罪了地方势力，“怨谤乃起”，靳辅因此被罢官，无奈

① 胡其伟：《环境变迁与水利纠纷——以民国以来沂沭泗流域为例》，上海交通大学出版社 2018 年版。

② 崔维雅（？—1662），字大醇，直隶大名人，清初大臣，顺治三年举人。

③ 赵田恩：《江南通志》卷五十一，凤凰出版社 2011 年版，第 108 页。

④ 赵尔巽：《清史稿》列传六十六《崔维雅传》，中华书局 1977 年版，第 1014 页。

⑤ 赵田恩：《江南通志》卷五十一，凤凰出版社 2011 年版，第 109 页。

地抱怨道："今使上流河身，其广数里，而下流河身，或为山冈郡邑所逼限，其广也仅得其半，更或仅得其十之一二，势必滂薄奔驶，怒极而思逞，加以伏秋暴涨，非时霪雨，其不至于败坏城郭，漂荡室庐，溺人民而渰田亩者几希矣。今于黄河两岸，及运河上下高堰一带……建置闸坝涵洞，共若干座，务令随地分泄，上既有以杀之于未溢之先，下复有以消之于将溢之际，故自建闸坝以来，各堤得以保固而无冲决也。乃不知河道者，与怀怨而寻衅者，啧有烦言。"[①] 看来，靳辅当时已经明显受到多方诋毁和攻击。然"不知河道者"是真不知抑或假不知焉？下面一个案例或许有所启发。

乾隆二年（1737年）四月，漕督高斌[②]因毛城铺减河年久失修，河道淤塞，提出疏浚，淮扬京员夏之芳[③]等联名陈奏，以为不便。高斌辩称："毛城铺减水坝，原因徐州一带两岸山势夹束，河水屡屡为患，是以前河臣靳辅于康熙十七年题明建设，减下之水，使归洪湖，以助清刷黄。六十年来，上下河道民生均受其益。现今毛城铺浚河，乃因毛城铺坝以下旧有之河身淤阻，量加挑浚，使水有所归，并非开凿毛城铺之坝也。"原来，夏之芳等在奏章中"妄行添入开毛城铺之一语"，将疏浚旧河说成开凿新河，使乾隆生疑，屡次批示高斌务必再三斟酌，不可固执己见，淮扬百姓一时也因夏之芳倡议于京，"遂浮论百出而莫可止遏"。乾隆以此事关系重大，降谕旨"令总河会同该督抚，悉心筹画，不可固执己见，亦不可曲徇人言，务期于运道民生，万全无弊"。

高斌、赵宏恩经过仔细考察，专程赴京进呈河图，面奏情事："（毛城铺）乃旧有之河，并非昔无而今始开通。况减下之水，纡回曲折六百余里，经由扬疃等五湖为之停蓄，一入湖边，即已澄清，从无挟沙入洪湖之患，亦无洪湖不能容纳之虞，又岂如夏之芳等所言危高堰而妨淮扬之民生运道乎？"[④] 乾隆披阅河图，发现毛城铺口门外，近年来刷深支河十余道，目前高斌已采取措施将毛城铺上游洩黄近溜支河全行堵闭，唯留郭家口支河一道，与下游倒钩水之定国寺支河一道，相机分洩，因此毛城铺所洩之水，较之从前已减去大半。高斌又设立徐州水志，规定至七尺方开[⑤]。乾隆恍然大悟，转而支持高斌，认为"岂从前多洩之水、不为淮扬之害。而此后少洩之水、转为淮扬之患乎？况今高斌等议于毛城铺口门中间，筑乱石滚坝，俾无冲深夺溜之虞，则引河之水势，自不至奔湍迅疾。从来洪湖之水，蓄以济运刷黄，水少则淮弱黄强，水多则高堰可虑，数年以来，湖水微弱，黄水每致倒灌入运，今清口现议疏浚宽深，则

① 靳辅：《治河余论》，《皇朝经世文编》卷九十八，文海出版社1966年版，第3494页。

② 高斌（1683—1755年），满洲镶黄旗人，高佳氏，字右文，号东轩。清朝政治人物，治河名臣。历任吏部尚书、河道总督、文渊阁大学士等。乾隆二十年卒于任上，谥文定。

③ 夏之芳，生卒年不详，字荔园，号筠庄，高邮州人，雍正元年（1723年）进士，是清朝首位巡台御史。

④ 赵尔巽：《清史稿》列传九十七《高斌传》，中华书局1977年版，第1191页。

⑤ 赵尔巽：《清史稿》列传九十七《高斌传》，中华书局1977年版，第1191页。

清水畅流无阻，正虑清水畅洩，有伤全湖元气。今益以毛城铺洩下之水，则足以助清刷黄，而清水不患其弱，且高家堰一堤，圣祖世宗屡发帑金修筑坚固，足为淮扬保障。而天然一坝，又经总理事务王大臣会同九卿定议，非遇异涨，不得轻开，则淮扬州县之水患，自由此可免”。乾隆又令高斌、赵宏恩会同总理事务王大臣与夏之芳等进行廷议，廷议中夏氏闪烁其词，语焉不详，乾隆批评夏之芳：“身未亲历其地，徒以惑于浮言，复固执偏见……其原无定见可知矣。”

不过，令乾隆未曾想到的是，他对夏之芳的批评会招来其他大臣的挑战，“忽据御史甄之璜[①]、钟衡[②]，抗疏陈奏。甄之璜奏称：毛城铺开河，淮扬百万之众，忧虑惶恐，因致直隶地方雨泽愆期”。好在乾隆并不糊涂，质问二人：“夫淮扬与直隶相隔数千里，直隶之亢旱，与毛城铺引河何涉？而乃为此支离诞妄之语，钟衡条奏二摺皆系毫无裨益之事，将毛城铺一案牵引叙入，尤属巧诈，河防重务，必须明白指陈，尤须详细斟酌，固不可偏执己见，又岂可曲徇人言？”乾隆严厉斥责甄之璜、钟衡：“并未亲历河工，确知河务，且非淮扬本籍，乃毅然奏请停止，明系受人指使，为先入之言，挟党营私，岂为公论？从来地方重务，每妄生议论，动有阻挠，乃明季相沿之陋习，此风断不可长。”[③]

乾隆敏锐地注意到，毛城铺开河之争，实为淮扬籍官员为本地利益，背后指使甄、钟二人上奏，阻挠河工，于是果断将甄之璜、钟衡革职，交部严审。对于夏之芳“既以冒昧之识阻挠河务于前，又以巧诈之私希冀掩过于后，此并非寻常奏对不实者比，著交部严察议奏”，最后乾隆果断拍板：“毛城铺断自朕见，事属应行，著照九卿原议，令总督庆复会同高斌，确估定议具奏。并将现在办理情形有利无害之处，晓谕淮扬士民知之。”[④] 此例可见，“不知河道者”未必真的不知，其实是有地方势力作幕后推手。

全祖望为时任江苏巡抚的浙江鄞县同乡邵基撰写的碑铭记载了此事：“河督议开毛城铺以泄水，淮扬士大夫官于京者公疏争之不得，台省争之，则下吏九卿亦有争之者，不得，最后直督彭城李敏达公（卫）力争之，几胜而复绌。公（邵基）陛辞，诏与江督、漕督共相视会议以闻，江督等皆与河督议合，独公以为不可，江左大吏遂莫与公谐者。”[⑤] 邵氏站在淮扬士绅的角度，故不惜开罪江督、河督、漕督三大要员，从另一侧面说明此次庙堂之争，淮扬士大夫实为幕后推手。

---

① 甄之璜，顺天大兴人，康熙五十一年（1712年）进士。

② 钟衡，浙江长兴人，字仲恒，号岱峰，雍正八年（1730）进士，曾任翰林院编修、御史等职。

③ 刘王瑗：（乾隆）《砀山县志》卷二《河渠志》，成文出版社1974年版，第194-202页。

④ 刘王瑗：（乾隆）《砀山县志》卷二《河渠志》，成文出版社1974年版，第194-202页。

⑤ 全祖望：《吏部侍郎兼翰林掌院学士巡抚江苏思蓼邵公神道碑铭》，《鲒埼亭集卷第十八》，第19页。邵基，字学阯，浙江鄞县人，清朝官吏，康熙六十年进士，1736—1737年任江苏巡抚。

三、水系混乱引发的地域争端

由于黄河携带大量泥沙，故毛城铺等减坝泄洪“引黄济清”“藉清敌黄”之举对苏鲁豫皖交界地区的地形地貌，尤其是河流的改变可谓翻天覆地。如靳辅所建王家山闸及十八里屯闸，闸下东西两道泄洪沟在虎山腰汇流，至马楼入萧县，最初闸下无河，每遇泄洪则四下漫散，萧民徒呼无奈。康熙四十六年（1707 年）二月十四日，萧县士民朱士询、徐州经历曹警旭趁康熙南巡路过滕县杨家闸时，“具本绘图，叩请开浚”决口淤塞之河道，康熙在详细了解情况后，“命两江督臣邵穆布、安徽抚臣叶九思、江苏抚臣于准会同估计”，疏浚了南岸“东路自天然闸以下，西路自毛城铺以下，历徐萧宿砀山永城等处”[①]，但仅畅流十数年，因河道狭窄，至乾隆年间复淤，一旦开闸则四下漫溢成灾。乾隆初年徐州道庄亨阳记载了一次泄洪：“去年南岸天然闸暴逼下注，四倍往常，水势过猛，闸下引河狭小，不能容纳，两堰溃决，铜山之西乡、萧县之东北南三乡，胥受其害。此水流入睢溪口，至睢宁又因洪泽湖水满倒漾，不得宣泄，以致淹没。”[②] 鉴于此，高斌于乾隆十六年（1751 年）上《敬陈河湖蓄泄机宜折》，认为天然闸下游“萧宿诸邑本属地形低下，山水汇潴之区，再加黄水漫放，渰没民田，愈为受害，乾隆十三至十四年（1748—1749 年）将天然闸口门坚堵未放，附近得免黄水汗漫之患，已有效验，应将天然闸永行堵闭，方与民有益”。诏准。自是，此闸关闭五十多年未开。

至嘉庆九年（1804 年）冬，“漕船自北还不得渡……议开天然闸，铜山民数万号泣阻之”[③]。此次应是漕船回空至中河一带受阻，官府拟开天然闸引黄河水沿闸河顺归仁堤入正流转中河济运，闸下铜山居民竟有数万人阻挠开闸，数字或许浮夸，但占据河道种田人数极多已是不争的事实[④]。况时值冬季，小麦刚刚下种，铜山百姓群起抗争也属必然之举。无奈，官府只得启清口御黄坝泄水入运。

藉清敌黄、分黄助清带来的最为严重的后果是黄河泥沙的淤垫。“虹、泗、睢、宿连界处诸湖俱饱。”[⑤] 各地内涝无处宣泄，地方官员对此亦是叫苦不迭，乾隆年间的灵璧县令邵谦吉向上级报告说：“卑县地形低洼，上游水发，势如高屋建瓴，加以伏秋两汛，黄淮交涨，黄水盛则闸坝减泄而下，北乡之水既积而日高，淮水盛则洪湖泛

---

① 庄楷：《天然闸开河记》，见萧县水利志编辑组编《萧县水利志》（1985 年），第 140 页。

② 庄亨阳：《河防说》，《皇朝经世文编》卷一百《工政六・河防五》，文海出版社 1966 年版，第 3554 页。

③ 孙鼎臣：《河防纪略》卷三，清咸丰九年刊本，第 15 页。

④ 类似事件在拙著《环境变迁与水利纠纷——以民国以来沂沭泗流域为例》（上海交通大学出版社 2018 年版）第二章中有论述。

⑤ 贡震：《乾隆灵璧县志略》卷六，《中国地方志集成・安徽府县志辑 30》，江苏古籍出版社 1998 年版，第 101 页。

溢四出，南乡之水又郁而不下……毛城铺王家山闸坝减洩黄水由宿境符离桥而下，奔流迅疾，至尹家渡则逼近五湖，与清水相抵，其流渐缓，流缓则沙停，沙停则河淤，必至之势也。”[①] 无奈之情溢于言表。

另一方面，分黄之举大大加重了百姓的负担。朝廷每年于黄、淮、运河正河堤防修守、疏浚称为“官修”，由国库拨款，称为“正项”，而于减河的疏浚维护则全由地方自筹，称“民修”，“凡应归民修者，酌派附近有田民人，照例田主给食，佃户出力”[②]。偶有国帑垫支，还须向收益百姓逐年摊征返还，百姓负担倍重。嘉庆二十五年(1820 年)，漕督孙玉庭因“上年秋汛水盛涨，启放宣泄，以致河身淤厚，碎石坝及两岸堰工冲刷残缺”，奏请兴挑峰山滚坝以下引河，嘉庆谕：“所有估需银三万二千三百九两零，准其在藩库正项内动借。仍按睢宁、邳州、灵璧三州县收益民田，分作六年摊征归款。”[③] 道光元年（1821 年），天然闸下引河工程，“循例借项修筑，按田分限摊征还款”[④]。

再如江苏省萧县[⑤]，三面环山，黄河北徙后，流域水环境大变。“砀山、萧、铜山、睢宁、宿迁各县挑河工程，以时兴举，萧、铜导水入睢，安徽处下游，颇有争议。”[⑥] 龙河起于萧县城东龙湖；岱河起于西北岱山湖。二河原皆北流入汴，黄河夺淮后，河道高仰，北流受阻，自清乾嘉以来，为宣泄龙岱二河山洪，该县人民亟思将该两河挖通，引水入濉，放水下行以除水患，而每次开挖，下游宿（县）灵（璧）等县必群起抵制，诉至省府，结果均禁止挑挖。

萧县南面则一片旷地，同治八年（1869 年）冬，萧县知县顾景濂向江苏巡抚奏请勘估洪河、濉河，指出萧县下游的“泗州濒临洪湖，因道光年间黄河南岸冲决，湖心淤垫高仰，每逢汛涨屡有倒灌之虞，泗民惧开濉河，呈请乞免”，顾氏奏请“仍由江皖两省委员，会同复勘详办”。顾景濂认为“减、洪、濉三河分隶江、皖、豫三省境内，名虽别派分支，实则相为表里，一脉流通。疏浚之法，由下而上易为力，自上而下难为功，永（城）距减河之上源，宿（州）在洪河之下游，萧则居永宿之间。宿议挑而永不挑，则利于下无害于上，萧亦未尝无利；宿未挑而永先挑，则利于上必害于

---

① 邵谦吉：《请开睢沱两河详文》，《中国地方志集成·安徽府县志辑 30》，江苏古籍出版社 1998 年版，第 18-19 页。

② 中国水利水电科学院水利史研究室：《南河成案续编》，转引自《再续行水金鉴·黄河卷》，湖北人民出版社 2004 年版，第 69 页。

③ 《清宣宗实录》，嘉庆二十五年八月壬申。中华书局 1986 年版，第 33 册，第 132-133 页。

④ 中国水利水电科学院水利史研究室：《南河成案续编》，转引自《再续行水金鉴·黄河卷》，湖北人民出版社 2004 年版，第 19 页。

⑤ 萧县原属江苏徐州辖境，1954 年 12 月，萧县、砀山 2 县划归安徽省。

⑥ 武同举：《旧黄河史略》，《江苏水利全书》卷十一《淮七》，南京水利实验处 1937 年，第 21 页。

下，萧更因之受害；况泗又居濉河下游，去路阻遏，水无所归。泗民不愿宿、灵（璧）遽挑濉河与萧民不愿永、砀（山）先挑减河同一情形也”。他认为“愚以为兴举大役原应置身利害之外而通筹全局，尤当设身利害之中。似此河道工程，攸关三省农田水利，宜先注意于濉河下游，力为其难而不必亟亟于上源求效，致有以邻为壑之嫌，俟濉水去路通畅再行溯流而上，节节施工，庶探本清源一劳永逸，百年之利赖有兹，三省之讼端胥息”。①

顾文详细叙述了永、萧、宿三县及减、洪、濉三河的关系，指出了虽为同一水利单元但行政区划分属之间的矛盾。同样，清末成书的将安徽大政要事囊收一册以资抚皖者参考的《皖政辑要》对此三河跨豫苏皖三省难以治理也颇表无奈：

“查皖北洪河、睢河地势卑下，居豫省减水河之下游。若不随时挑浚，则上游水难宣泄，淹没田庐，毗连居民往往因此酿成大讼。光绪二十年四月，皖抚沈秉成准江督刘坤一咨，据江藩司详称：窃照豫、江两省通连水道沟渠，前会饬萧、砀二县设法疏浚。兹据萧县申称，卑县毗连豫省之减水河道并该河尾段之洪河，年久淤垫，应俟安徽洪、睢两河议挑，始可兴办上游工程。又据砀山县申称，卑县与豫省毗连之减水河道，逐段勘明，河身节节淤垫，亟应一律挑浚。因下游之洪河、睢河未能兴挑，是以中止。现淤垫各处，一遇大雨时，行水无去路，每致纷争涉讼，大为民累。然皖省下游不挑，则上游萧、砀等处仍无由切实兴办。详祈鉴核，转详请咨明皖抚速饬凤、泗二属，赶紧勘估兴挑，以便上游会勘禀办，等因。”②

曾任两江总督的张之洞也指出，该处每每想要浚河兴工，下游泗州则不愿上游挑浚故道，而以洪泽湖未浚相推诿，“实由下游灵泗北境故道壅仰高等平地居民业多耕植，兼有坟墓”③，因此，水利事业举步维艰。

光绪年间，皖省拟发帑整治皖北诸河，命各府县会勘，宿州强烈反对：“查宿州上与萧县毗连，萧邑龙、岱二河下注宿境宋家湾，水势浩大。幸宋家庄有天生土垄一道，隔绝二（湖）[河] 之水不能南趋。从前萧民屡议开挖，经宿州下游人民极力阻挠而罢。盖宿州境内有南股、中股、北股三河，中股又名睢河，三河者皆黄河分流也。南股消永夏之水，中股消洪、减之水，北股上接王家闸十八里屯。又有西流河、北股河自艾山西分支西行八九里，由西流闸入睢，诸河汇归宿、灵、泗而入洪泽湖。

---

① 顾景濂：《续萧县志》卷五《河渠》，成文出版社 1970 年版，第 179-181 页。

② 冯煦主修，陈师礼纂：《皖政辑要》卷九十七《水利》，光绪二十年议挑洪、睢、减水河成案，黄山书社 2005 年版，第 890-891 页。

③ 张之洞：《为拨款疏浚江皖豫三省河道以兴水利而除民患事》（光绪二十一年十二月二十八日），中国水利水电科学院水利史研究室：《再续行水金鉴·淮河卷》，湖北人民出版社 2004 年版，第 462 页。

其宋家庄土垄横梗于西流河之上，隔绝萧境龙、岱二河之水。自黄河北徙，宿、灵、泗河道节节淤塞，水无归宿。每逢大雨时行，睢溪、时村等集汇为巨浸，十岁九灾，不能再受萧县之水。"[①] 奏折中还提到道光十年、光绪九年，萧县"议挖龙、岱，均经阻止。况萧开龙、岱，则永亦必开减河。今不阻萧，后复何辞以阻永？万一萧、永之水合注而东，恐宿、灵、五、泗无不水之年，亦无不水之地，下游各属受害滋大"[②]。

灵璧县知县郭继泰认为：灵璧自黄河夺泗合淮后，"睢、沱、浍诸河水无所容放"，灵璧治水关键在于"求水易消，而开浚沟渠"。而与泗州毗连之王家桥、清水桥、连山洼各口，均分泄上游之水以达泗境蒋家河。"（光绪）十八年九月间连遭大雨，河水泛溢。泗民大恐，私将水口堵塞。灵民因积水不下注，群起向争，几酿大事，官莫能禁。因会同泗州文牧前往查勘，泗境内向有袁家古埝一道，以御北水，每遇坍塌，两邑补修。谕令仍照旧章，灵、泗民人各半修筑。而王家桥等处水口，亦谕令泗民循旧开通，不准再堵。"报告还提到，"灵璧西关外有支河一道，开自乾隆年间，系分泄上游凤河之水……现已淤塞，每年水涨，城南居民欲开，城北居民抗阻，无岁不竞……又南北两乡之洪沟、新河、马家沟等处，岁久淤塞，为害田畴，亦谕令按田派夫挑挖深通，一律工竣"[③]。

巡抚冯煦综合各地意见后，向光绪奏称："查前年（光绪三十一年）皖北水灾，以宿州、灵璧、泗州、五河四州县为最重。其地介黄淮之间……本为睢水流域……夏秋大雨时行，上游水来极旺，顶托漫溢，十岁五灾，蠲赈兼施，糜款巨万。"冯煦认为："欲淡沉灾，仍以治睢为亟。前此历任疆臣，屡有复睢之议，以邻省绅民互相争执，或谓洪湖高仰，难于容纳；或谓睢水既治，苏豫接浚，上游来源加增，为害弥烈……中股上承萧县龙、岱二湖之水，萧民屡议开河，导水南趋。南股上承永城县巴沟河之水，永人亦曾平滩筑堤，束水东下，而宿民辄思设法以御之，争端之开匪伊朝夕。其实，萧、永地势均高于宿，萧、永即不事导束，该境之水无不下注宿境，迤逦以入于洪湖……查睢河之在宿境及灵璧浍塘沟以上者，河身尚属深通，若再议加深，转失建瓴之势。宿之患水，不患萧、永之来源多，而患灵、泗之去路塞。果能下游通畅，则苏、豫之水皆得行所无事，而宿民免为壑之忧。"冯氏认为："要而论之，皖北地势西北高而东南下，虽洪湖淤垫容量日狭，诚属将来之虑。然灵、泗境内诸水，夏

① 冯煦主修，陈师礼纂：《皖政辑要》卷九十七《水利》，光绪二十年议挑洪、睢、减水河成案，黄山书社 2005 年版，第 892-893 页。

② 冯煦主修，陈师礼纂：《皖政辑要》卷九十七《水利》，光绪二十三年宿州禀萧县毗连龙岱二河请札委会勘成案，黄山书社 2005 年版，第 893 页。

③ 冯煦主修，陈师礼纂：《皖政辑要》卷九十七《水利》，光绪二十三年宿州禀萧县毗连龙岱二河请札委会勘成案，黄山书社 2005 年版，第 890 页。

秋盛涨，无不奔注于湖。任其散漫而归湖，则灵、泗为殃，而于洪湖容量并无所减。顺其轨道而归湖，则灵、泗受益，而于洪湖容量亦无所加。此又统筹上下游全局，治睢无碍洪湖之实在情形也。伏思皖北自睢道湮塞后，百年昏垫，创巨痛深，只以防邻有戒心，致屡阻复睢之议，忍辛茹苦，情实可矜。现在，洪湖容量既经测明，灵境以上不事疏浚，绅民疑虑冰释，均尚乐于从事。所需经费即于义赈余款内尽数拨用，不敷设法筹垫，务底于成。”[①] 可惜几年后大清即亡，冯煦所议各条并未及兴办，及至民国，纠纷依旧。

《萧县水利志》记载了民国时期萧宿两县龙岱河纠纷情形：民国八年（1919 年），萧人又窃挖天然土垄北首一段，经下游各县交涉，由两省省长派员，会同萧县官绅，在蚌埠会议，协议在导准未实行之前，不准妄动，并将已挖者填平。民国十五年（1926 年），萧人违反前议，又行偷挖，复经下游人民筑堤抵止。时孙传芳驻兵江苏，号称浙闽苏皖赣五省联军总司令，电召萧、宿两县官绅赴徐州会议，遂于十五年六月十八日，在徐州总司令部议决四条：“（一）两县即速同时停工，即萧县停止开后龙河，宿县停止在县境筑堤。（二）萧人开河如浸入宿境，应将宿境内之河工，即行填平；宿人筑堤如入萧境，应将萧境内之堤工，即行铲平。（三）萧宿两县境界，以粮串红契为凭。（四）自此次彼此停工以后，应呈请联帅，统筹全局，开浚濉河，以解纠纷。在未开浚濉河前，两方不得再有开挖河道或筑堤等事。”[②] 在时任徐州总司令陈仪的见证下，两县代表当场签字，并分呈两省各官署备案。

民国十八年（1929 年），萧县又欲挑挖双窖以上一段，复经交涉后由萧、宿两县县长，召集萧、宿、灵、泗等县士绅在宿县会议，结果俟秋后组织团体，切实计划，不得再事妄动。嗣后因事搁置，并未组织团体。民国二十一年（1933 年）三月，“萧人又召集五六千人，强行开挖，龙岱两河下游各县，亦聚集数千人，并和筑堤，并填平河道，各不相让，势必争斗。两省政府恐酿成惨剧，一面饬令双方停工，一方请导淮委员会派员履勘濉河，作根本解决办法。遂由省政务及导淮委员会，各派专员前往会勘，旋于十二月，又由两省政府及导淮委员会，共同派员组织测量队，将龙岱及濉河，精密测量，为将来浚治该河之标准，因测量经费之磋商，至二十二年九月，始行妥协，方开始实地测量，至二十三年二月，测量完毕，经时五月，耗费七千余元，苏皖两省，各出二千三百元，余由导淮委员会垫支。”[③] 然而，实际施工至萧宿边界时，

---

① 冯煦主修，陈师礼纂：《皖政辑要》卷九十七《水利》，光绪三十四年奏筹皖北水利成案，黄山书社 2005 年版，第 895 页。

② 萧县水利志编辑组：《萧县水利志》，1985 年，第 98 页。

③ 萧县水利志编辑组：《萧县水利志》，1985 年，第 99 页。

械斗又起，“朱庄至小宋庄以武力保卫民工强挖”①。即便1949年以后，类似问题仍然长期困扰苏皖鲁豫，矛盾重重。②

四、结论

明清两代，国脉系于漕运，治水工程众多，水利专家迭出，然而在靳辅开中河“避黄行运”之前，漕运畅通与否始终与黄河密切相关，治河、导淮、济运三位一体，其中以治河为要，其中贯彻时间最长、对环境影响最大的措施即潘季驯的“束水攻沙”和靳辅的“藉清敌黄”。

藉清敌黄政策以保漕为要，在黄河治理上沿用了潘季驯“束水攻沙”之策，同时，借助在徐州上下建造的若干减水坝，分流黄水入洪泽湖出清口冲刷黄河尾闾，避免黄水倒灌，保证了宿迁到淮安“借黄行运”段漕运的畅通，于当时国计民生颇有裨益，但对分洪区、行洪区的百姓却不啻为灭顶之灾。而长期分泄黄流，致使大量泥沙沉积在黄河两岸尤其是南岸萧县、砀山、铜山、灵璧、睢宁、泗洪、宿迁一带，苏北、皖北、鲁西、豫东一带环境发生翻天覆地的变化，如湖泊大量消亡，微山湖、骆马湖进一步扩大，洪泽湖湖底不断抬高，入湖诸河受湖水顶托，下泄不畅，分流入江次数增加。一遇汛期则上排下堵，纠纷遍地。分黄入淮、藉清敌黄之举实为害匪浅。

作者简介

胡其伟　江苏徐州人，历史学博士，中国矿业大学文博中心研究室主任，中国商业史学会运河专委会副主任。

---

① 萧县水利志编辑组：《萧县水利志》，1985年，第56页。

② 参见水利部：《苏鲁邳苍地区长城围田和赵村湖的水利纠纷处理意见》，江苏省档案馆，案卷号394；淮委：《关于检送铜山泗洪与灵璧五河嘉山等县水利问题的协议书请核定转执行的函》（56淮办管字第0499号），徐州档案馆（以下简称徐档），C21-2-134；苏水厅：《关于妥善处理水利纠纷问题的报告》，徐档，C21-2-160；苏人委：《关于提出“建议对苏鲁皖省界上水利纠纷问题进行全面协商的意见书”请考虑见复的函》，徐档，C21-2-134；淮委：《关于铜宿两县灌沟河水利纠纷已达成协议的报告》；徐档，C21-2-157；淮委：《关于检送铜山泗洪与灵璧五河嘉山等县水利问题的协议书请核定转知执行的函》；徐档，C21-2-93；《苏鲁关于苏鲁两省新郯边界排水问题的会谈纪录，山东省档案馆》，A121-02-482；淮委：《岚山、九顶闸河纠纷今后解决意见》，徐档，C21-2-55；联合调查组：《铜灵水利纠纷及群众打架事件调查报告》，徐档，C21-2-133等档案。

美国国家红十字会
工程师委员会关于中国安徽省和
江苏省段淮河治理工程的报告①

亨利·伍兹著　许　诺译
（译者单位：中国矿业大学外国语言文化学院）

淮河治理工程

受中华民国委托，美国国家红十字会组织工程师委员会对淮河治理工程进行调查，特提交以下报告：

委员会奉命进行以下几项工作：① 进一步调查研究影响淮河治理的外部条件，保证项目中工程问题的可行性。② 要尽可能准确地计算出经治理后重新用作农业、社会或工业用途的现有荒地和被淹没公共土地的面积，估算其产生的实际收益值和年收益值。③ 确定私有土地的近似面积，该治理工程将提高其生产力和效益；估算治理工程下的受益土地每单位面积的年产值和收益等。④ 估算治理区域内的大运河部分运输吨位和所得净收入。⑤ 估算影响淮河治理的整治和开垦费用、建造和安装工

① 原文出处　Henry M. Woods: American National Red Cross Report of Board of Engineers on the Huai River Conservancy Project in the Provinces of Kiangsu and Anhui, China. Washington, D. C., 1914: 1-30.

本文涉及多处地名，限于资料及水平，译成汉语时或有失误之处；亦有多处译者不能确定汉语名称，只能照录原文，请读者提出批评并指正。——译者注

期以及每年的运行、更新和维护费用。

委员会应在 1914 年 11 月 1 日之前递交此份报告。

经商定，淮河治理区域包括：淮河流域、内大运河流域、河南省的沂河流域、安徽省的泗河流域以及江苏省的沭河流域，见图一总图（图略）。

此项治理工作的目标是：改善河道，特别是受洪水影响的耕地，淹没区以及沼泽地的外部条件。

委员会于 1914 年 6 月 11 日从温哥华乘船出发，于 6 月 28 日在上海登陆，随行人员还包括工程师和传教士。

首先，他们对中国水利局测得的该地区的总高度进行核查；其次，必要时，在时间允许的情况下，对该地区再进行一次专门的测量；再次，对该地区的河流进行测量。

截止到 7 月 5 日，各田地调查小组已组织装备完毕，并前往实地进行考察。

一组将对大运河流域及其从长江到清江浦（包括西边的湖泊）沿岸的海拔、水文和地形状况进行实际测量；然后穿过洪泽湖沿淮河向上进行测量。

一组被派往蚌埠，那里津浦铁路跨淮而过，他们将在附近建立一座永久性水文观测站，连接同一水平线的淮河。

一组沿里运河测量从清江浦到海州入海处的水平线，并获得有关该运河的具体物理数据。

一组将现在的黄河河床分成两段，其中一段旧河床临近 1853 年黄河改道的地方。

进行这些调查的目的是找到淮河流域流入大海和长江的干流坡度，确定在洪水期间流向一处或两处地方的最大水量并掌握规划该工程所必需的详细地形信息。以上数据有助于委员会就黄河改道侵占淮河河床这一事件发生的可能性以及预防这种情况发生的措施形成意见。

中国水利局绘制了该流域的轮廓图，确定了海平面以上河床和湖床的高度以及它们的大致位置。委员会的调查小组对水平线进行了检查，证明了中国水利局的测量工作完成得很好。然而，基本没有人了解这项工程中河流的泄洪情况。委员会所掌握的唯一有关该问题的降雨量数据见图二和图八（图略）。

委员会进行了以下视察工作：

首先，他们从长江的浦口出发，经津浦铁路，到达津浦铁路横跨大运河处。

其次，他们乘房船从蚌埠以上 19 千米处淮河出发，途经洪泽湖到达大运河。

再次，他们在大运河上乘房船从镇江出发到窑湾的沂河河口，从那里骑马沿沂河支流而上，到达流入骆马湖的水道。

然后，他们乘船到达大运河口。委员会视察了骆马湖地区和从大运河起的所有重要水道。

最后，他们乘汽船沿长江而上抵达汉口，从汉口乘火车到达开封府。他们穿过淮河盆地的西界，骑马到达开封府以北的黄河上的一处，从那里乘船到达一个地方，这个地方往上走一小段距离，就是1853年黄河离开旧河道的地方。然后他们穿过黄河的旧河床，走陆路到达开封府，从开封府乘汉口—北京铁路到达北京，再乘津浦铁路返回上海。

戴维斯（A . P. Davis）专程沿里运河（Yen Canal）向下到达其与六塘河的交汇处。

他们的行程还包括从大运河河口出发，穿过洪泽湖，到达清江浦以南大运河西边的湖泊。他们在大部分地区的行程都很缓慢，困难重重，再加上时间的限制导致他们无法对整个淮河流域进行详细的考察。

历　史

从地理位置和地形上看，委员会说明中治理区域大致被黄河古河道分为两部分，黄河从1324年到1853年一直流经该河道。

第一，泗河、沂河和沭河流域。这些河流位于黄河古河床的北面和东面，发源于山东的多山地区，水流湍急，洪水多发。它们的下游流经平坦地区且受到人造工程的阻碍，因此河水无法完全排入黄海。

第二，淮河流域。淮河流域位于黄河古河床的南部和西部，坡度较低，黄河泥沙淤积导致其原出水口淤塞。之后人们打通引淮水入长江的出口，部分缓解了洪水以及下游河水的流出问题。

根据当地洪水状况，这些流域中只有一部分的水经大运河通过另一个流域的出水口排出，但这些流域面临的问题不同，除相互影响的外，应该具体问题具体分析。

沂河、沭河和泗河流域

大运河的修建改变了沂河和泗河的洪水流向。但是只有少量的洪水经洪泽湖和清江浦以南的大运河流入长江，大部分洪水仍然流入黄河古河床以北的海域。沂沭泗三河洪水泛滥，淹没了里运河两岸的低地。事实上，这一流域最大的成就是建成了直跨地区自然排水的里运河。此外还包括在六塘河支流以东至里运河上修建了一些临时土坝。这些堤坝的修建一定程度上减轻了里运河以西的洪涝灾害。但是里运河的修建仍无法阻止该流域的大部分地区被洪水淹没。

淮河流域

由于淮河流域的历史与黄河、大运河的历史是密切相关的，因此需将淮河与黄河的情况结合起来考察，而不是对淮河单独进行研究。

很可能在黄河侵占淮河从洪泽湖的入海河道之前，洪泽湖就很深，并和现在一样充当淮河的大型调节水库。而淮河从洪泽湖的入海河道是由湖上溢流形成的。

黄河侵占淮河下游入海河道抬高了其河面和河床后，洪泽湖水位也随之升高。洪水期间，洪泽湖水位进一步升高，黄河涌入洪泽湖致使其湖床抬升。黄淮两河泛滥导致洪泽湖水位线过高，使洪泽湖以南，大运河以东和以西的地区遭受严重的洪涝灾害，中国历史上不乏对该地区洪涝灾害造成生命财产损失的记录。为改变这一现状，明代时人们在大运河至蒋家坝以西的高地上修建了一座大型土堤，来阻止洪泽湖和黄河洪水向南泛滥淹没中国东南地区。清朝第三代皇帝在位时，曾下令在这条土堤的湖面上修建了一座石刻挡土墙。因此可见，最初一些不完善的泄洪工程是在这条堤坝的基础上建成的。

如此一来，蓄积的湖水只能通过南边的出口排出，通过黄河向东入海，除此之外就没有其他的出水口了，这也就导致了洪泽湖以北地区和黄河河道的洪水泛滥。人们后来决定在这条土堤上开凿五个大的出水口，通过活动水坝来关闭它们，中国人称之为“坝”，也就是说，当洪泽湖水位达到一定高度时，可以移除建造水坝的材料。关于每座大坝的出水口都有详细的说明。这使南部的出口变大，洪水也流过黄河河床，这些大坝使得大运河两岸南部的大部分地区几乎每年都遭受严重的水灾。

从明堤南至湖泊以及湖泊到长江的河道，都属于人工河道。为了使淮河和黄河的洪水尽量安全地通过河道向南汇入长江，要做的工作还有很多。

人们在大运河和黄河的交汇处修建了活动水坝，以防止黄河在高水位时连通洪泽湖或大运河。在黄河水位较低时，人们就把水坝拆除了，从大运河上来的船只便可以穿过黄河继续向北航行。历史上这些大坝时常因黄河泛滥被冲毁。洪水期间人们为了保护大运河东岸，在岸边修建了五座大坝。大坝开闸可以缓解运河高水位的问题，但却给运河与海之间的广大东部人口稠密地区带来了洪灾。这是一张中国古代地图的副本，我们可以看到大坝具有调控黄河，防止运河东部地区洪水泛滥的作用（图略）。

1853 年，黄河离开在清江浦附近穿过大运河的河道，不再经过山东半岛以南的地区，改新道流入直隶湾（渤海）。

黄河的几次汇入导致淮河流量发生了实质性的改变。洪泽湖湖床从海平面以上 9 米被抬升到海平面以上 10 米，淮河河床也从清江浦突涨至与海平面齐平。淮河在河床抬升以及大运河堤防的阻碍下无法顺畅地向东入海。因此，此后淮河的洪水几乎全部经过大运河以西的湖泊进入长江。

虽然淮河下游和洪泽湖流域的洪涝灾害频发，给当地人带来饥荒和痛苦，但是在 1853 年以前，黄河是与淮河流域连通的，那时的情况更加严重。黄河与淮河流域任何类似的连通可能对治理工作造成影响。委员会认为，除非该报告包括对淮河与黄河流域之间存在的物理关系的调查，以及对黄河再次侵占淮河河床的可能性分析，否则这份报告明显是不完整的。

黄河与淮河流域

除了最西端的支流外，淮河流域大部分位于中国东部大平原的南半部。这片平原以山岭连绵的山东半岛东端为中心，大致呈半圆形。这片大平原是由三角洲发育而成，在一个大湾或半封闭的海洋中不断扩大，在史前时代就向西延伸，将现在的直隶湾和黄海连接了起来。众多河流从周围的山上流下来，包括长江、黄河、淮河西部支流等，它们携带的泥沙淤积使得该盆地逐渐被填平。

与其他因素相比，黄河对中国东部大平原的形成和平原异常条件的产生影响更大。这些条件产生的原因包括黄河近期侵占现在的下游河道、沉积物特殊的物理性质，以及河流由山脉入海地区周边的地理状况。

黄河在阴山处向南拐到流入大平原的这段河道是近代才形成的。维理斯（Baily Willis，1857—1949）（见《中国研究》，第 1 卷，第 234 页）就这一部分说道：

如果从中国东部大平原的三角洲沿着黄河走，的确会看到一条河道，这表明黄河是连续不断的，我们未发现这里的山谷有受到河流侵蚀的痕迹。就像我们在潼关县看到的以及从那向东所看到的那样，黄河流经断层凹陷地区。它的河道是侵占的，而不是自身形成的。在从北到南长距离的流程中，在山西和陕西两省之间的拐弯处，黄河大部分流经峡谷地带，周围不是悬崖峭壁而是黄土。这个河道的某些地段大约在地表隆起之前就已经形成了，因此我们推测它的形成时间要比河道发生转向的时间早。但是，根据游记中对山谷的记载或当地人的描述来看，我们认为如果黄河长期流经地表的话，就会在山谷的下游或较古老山谷中形成宽阔的河道，然而事实并非如此。

河谷的这些特点表明了它异常地年轻，也明显地表明了它没有更早的历史。

在现代河流发育之前，古黄河主要占据上游河道，最远到山西西部边境。这样看来，它可能流经现在的 Heisen Ho 河谷，进入 Sankang Ho 和 Yang Ho 上游河谷的湖泊链，然后从现在的 Yang Ho 峡谷流出，穿过浑河和沛河进入后来变成中国大平原的内海。

这是黄河上游的梯田，它的范围是从甘肃的宁夏府到北京的北部和西部的延庆州，位于上述湖泊链所在的河谷地区。

黄河中的沉积物是在淡水中形成的，人们在 Te Hai 梯田上发现的贝壳化石证明了这一点。不同盆地和同一盆地各部分的基本相同的土壤特征，以及构成土壤的物质细度，都证明了土壤不是当地形成的，也不是附近河岸沉积下来的，它是由一条或多条大河带进湖中的，这些大河又携带大部分的水流出。现在，这个地区唯一的河流是 Yang Ho 和 Sankang Ho 流域的河流，先不考虑这些河流的排水面积非常小的事实，这些河流的谷系几乎完全被湖泊占据。

“事实上，任何重要的河流都只能自西边流入，在这种情况下，它只能是黄河。”[参见庞佩利（Raphael Pumelly，1837—1923）的《1862—1865 年期间在中国、蒙古和日本的地质研究》，第 42 页]

正断层系后期沿山西山脉向东北和西南的方向延伸了约 724 千米，并伴随着断块南端的沉降和靠近蒙古边界的山西北部的上升。这一运动使靠近山西西部边界的古黄河东段发生了剧烈震荡导致这个地方被阻塞，而在断块的南端和东端又开辟出了一条较低的河道出口，从而使黄河进入大平原的入口发生了根本性的改变。

有资料证明，黄河第一次通过孟津附近的现有出口排水时，当时孟津的海拔高度比现在低几十米，河流携带的泥沙沉积在深水中，在山脉附近形成三角洲，同时与其他河流交汇，河水中携带的较轻物质沉积下来，当时的海底就成了今天的中国东部大平原地区。在地质时代晚期，地壳运动将海底抬升至水面以上，大平原的底层因此形成。海底和黄河三角洲的抬升运动导致了黄河河床及三角洲和其他入海河流的退化，维理斯和庞培里称，长江和黄河流域的阶地系统就是明证，在那里它们从山中流出。随着抬升运动的继续，随之而来的退化可能会使海洋中的沉积物增多，从而加大了山区到现在的直隶湾和黄海部分的海底坡度。抬升运动使大平原从海中出现，导致黄河长度大大增加，其活动轨迹也完全改变。黄河没有切断自己的河床和三角洲，而是使它们不断积累，形成一个正常的坡度以适应大幅增加的长度。

过去黄河给人们带来了巨大灾难，而且至今仍然威胁着中国东部大平原地区。几个世纪以来，人们一直与黄河作斗争。黄河在异常条件下促进正常三角洲平原的形成，而四千多年里，中国人民试图将黄河水位控制在有限的范围内以开垦更多东部大平原来维持较多人口的需求。

三角洲生长规律

正常三角洲通常呈扇形，是由河流系统独立形成的，它的坡度足够正常水位下的河水携带泥沙入海。只有正常三角洲平原达到这样的坡度后，三角洲才会进一步延伸。正常情况下，河道足以满足低水位条件，但洪水通常漫过地势低洼的三角洲地区，水中的泥沙会沿河道形成天然的堤防，并在附近的平原上缓慢堆积。这个坡度足以输送泥沙，而河道淤积不会使坡度增加，除非三角洲延伸，并且随着河流长度的增加，有必要保持坡度。一条普通的河流蜿蜒流过河漫滩，切割并填满其凹凸不平的弯道，随着河流长度的增加，河床抬高，有时候会彻底改变下游河道的位置。

长江三角洲

长江三角洲基本属于自发形成的三角洲，这是正常现象，它地处东部平原的最南部，从山脉丘陵之间的平原向南和向东延伸到杭州湾。不同时期长江的河道也会发生变化，这些河道覆盖了大部分的三角洲平原地区，长江变道主要是由于三角洲发育和中间山脉位置导致的。

历史上，长江三角洲平原延伸很广，相应的三角洲上游河床或至少水坡也会抬升，以克服三角洲延伸造成的坡度损失。

长江三角洲属于正常三角洲。尽管人们在长江河道设堤已经有几个世纪的历史，长江河口也向海延伸了相当长的一段距离，但长江并没有抬升河床至高于周围的堤岸。

洪涝状况

三角洲梯度

汉口到其入海口的距离约为965千米，在长江汉口段低水位时平均高出海平面约40米，所以它的低水位坡度约为4米/公里。与黄河含沙量相比，长江汉口含沙量较小。河流的正常三角洲坡度与河流中泥沙的含量和其特性以及河流流经的河床性质呈一定的函数关系。黄河中的泥沙不仅含量过多，而且渗透性强，这些泥沙沉积在透水性底质上，导致河流水量因渗漏而流失严重，因此产生泥沙淤积。在正常的黄河三角洲平原形成的过程中，黄河将距入海口644千米处的汉口至北京铁路桥段的河床抬升到平均海平面以上约 122 米，坡度升为约 0.2 米/公里。虽然这个坡度要比长江的坡度大得多，但远远不能满足输沙入海的条件。流经平原的河流，如果它的坡度无法满足或刚好满足输沙入海条件的话，那它的河床一般不会加深。根据这个规律，黄河从未在中国东部平原上开辟过河道，它在平原上蜿蜒而行，促使正常三角洲的形成，并仅通过在其流线附近形成河漫滩来开辟河道。

黄河的洪涝状况

黄河发生洪涝的原因是黄河在一定时间里冲破堤岸的束缚，在中国平原上游荡。黄河旧河道位于开封府东北方向约 48 千米的地方，已有 500 多年的历史。1853 年左右，黄河冲破旧河道的束缚向北流淌了多年，侵占了大清河的河道，将入海口向北移动了约 402 千米，移到了山东山脉以北的地区。1867 年左右，奈伊·艾略斯（Ney Elias，1844—1897）和霍林沃思（H. G. Hollingworth）两位传教士曾对黄河的部分地区进行过考察。

他们描述了对黄河南山段的印象，南山地处济南高地的西部边缘，是一座石灰岩小山，艾略斯说：

黄河在此处没有明显的河床，而是流经一个约 16 到 19 千米宽的地带，这个地区地势平坦低洼，一直处于被淹没的状态；这里有成片的土地、树木和村庄；大运河沿着大致的西北方向穿过它，直到与南山以西大约 24 千米处的 Palimiso 河最北端运河交汇。我们沿着这条 24 千米长的运河而行，发现很多地方的堤岸被黄河冲走了。留下的裂缝有时达到 0.8 千米以上，流过这些裂缝的水流几乎抹去了运河的航道，从而增加了运河的航行难度。这是我们见过的最荒凉的景象了。当浑浊的深褐色河水翻滚着流入大海时，一切自然的和人工的东西就都在它的摆布之下了；洪水不会平息，而且随着水流不断地向前涌动，洪水将会更加汹涌。

一次黄河决堤冲毁了人工堤坝，导致航道受阻，因此戴乐尔（W. F. Tyler）对黄河的工作进行了如下描述（见戴乐尔关于黄河的注释）：

五年前（1898 年），暨南以下约四十里的 Wang-chia-li-hang 南岸发生了决口事件，导致大部分地区损失惨重，外国人由此组织了救灾工作。我在沿小青河而下的时候，可以看到这场洪水的造成的部分影响，后来我从决口处顺流而下，发现至少有 259 平方千米的土地几乎完全沙化，寸草不生，有 518 多平方千米的土地上覆盖着一层贫瘠的沉积物。我在几个能实际勘测的地方测得沉积物的厚度为 1.8 米到 3 米，而当地人认为是从 1.2 米到 2.4 米。River Taotai（官河）的平均水深约为 1.5 米。现在，如果我们采用 1.5 米的深度，那么一次洪水能从河里倒出约 1/5 立方英里（79,287,040 立方米）的沙子！

戴乐尔在描述黄河河道的最后一次重大变化时说：

1853 年，黄河在开封附近决堤，在决堤口以东约 270 里处，河水向下流入大清河河床，仿佛该河床是专门用以引黄河水流 800 里入海。当时大清河的河床宽约 1 里，深度约 15 米。起初它的河床足够容纳黄河产生的洪水。但是随着泥沙淤积，每年洪水越来越接近河岸顶部。

经过 30 年后，也就是 1883 年，黄河洪水开始泛滥，逐渐淹没平原。山东省省长因此下令在黄河 Tung-s 县至入海口的两岸修建河堤。黄河现在的外围河堤就是当年修建的。在此之前，河堤一直从河南延伸到 Tung-s 县。

同时，黄河不断抬高堤岸之间的平原，截止到现在（1903 年），黄河洪水水位大约比原来高出 1.5 千丈，也就是说，20 年来黄河洪水水位上升了 4 米，即每年约 0.2 米。

根据历史记载，黄河河堤已经有四千年左右的历史，但其坡度无法输送泥沙。这种河堤与河流流经三角洲形成的河堤是截然不同的，它是泥沙淤积形成的。考虑到该地区人口稠密，人们早就建立起广泛的河堤系统，将在中国平原上肆意流淌的黄河支流限制在一个有限的范围内。这些河堤是由当地人修建的，安全性低，但后来人们对其加固，系统改进，加上地方和国家政府在经验指导下对其进行系统的维护，它才最终发展成为一个广泛的河堤系统。原来两岸河堤之间狭窄的河道中，黄河在不断发育着有限的三角洲，并创造着合适的坡度来满足其需求。这包括抬高河床和限制河堤内河漫滩的高度，直到它们高出中国大平原的周围水平面。随着控制区内河床和河漫滩高度的增加，黄河时常会冲破堤岸的束缚，但有时又被夺回并被人为限制在一定范围内。黄河有时会彻底冲破河堤，冲毁这个地区，在平原上新的地区肆意流淌，在宽阔的河道上发育着三角洲，直到再次被限制在一个有限的新河道上，使人们能够暂时开垦维持生计所需的土地。

黄河对淮河治理的危害

唯一一处黄河决堤威胁淮河改造的地点是位于黄河旧河床和汉京铁路桥附近的黄土丘陵之间的地区。东邻古河床的双堤体系位于它与该地区之间，是抵御该地区洪涝的有效保障。

黄河河水漫出河道经北边河堤冲入低地，侵占了现在的河道，我们发现在旧河床以西的地方，河道坡度增加导致现在河床退化。现在仍然维持着这一坡度。这就表明正常水位下黄河水面低于古河道河床，决口以上的河段洪峰时水位也不会高于原来的河漫区，只要在一定时间内拨放治理资金，该河段的安全防控就能顺利实行，但必须确保在安全的情况下。

排水不畅和降雨的影响

由于该地区地势平坦，所以当地的排水渠建设很不完善，在干旱的天气中几乎看不到，因为排水渠仅比周围地区的水平面低几米，所以几米的水位就会给当地带来大面积的洪水。该地区排水系统建设不完善，甚至不能满足平均降雨量下的排水需求。这一地区降雨频繁且多暴雨，极易带来洪涝灾害，给受灾地区造成巨大的损失和严重的饥荒，成千上万的人的生命、财产受到威胁。饥荒带来的饥饿使更多人丧命，政府已经花费了数百万来缓解危机。当地年平均降雨量约为 900 毫米，但最小降雨量不足其三分之一，最大降雨量约为 2,000 毫米。1910 年 8 月，蚌埠以北 16 千米的地方 48 小时内降雨量达到 600 毫米。庆幸的是，这种降雨量并不多见，但一到三天内降雨量在 100 毫米到 200 毫米之间却很常见，根据不同地区的实际情况和所处范围，造成的洪水也是有大小之分。

1914 年 7 月，在委员会初期考察期间，这个地区发生旱灾，农作物从正常产量的四分之三减少到一半；在 7 月和 8 月，喜旱害虫蝗虫肆虐，给庄稼造成了彻底性的破坏；9 月，晚雨造成全国大部分地区河流泛滥，冲毁了大部分庄稼作物，给这个勤劳富足的地区造成了毁灭性的打击，导致他们无法维持基本生计。

从该地区不完善的排水条件可以看出，河道整治总体系统对整个流域的排水系统的影响都是有限的，但是我们必须逐步对排水系统进行扩建并适应当地的情况。如果要合理规划扩建工作，就需要大量关于当地地形和水文条件的详细资料，而目前我们还没有这些资料。

项目工程

沂河、沭河和泗河

泗河是从微山湖到大运河的一条溢流通道。其排放量几乎完全取决于该湖的水位，委员会没有关于这方面的信息。

1914 年 9 月 4 日，委员会的一个调查小组在 Nanchingyih 测得沂河一次大洪水量为每秒 3,086 立方米。虽然总图未显示其他河道，但调查小组确定的是，沂河洪水

Nanchingyih 以北几处离开主河道，向西南方向流经该地区后汇入大运河。根据调查小组对上述情况的描述，沂河泄洪量为每秒 3，964 立方米。

沂河的大部分洪水经大运河从六塘河和里运河流出。部分洪水流过洪泽湖进入长江。还有部分穿过清江浦水闸进入长江，导致大运河处引发洪水。

我们无法测出沭河的泄洪量。我们将沭河的分水岭与沂河的进行比较，可以得出：沭河的泄洪量约为沂河的三分之二，它们自然条件相似，因为每秒 6，371 立方米以上的洪水无法宣泄入海，因此在里运河下游以西的低洼地区汇集。

在沂河、沭河和泗河的洪水防控方面面临的问题很多，委员会发现现有数据无法保证项目的开展。我们需要掌握确切的资料来进行防洪。首先我们要有一份精确的里运河和大运河之间的清江浦以北所有区域的全国半米等高线地形图。图中应该向北包括沂河支流和大运河的所有交汇点，以及所有使沂河可以改道进入沭河的可行路线。在制作地图时，我们还要获得有关洪涝区的范围以及河流防洪带来的效益的准确信息。

总之，下面这些措施是切实可行的：

第一，将沂河和沭河洪水尽量引入最北边宽阔坚固的河道上，利用最短、最可行的路线将聚集的洪水排入大海。

第二，在大运河上修建船闸和水坝，将沂河的洪水全部从大运河中分流出去。

第三，实施该工程的成本巨大，而根据已有信息无法确定其效益。

淮河治理工程

蚌埠以上段的淮河流域面积约为 130，000 平方千米。报告显示其河谷平缓入海；高水位时，从蚌埠穿过洪泽湖经黄河旧河床入海（距离 412 千米）的平均落差为 4.5 厘米/米。

假设淮河在蒋家坝处直接南下，大坝将它与洪泽湖底隔开，在洪泽湖处于洪峰（距离 343 千米）时，从蚌埠到长江的平均坡度为 3.8 厘米/米。然而，在宝应湖和高邮湖的影响下，这条路线中较窄的水道的水位线要比黄河路线的高。

迄今为止，委员会提议的所有改善淮河洪水条件的项目，要么考虑引洪水经黄河旧河道东流入海，要么将一部分洪水引入海，其余的向南经过运河以西的湖泊流入长江。这些拟建项目的排水渠位置如图九所示（图略）。

虽然委员会还未能直接测量出淮河的最大泄洪量，但他们已经测量出淮河在蚌埠段低水位到 5 米水位之间的泄洪量。淮河低水位时的泄洪量为每秒 113 立方米，水位上升到 5 米时的泄洪量为每秒 2,401 立方米。淮河有时高出以上水位 3 米，因此在 8 米左右的极高水位和极低水位之间变化。根据测量和计算已知的蚌埠处和淮河以上 13 千米处的高水位标记，加上对流入洪泽湖和蚌埠下游淮河段小河的洪水流量的粗略估计，可以得出蚌埠段淮河最大泄洪量，委员会以此推算出流入洪泽湖的最大水量至少为每秒 5,663 立方米。

委员会拟采用以下三个项目来泄洪：

项目一

该项目建议将一半的河水沿黄河旧河床引入海，另一半向南引入长江。为改善洪泽湖周边及淮河上游的洪水状况，需要提高河道排水口的泄洪能力来降低洪泽湖的洪水水位。水利局规定的洪水水位为海平面以上 14.5 米。为了有效地改善洪泽湖的洪水状况，其水位应不超过 13 米。

当洪泽湖水位达到 13 米时，穿过大运河向下沿黄河旧河床入海的河道每秒能够排放 2,832 立方米的洪水，这条河道的大致尺寸如下：

宽 305 米，深 7 米，边坡比 1.5∶1，需要挖掘 7,033,893 立方米的材料。

当洪泽湖水位达到 13 米且长江处于洪峰时（在镇江测得水位为 6 米），在不增加大运河以西的宝应湖和高邮湖的洪水水位的情况下，从蒋家坝流经南部湖泊然后流入长江的河道每秒能够排放 2,832 立方米的洪水。修建这条河道需要挖掘 20,642,947 立方米的材料，本项目合计码数为 7,240,322,592 立方米。

要想将洪泽湖每秒 2,832 立方米洪水向东引入大海，最经济的路线是通过里运河和六塘河。修建这条河道需要挖掘 450,322,070 立方米的材料。加上南边河道的 20,642,947 立方米，总计 4,663,776,960 立方米。

该项目的结果如下：

（1）蚌埠以上淮河段突发洪水高度没有出现明显的下降。

（2）洪水的持续时间缩短。

（3）受持续降雨的影响，当洪泽湖水位上升到 13 米以上时，洪水高度降低。

（4）未开垦土地，效益不确定。

如果这项工程有所改变，从蒋家坝到长江的河道是通过扩大湖区西缘现有的河道来完成的。在春秋两季长江水位较低时，可以将宝应湖和高邮湖的湖水抽干后种植小麦。这将大大增加项目一的总码数。

项目二

该项目建议将洪水输送至相同的地点：一半向东引入大海，一半向南流向长江。向东入海的洪水所在的河道穿过洪泽湖湖床，平行并靠近明堤。这条河道一部分需要开挖，一部分由河堤构成。在洪泽湖水位相同的情况下，挖掘一条输水量为 2,832 立方米/秒的河道所需的码数远远超过项目一中估算的码数。该项目另一部分的费用与项目一的相同；结果也基本上与项目一相同，因为两个项目都无法开垦洪泽湖。

项目三

本项目建议将所有洪水通过黄河旧河床输送至大海，并开垦大运河以西的宝应湖和高邮湖的湖床。

当洪泽湖水位到 13 米的时候，预计需要在黄河旧河床上修建一条宽约 610 米、深 7 米、排放量为 5,663 立方米/秒的河道，还需要挖掘 1,437,360,768 立方米的材料，大运河到入海口的河道坡度为 4 厘米/米。

宝应湖和高邮湖的湖床低于长江的最大洪水水位。如果将湖水彻底抽干，湖底就可以种植小麦。由于夏季堤岸阻挡了来自长江的洪水，使得这片低洼的土地无法排水，加上 6 月至 9 月降雨多发，所以一年的这段时间里，农作物不能生长。

如果项目三发生变化，将所有洪水通过里运河和六塘河输送入海的话，则需要挖掘约 8,257,178,880 立方米材料。

上述项目都无法对洪泽湖湖床进行开垦。

委员会经过深思熟虑后认为以上项目都非最佳方案。

委员会的推荐项目

委员会认为，最好不要对淮河水域进行划分，它们应该和过去 60 年一样，在镇江附近流入长江；要想开垦洪泽湖底，淮河水需要改道进入宝应湖和高邮湖。洪泽湖床开垦后，可以再修建一条带高堤的河道，这样濉河的水和每年洪水多发区包括洪泽湖、黄河旧河床、津浦铁路以及蚌埠下游淮河段的水就可以通过该河道安全地排入宝应湖。

委员会已经对淮河改道至宝应湖的两条替代路线的可行性和费用进行了调查。

第一，在奎山以下修筑一道跨河口的河堤，在奎山以上一处修建一条横跨半岛到蒋家坝的河道。

第二，修建一条从奎山对面的淮河口左岸到距岸线约 3 公里处蒋家坝村的合适的河堤。

委员会调查结果显示，前者的土方开挖量远远大于后者，还需要开挖大量的岩石。因此这条路线因成本过高而无法实施。

委员会推荐修建一条从奎山对面的淮河口左岸到与老子山半岛湖岸大致平行的蒋

家坝村的河堤。

淮河从洪泽湖流出后进入该河道，在洪泽湖水位达到 13 米时，它将能够每秒输送约 5，663 立方米的水，也可以每秒输送 2，832 立方米的水来阻止奎山水位高于海平面以上 12 米。

老子山和蒋家坝之间的坡度为 0. 00005，下表为我们大概展示了该河道在奎山淮河段不同水位下的泄洪能力。

水位/米（单位：米）	泄洪量/（单位：立方米/秒）
海平面以上 11 米	850
海平面以上 12 米	2，832
海平面以上 13 米	5，663
海平面以上 14 米	9，628

委员会提议在蒋家坝出水口处修建调节工程，泄洪量为 5，663 立方米/秒，水面仅高于工程海平面以上 12 米；并在蒋家坝以下修建一条排水能力为 5，663 立方米/秒的河道，通向宝应湖，湖水水位为海平面以上 8 米。

从宝应湖到长江的河道排水能力是一样的，在镇江处测得的长江水位是 6 米。

委员会拟在洪泽湖的未灌溉河床上建立一个广泛的运河和支流网络，它的河床位于地表以下约 3 米处。

委员会还建议在主排水渠的出口处修建控制工程，打开时起到排水作用，关闭控制后，淮河水会把运河填满，这时可根据运河与土地的距离，采用 0. 3 米到 1. 8 米或 2. 1 米的适度扬程进行灌溉。这一系统还可用于航行，它与大运河连通后，运河流入的淮河水可用于航行，并在需要时用于其东面的灌溉。

干旱天气会使高邮湖和长江之间的河道容量变大，从而导致该湖干涸，如果不采取措施的话，大运河的水就会枯竭，从而影响航运，也会使其以东的土地失去灌溉用水。为防止这种情况发生，并改善航运，建议在邵伯镇的大运河处修建一个升降船闸，它在极端条件下总升力约为 4 米；并修建一条带有船闸和调节工程的河道，将该船闸以上的大运河和通往 Sinnemiao 的河道连接起来。这将防止干旱时期的水资源浪费，确保东面稳定的灌溉供应，并能大大改善枯水期断流严重影响大运河航运的状况。此外，委员会建议将水源大运河从船闸向南疏浚至镇江测得的负 1. 2 米的底高程。

委员会建议在清江浦以上修建一座能够升降 4 米的升降船闸，并清除该镇上方的全部水闸和附近运河中的大弯道。这不仅节省了距离，节约用水，还使船只在各水位下都能安全通航，提高了运河在该处及以上一段的通航能力。考虑到从大运河上游流出的洪水与之前通过大运河流入洪泽湖的水量相同，委员会提议修建一条从船闸以上的运河到宝应湖的可调节的泄洪道。除了用于船闸的水外，其他水无法从这里流入大运河。此项工程将保护大运河以东和黄河旧河床以南的地区免受除当地降雨以外的所有洪水的影响，前提是要经常对大运河东堤进行修缮。

此外，委员会提议修建一条连通濉河河谷和宝应湖的排水量为 1，416 立方米/秒的大型泄洪道。这条泄洪道将穿过洪泽湖的开垦地，通过高堤将它隔开。这些连接南北高地的分堤可以防止洪泽湖的开垦地被洪水淹没。与主渠连接的各分渠可帮助土地排水，但由于该地区地形方面的信息不足，无法确定排水渠的位置，因而只有该地区完善的地形图绘制出来后才能确定它们具体的数量和估价。这一排水系统有助于缓解濉河和黄河旧河床地区的洪涝状况，因为是为当地人建造的，因此应该由他们支付相关费用。受益面积约为 10. 20 万亩。主渠的成本应加上当地进行连通的成本，但应在主管部门的指导下按照批准的方案进行施工。

但是，仅靠这些工程无法完全阻止受益地区的洪水泛滥。当这片肥沃的平原的单次降雨量达到 125 毫米到 600 毫米时，任何措施都无法阻止这片土地被洪水淹没。这时只有修建更大更畅通的出水口，才能保证河水能够迅速排出，而不对地里的庄稼造成影响。它能减少洪水的规模和持续时间，如果当地能够妥善管理排水渠连接和加强对庄稼的保护，此类损害便能够基本避免。

项目的总体效益

主要受益区域的范围为：北到黄河旧河床，东到旧河床和明堤，南到洪泽湖南部边缘和淮河，西到津浦铁路。淮河上游及其支流流域也会受到拟建工程的影响。大运河以东的农业用地也会极大获益，大运河河水泛滥导致该地今年以及其他时间被洪水淹没，而且这里也经常缺乏灌溉用水。新拟议的工程将会解决这些问题，大运河流经的地区航运也会得到改善。本项目直接受益的土地，根据其性质、面积和成本，可分为 5 个区。

区域一——即将被开垦和灌溉的土地。这包括洪泽湖的大部分河床，面积约为 210 万亩，每亩价值至少 87 元。

区域二——即将被开垦而不会灌溉的土地。包括洪泽湖东北部，面积约 216，000 亩，每亩价值至少 58 元。

区域三——将对洪泽湖周围经常被洪水淹没的耕地建排水渠防止洪水泛滥。面积约 180 万亩，每亩至少受益 17 元。

区域四——将对已开垦的土地并建设主要排水渠以排出所有洪水。这类地区的范围：北至黄河旧河床，东至黄河旧河床、洪泽湖和区域三，南至淮河，西至津浦铁路。但不包括南部地区，因为该地地势低洼，而这些工程无法缓解这一问题。根据最可靠的信息推测，该地区的受益面积约为 1，020 万亩，每亩至少受益 4 元。

区域五——受益于大运河调节的土地，防止了大运河的溢流和灌溉用水的短缺。它包括大运河以东和黄河旧河床以南的大部分土地。据粗略估计，该地区面积约为 3 千万亩，整个地区将受益至少 70 万元。

除了直接效益外，还有各种间接效益，其中最重要的是大运河航运的改善，考虑到这一点，建议对所建船闸的使用收取合理的费用。

大运河的收入

委员会还没有关于大运河可载吨位的记录，而且收入和厘金（旧时中国的一种商业税，主要由水陆交通要道的关卡征收）一样，因款项繁杂很难确定。这个人口稠密地区宽约 241 千米，长 322 千米，大运河是这里的主要运输路线。目前大运河的可载吨位很大，经过改进，目前只使用不到一半的船只就可以运输全部的货物，因此运输成本至少能够降低一半。由于洪水条件的改善和开垦土地的耕作，剩下的船只便可用于不断发展的商业贸易。节省下来的运输成本应以通行费的形式进行计算，直到发行的债券被偿还为止。

在与中国的协议中，应明确说明中国政府在这条运河或为进行这项工程而修建的其他运河中，对船只或货物收取的最高限额。如果厘金和其他费用不超过其他运输路线的费用的话，那么上述运河的收入相对较大。粗略测算每年的净收入不少于 1，574，212 元。合同应明确规定，银行机构有权收取船只通过运河和船闸时的通行费，直至为该工程发行的债券被偿还为止。

工程费用

六年工程期结束后每年收益为 16，529，597 元，其中包括从大运河和该地区其他运河的收入（净收益）1，574，212 元，以及土地税 14，954，349 元。

上述开垦土地的估价和预估收益基于的信息有限，包括从现有最佳地图上测量的面积，以及委员会没有机会详细调查的地形条件。然而，以上只是我们的保守估计，预估值可能会在进一步调查后有所增加。我们必须继续进行全面的调查和研究，落实受益地区和评估地区的所属范围，以及将获得的实际收益额。除非以上收益能够基本满足，否则该项目是亏损的。作为项目融资的进一步准备工作，必须详细说明评估和征收的方法，中国政府必须同意收取至少相当于预计收益的金额，并对不足部分进行补偿。

收益将在6年期结束时进行累计；但出售土地的方式和条件以及出售和收益所得资金的处置，以固定收益支付债券利息并在到期时支付等问题，委员会现不作讨论。债券的期限不得超过建设所需的时间，也不能超过开垦土地的付款和收益的期限。

工程建设预计花费约210,033,000元（具体计算过程见附录）。只要资金充足，并积极开展这项工作，该工程在开工后约6年内竣工。如果发行债券的利息为5%，以5元的价格出售，如果未用余额能保证有3%的利息，那么在6年的建设期间，为支付折扣和利息所发行的债券总额将达315,049,500元。根据上述预计效益以及运河收费和税收额，我们相信可以设计出一个令人满意的融资方案。

使用和维护

船闸需要专门有人员进行操作，还需要保养和不定期维修，所有这些花费都可以从部分使用费中支付。我们还对由此产生的净收入进行了预估。运河的控制工程也需要有专门人员管理，但因为它只有两处与船闸分开，因此产生的额外费用较小。运河虽然很长，但并没有运河系统中常见的复杂情况，例如山坡位置、急弯或流速快，它们一般很深，水生植物无法在河底生长。在美国，清除河堤上杂草的费用非常昂贵，但中国人的做法是，一有杂草就把它们收集起来作为饲料或燃料。

还应该派人在河堤上巡逻，特别是在汛期前和汛期，以防穴居动物的袭击和其他危险。

这些费用应当在与中方合同中明确出来。根据与该河两岸土地所有者签订的合同规定，在出售土地时，他们有义务承担起维护小型运河的简单职责，并保留适当的权力来执行这些职责，同时还应规定其他工作的费用。

在中国，没有先例来估计这类工作的费用，但人们认为，每年需要花费1,400,220元来满足日常基本开支，剩下的钱积累起来用于维护。

合　同

委员会不建议订立百分比合同，但可以根据不同的工程订立不同的合同来确保项目更经济地完成。当承包商收到实际百分比费用时，就没有速度或经济方面的激励，而在这种情况下总工程师也无法保证两者的实现。如果将全部工程或大部分工程外包出去，则应在单价或实际成本的基础上加上一定数额。合同还应规定，后一种情况下如果承包商无法确保或充分调查施工经济性方面，或试图获得规定收入以外的收入，则合同应无效。

监　督

委员会认为，总工程师有权制订和实施工作计划和工作方法，但详细计划的制订和实施需要通过工程师委员会的批准，该委员会由资助工程的银行机构指定。该工作量巨大且十分重要，一旦发生错误后果不堪设想，因此不能仅由一人决定。

工程师应以顾问身份向总工程师提交年度检查和报告，项目工程师的任命需由各银行和总工程师共同决定。此外，总工程师有权在任何时候就某一重要问题向一名或多名工程师征求意见。

长江以北

——美国长老会在清朝末期苏北地区的传教历史

亨利·威廉斯 著　吴格非 译
（译者单位：中国矿业大学国际汉学与比较文学研究中心）

江苏省北部

江苏是中国的一个人口密集的沿海省份，其东南部毗邻上海。世界上最大的商业运输河流之一——长江，由西向东横贯江苏省，而有着八九百年历史、八百英里（1 英里＝1.609 千米——译者）长的大运河，则由南向北把江苏一分为二。

中国有两大著名河流，长江与黄河。长江之于中国，如同密西西比河之于美国，以及亚马孙河之于南美洲。庞大的远洋轮船从长江口溯江而上，可以轻而易举地航行六百英里。黄河在中国被称为"伤心之河"，因为她经常泛滥，造成生命和财产损失。一开始，黄河河道迂回曲折向南流淌，注入黄海。但在 1852 年[①]，黄河在一次大溃决之后，再次改道。黄河水先流向西北，后折转东北，在山东垦利县注入渤海。苏北传教士布道团的领域正好覆盖了整个黄河平原。这个地区曾经发生过多次饥荒，造成无数饥民死亡。在大饥荒期间，外国传教士们积极参与赈灾救济工作。因此，整个黄河平原对福音传播敞开了大门。

① 原文的年代有误。据史料记载，黄河距今最近的一次大的改道发生在 1855 年，即清咸丰五年。——译者注

两个主要任务

我们从 1867 年起到中国传教，从古城杭州开始，然后迅速北上，一直到达我们能够进入的地区。有着八九百年悠久历史的大运河——这条中国最重要的商业运输大动脉——大大推进了我们传教工作的进度。随着工作的进展，我们在江苏北部建立了一些布道点。到 1886 年，为了方便管理，黄河平原被划分为中原和苏北两个布道区。

亨利·威廉斯与马车夫

调　　研

我认为在这里简要叙述一下苏北地区各个布道点的传教情况是很有裨益的。我们的调研形式是到苏北各个城市去考察。

虽然我们的布道区域被划分为中原和苏北两部分，但是很有必要把镇江也纳入进来。因为镇江虽然位于长江南岸，却是一个重要的人员货物集散地，也是大运河沿途的主要城镇之一。我们每次去苏北考察，都是先到镇江，然后从这里出发往北行进。

我们乘火车从上海到达镇江，行程大约一百五十英里。从这里往北，首先需要渡过长江。考虑到乘客人数和天气情况，我们乘坐的渡船还算舒适。渡船由蒸汽机汽艇牵引着前进。从大运河北上是个愉快的旅程，一路上能够看到大大小小的村庄、城镇，还有来来往往、熙熙攘攘的船只，有些是客船，其他的都是些货船。货船是首尾连接的，形成一个长串，前面由蒸汽机船牵引着前进，货船本身还有桨与帆，对船起着推动作用。有些货船是由人工牵引的，这有点类似于我们国家的情况，工人们沿着河边小道拉动船只行进。前进了一百二十英里后，我们到达了目的地淮安。一般来说，乘船走完这个路程，需要花费二十四小时到三十小时，有时候时间会更长一些。这样的旅行速度已经是很快的了，因为这在蒸汽机发明之前会更加耗时费力。按照预定时间，我们来到了淮安府。这是我们在苏北大运河沿岸的第二个布道目的地。牵引我们客船的蒸汽机还要驶往下一个地方——靖江府。但是，我们会与其他一队传教士在淮安的一艘汽艇上会面。这艘汽艇名叫玛丽安·斯布朗特，是居住在威明顿岛的詹姆斯·斯布朗特赠送的礼物，以纪念他的女儿玛丽安。我们乘坐这艘舒适而快捷的汽艇来到了十英里以外的靖江府。这是我们的第三个传教目的地。

玛丽安·斯布朗特汽艇

靖江府是运河上蒸汽机牵引的船队所能到达的最北端城市。从此再往北去，我们就只能乘坐划桨的或者人工牵引的篷船了。靖江附近的运河有许多船闸。为了节省时间，我们就下船乘坐独轮车，经过一小段路程，我们到达船闸前方的一个村庄，或者一个码头。伴随着一段段的旅行，我们深刻感受到了饥荒地区村民的贫困和悲惨境遇。有的时候，由于船行驶得太慢了，我们便走下船来，沿着河岸徒步，和沿途的村民进行短暂的攀谈。我们吃惊地发现，村民们不仅遭遇现世的贫困和无知，而且精神世界也极端贫乏。从靖江府出发，我们旅行六十英里后，来到了宿迁。

从淮安到宿迁，可以陆路到达，通常是乘坐马车，主要沿着黄河大堤上的道路行进。黄河大堤的作用，从古至今，都是为了防止黄河水泛滥，使其不能向更北的方向改道。

我们还要继续往西北走，前往徐州府。我们乘坐的运输工具是个两轮车，由两匹骡子拉着走，车辆极其笨重，座位下没有弹簧，行进中异常颠簸。我们穿过一片广阔的平原，这里过去是黄河的河床和河谷。骡车行进速度很慢，从宿迁到徐州八十英里的路程，我们走了两天半时间。传教士们需要自己准备食物和被褥。我们会在途中某个条件较好的小镇停留吃饭，在粗糙的旅馆里过夜。我们看到，越接近目的地，乡村的景观就越发破败，从远处眺望城市近郊，可见高低起伏的山峦。我们穿过一个几百年前的城墙，又穿过第二道城墙的城门，然后经过环绕城市的主城墙。在城门口附近，我们找到了传教士们的聚集地。

苏北的篷船

盐城是位于大运河和黄海之间的另一个布道点，这也是我们在苏北新开辟的一个站点。这个地方位于泰州以北和淮安以东分别都是六十英里。我们去盐城的话，通常是从淮安出发，经水路由运河前往。如果走陆路，则乘坐马车前往。而我们要去泰州的话，则是在镇江渡过长江。泰州在大运河以东五十英里，距离镇江也是五十英里。过江以后，我们发现到处水网密布，这是当地的主要交通渠道。到泰州的话，必须乘坐船只。

海州，是我们在苏北传教的下一站，也是最后一站。我们先乘船通过大运河回到靖江府，然后乘坐马车前往海州。马车是最便捷的交通方式，三天即可到达海州。如果我们从宿迁出发，则先要乘船通过大运河，再坐独轮车前往海州，这样花费的时间就没有期限了。

我们在苏北传教所经过的这些城市，都是一些中心布道点。我们还有许多派出站点，那里的布道工作主要由当地传教士来承担，外籍传教士会不时地前去视察，他们被称为巡回传教士。在大量的派出站点里，巡回传教士和当地的福音传道者一起布道。前往这些派出站点的途径，除了运河，还有独轮车、篷船和马车等。

读者通过看地图会发现，我们传教所经过的地区是一片广袤的土地。我们从靖江到徐州再到海州，从南到北穿越了三百多英里，从西到东的宽度也有七十五到一百英里。我们一边行走，一边思考我们在苏北传教的任务范围。我想我们的工作领域应该是，南到长江，北到江苏省与山东省边界，往西延伸到大运河以西十到七十五英里，往东到达黄海，我们估计这个区域覆盖了一千万人口。

村民在锯木头

站点简述

镇　　江

镇江是唯一一个被列入苏北传教范围的江南城市。这座拥有三十二万人口的城市，是大清帝国在江苏最重要的城市之一。从这里经过长江可以通向大海，同时还可以溯江而上进入遥远的内陆。大运河及其数不清的支流从南部进入长江，北部也有出水口汇入长江，因此大运河是南北交通的大动脉。近年来，随着上海到南京铁路的贯通，镇江作为人员和货物集散地的位置更显重要。这座城市环境也很优美，沿着运河可以看到宽广的郊区，其中有五个郊区城镇在我们的传教范围之内。

镇江从1883年开始开放口岸。我们在镇江有两座教堂，一座在城里，一座位于城墙南门。我们还建有许多分站点。因此，我们的传教区域非常广阔。教区内有一所伯顿纪念学校（Burton Memorial School），专门招收男生的寄宿高中。最近一次报道显示，入学的学生已达到四十人。由于建筑条件的限制，暂时不能招收更多的学生了。关于镇江教区的财产分布和财务报表，我们在其他地方再述。

我们在镇江的需求，包括增加住宿条件、再建造一座教堂、一所医院，以及额外的土地。尽管和在其他地方一样，我们的传教工作也遇到了一些阻力，但是，我们的教民从一开始就在稳步增长。无论在城里还是郊区，我们的布道力量总是不够。从站点基地可以眺望美丽的城市和远山，但是传教士们没有心思留恋这些美丽的风景，他们心里牵挂着布道工作，如果没有更多的工作人员和更大的设施，这项工作确实很难完成。

晋江府

我继续按照开办顺序逐个介绍布道点。晋江拥有十五万人口，位于镇江以北一百三十英里的地方，紧靠运河，1887 年成为布道点，是最艰难的传教地区之一。当地人一开始十分抗拒传教工作，但是后来形势越来越好。本地的一位传教士写道："这里已发展成为一个中心，借此我们又发展了一个又一个新的中心。几乎每个人口密集的城镇都是中心，管辖着大片的地区。所有的工作者都有自己的岗位，工作认真细致。因为人手不够，我们非常忙碌。每天都要开展大量的日常工作。"

布道工作由晋江府的一所教堂具体负责，下面还有许多布道区，覆盖了整个城市的市区和乡村。传教士们坐着人力车，从一个村庄到另一个村庄，走街串户，售卖书籍和四书福音。最新的年度报告显示，我们总共卖出了超过一万本的书籍。我们建了一所女生学校和男生学校，学生全部是信徒的孩子。学校里教授圣经、教义问答和赞美诗。《基督教先驱报》还创办了多所孤儿院。根据最新报道，晋江府的孤儿院收留了五十九名孤儿。孤儿院里的孩子男女分开，学习宗教课程，有些人则直接去教堂学习。

晋江府孤儿院里的孩子们

布道点设有一所医院，但是医疗设备严重不足。教会发布的一项专门针对晋江府医疗工作的报告写道："一位外科医生回顾了十六年以来持续开展的医疗服务状况，他总共治疗了八万名病人，其中许多人从一百多英里以外赶来看病。"这个报告发布后，紧接着又发布了另一个报告，提出了当地医院病房太少的问题，并且要求尽快解决，但是这方面要做的事情实在太多了。而且，当地教堂已经容纳不下更多的人了，急需建设一个新的教堂。学校的教室都是当地民房改建的，数量也远远不足。不过，晋江府未来一定是充满光明的，因为民众变得越来越友善。在各条战线上，我们忠心耿耿的努力即将迎来大的丰收。

宿　迁

从靖江府往北六十英里就到了宿迁，这是我们的传教士开辟的又一个布道点。

宿迁的历史可以追溯到与犹大王国相同的时代。但是，宿迁一千五百年的历史，可以说几乎充满了洪水、饥荒和呻吟。远古时期的宿迁位于黄河岸边，宿迁及其周边地区经常被泛滥的黄河洪水淹没。曾经有六百年时间，黄河每十年要改道一次。所以，黄河流域的人民最能够体会到“中华之殇”的含义。

一开始，传教士们遭遇了强烈的抵制。但是，经过一段时间的努力，传教士们在这个六万人口的城市成功建立了布道点。这个站点开始的时候只是一家小客栈，现在已经拥有一座教堂、三座传教士之家、一座男生学校，以及一家设施很好的医院。男生学校和医院位于城墙外面一处地势很好的地方。男生学校可以容纳六十名孩子寄宿，但是目前只有一半学生入住。还有一所女生学校，主要为当地信仰基督教家庭的女孩提供教育。

传教士与宿迁当地村民

关于福音工作，一名传教士这样说道：“基督教生活产生的影响越来越明显。一名农民在安息日的时候让他的公牛和男仆们休息，他自己则戴上帽子到教堂里做礼拜。他把唯一的儿子送到学校，把准女婿送到教会学校接受基督教教育。他的女儿在婴儿时期就指腹为婚嫁给了这位准女婿。他看着准女婿在基督教的耳濡目染中一天天长大。信仰基督教的村民自发地把他们对孩子的称呼也改过来了。过去他们称呼孩子‘骗子’‘天杀的’‘该进监狱的’等。现在，他们叫孩子‘新生’‘宝贝’‘爱’等。”有一个派出站点是由华盛顿的艾肯顿星期日学校援建的。那里的第一个受洗的教徒是一名六十三岁的村民。从受洗之日起，他开始学习识字，到他六十七岁的时候，他已经能够熟练地阅读新旧约全书了。”但是，宿迁的传教工作仍然需要得到更多的支持。

徐州府

穿过宿迁派出站向北和西北方向出发，我们到了徐州府派出站。从徐州往南和东南方向可以到达布道总站。徐州是苏北地区最重要的城市之一。徐州是个发展迅速的城市，民众思想开化，拥有人口较为密集的远郊乡村。它是我们苏北布道点的北部边界。徐州市区及郊区人口合计为十二万五千人。大运河从徐州城东三十英里流淌而过。和其他站点一样，我们的传教工作一开始受到了地方绅士阶层的抵制。传教士们被迫撤离，一年以后才得以重新返回。直到 1897 年，我们才以不同于其他地方的方式建立了布道点。站点的设施包括一座漂亮的教堂，可容纳三百五十人。教育工作由朱丽叶·法罗·撒福特纪念学校承担，主要面向高年级男孩。来上课的孩子达到了校舍的最大容量。

在教育和慈善工作方面，我们做的另一件有意义的事情是成立了《基督教先驱报》孤儿院。这个做法与在镇江的做法相似。孤儿院分为男孩部和女孩部。男孩部收容了二百多名孩子，女孩部收容了大约五十名孩子。这些孩子的父母中，有很多死于饥荒。他们受到了很好的教育，包括基督教方面的指导。

晚餐时间：徐州孤儿院里的男孩们

女子学校位于一所废弃的男子医院的肺结核病区里。其中的两间房子经过粉刷后被当作教室。到去年年底，申请进入这所学校的学生已经超过了教室今年（1911 年）所能接纳的人数。我们教堂的会员遍布周围方圆八十平方英里的地区，但他们只有这一所学校可供女孩子读书。

徐州府的医疗工作和学校工作一样，受制于人数问题。这个人数，不是指前来就医的人数，而是指能够得到收治的人数。医院共有两座建筑，一座用于男病人，一座用于女病人。这两座建筑都是由民房修缮改造而成的，远远不能满足需求。1910 年医院接诊了三千名女病人，其中三百六十九人是需要住院治疗的病人，而以目前绵薄的设施，医院要给予这些病人妥善的治疗是不可能的。男子医院的情况也一样。根据最新的报告，该年度医院共治疗了两万名病人，其中七百多人接受住院治疗。这些数据表明，如何改善徐州医疗设施已成为必须解决的问题。

淮安府

按照布道点的开办顺序，我们向东南出发，来到了淮安府。这是一个拥有十五万人口的城市，坐落在大运河上，从大运河往南十多英里，就是晋江府。淮安府在历史上久负盛名，居民中有为数众多的富商和官员阶层，所以也号称达官贵人之乡。淮安人对传教士态度友好，但是对接受福音并不积极，这也许出自他们保守的天性。这是一个中心地区，大运河从这里通向四面八方，辐射了大片乡村地区。

从设施方面来讲，我们在这里建了一座小教堂，两处传教士宿舍，还有一间位于当地民居内的极其简陋的诊所，面积大约二百四十平方英尺（1 平方英尺＝0．09 平方千米）。这个站点最大的需求就是一座可以满足需要的医院。每年这里都要接诊几千名病人，有时甚至一天有两百多名病人来看病，这意味着医院不仅需要房间，而且更需要能够干活的人力。因为医生所看的病人不仅仅是本市的，还有大批病人从遥远的地方赶来治病。当地一些富裕的绅士对我们的工作给予了支持，其中一位每年给医院捐赠一万美元。

泰　　州

泰州是个拥有十五万人口的城市，位于靖江以北五十英里，通过大运河可以直达这里。该站点于 1908 年建立并逐渐稳固下来。这是一个艰难漫长的过程，因为我们买地时遇到了巨大的阻力，而且我们想要租用足够的房子时候，也遇到了重重困难。尽管如此，哪怕是几乎遭到了灭顶之灾，我们还是建立了稳固的站点。到目前为止置业的情况是，我们有了一处住所和医院，还有一座位于市中心的稍大一点的小教堂，里面的房屋可以容纳本地传教士的家庭住宿。泰州布道点最急需的，是建立一座更为宽敞的教堂，因为这座城市位置非常重要，它可以辐射周边一百万人口的地区，这些民众完全依靠美国长老教会来传播福音。一名传教士负责人在最近一次年度报告中提到了在泰州的工作："为了在民众中不断扩大我们的影响，我们不惧怕失败。这是一个新地方，我们一定能够获得全体当地人的好感，从而使工作很好地推进下去。我们承认，这里的工作非常难做，当地人比我见到的其他任何地方的人都喜欢拜菩萨。这里有大大小小一百三十多座寺庙。”

游历中国

海　　州

海州，顾名思义，大海之城。和其他布道点一样，海州也是经过多次考察后确定下来的一个站点。它建立于 1908 年，当年就有传教士被派遣到该地。一开始，在置地和建房过程中，我们也遇到了诸多的困难和危险。根据苏北传教工作的最新一次报道，我们花费十万美元买了一块地，花费四万美元修缮了一所当地的建筑。站点的工作依然是传播福音和治病。一开始，当地人对福音漠不关心，之后又激烈地反对福音传播，但是后来情况总算越来越好，这给了传教士们极大的鼓舞。在医疗方面，医生们不得不面对超越他们能力的工作，因为来看病的人实在是太多了。这里没有单独的医院，医疗设备也极度匮乏。

海州虽然只有五万人口，但是地理位置重要，可以辐射周边广袤的地区和大量的人口。在站点建立之前，一位传教士写道："我登上海州高山的顶端，可以俯瞰全城。这是一座巨石嶙峋的荒山，海拔有一万二千英尺（1 英尺＝0.30 米——译者）高，风光迷人。这一天天气晴朗，阳光灿烂，放眼东方，可见一片蔚蓝色的海洋，它一直延伸到美国，那里遍布教堂和可爱的房舍。向其他方向极目远眺，我能看见几百个小镇和乡村。我知道脚下的这些乡村、小镇和繁忙的城市住满了男人、女人，男孩、女孩。我接着眺望宿迁，我从那里来，跋涉了九十英里，一路上经过许多村镇，还有一座有城墙的城市，但我没看到一座教堂。"

原始的耕耘方式

盐　　城

盐城是最近开放的苏北布道团的驻地。长期以来，盐城都被认为是一块非常重要的领域。我们引用了近期一封来自盐城的一位传教士的来信：

盐城在哪？盐城是什么？假设我们对这个名字采用助记方法，盐城意味着盐和海边的城市，这就是盐城。我们知道，中国现在使用的盐，通常来自海洋。因此，盐城一定是一座临海的城市。的确如此。盐城往东约四十英里就是黄海，往北二百英里就是上海，你可以在任何地图上找到我们，尽管你的英语地图可能不会标记出这个地方，因为说英语的人并不知道这个地方。盐城往东毗邻大海，在西边约六十英里外，是靖江府和淮安府的地界。在西北和西南，我们就到达了其他布道团的领域，但是除他们之外，在这个有近百万人口的土地上，再没有其他的传教士了。有些地理爱好者能举出一个跟我们情况相似的美国的州，西弗吉尼亚的面积和人口不是正好与盐城相当吗？

在过去的一年（1911 年）里，传教士们的布道工作取得了一定进展，交流渠道进一步畅通，但是他们所做的主要工作还是获得土地，这样可以建设用于居住的房屋。经过烦琐的程序，包括中国式的诉讼，租赁的房子已得到保障。我们很清楚这里需要什么：我们迫切地需要资金来购买土地，用来建造传教士之家、一座合适的小教堂，以及一所学校和一家医院。

南　　京

南京虽然并不位于苏北布道团辖区内，但作为联合长老会所属神学院的站点，却是布道团工作的一部分。我们的教堂从这两个布道团获得了相等的拨款，受过系统教育的年轻人，在成为牧师、基督教工作者后，都从各个布道团站点被送到了南京的神学院接受进一步培训。

苏北的饥民们

在评估使团的资产清单时，我们有必要考虑到特定的建筑，例如医院或者学校，但是这并不意味着我们获得的供应已经非常充分。许多例子说明，那些建筑远不能满足工作的需求，这可以从我们对设备的需求中看出来。各个站点的资产估值如下：

镇江：17,625.00 美元；靖江府：12,972.00 美元；宿迁：25,018.00 美元；徐州：16,721.00 美元；淮安：6,211.00 美元；泰州：1,000.00 美元；海州：5,560.00 美元；南京：8,500.00 美元。苏南代表团财产总计：93,607.00 美元。

设备和增援

特别委员会根据当前设备和人员扩充需求的相关情况，早已准备好相关报表，该委员会有着两年处理相关事项经验，所有项目均已被该委员会认真审议后提交，然后经苏北布道团开会讨论后采用，并最终由海外布道团的执行委员会核准。在呈递时此委员会声称："我们严格地尝试去减少拨款数额，但是发现没有办法在不危害最根本利益的同时做到这点。"因此，在装备需求和增加传教士力量的报告中，苏北布道团明确提出了基本的和保守需求计划。

购置设备资金需求情况

镇江
男生学校—— 5,000.00 美元
医院—— 5,000.00 美元
住宅——2,200.00～12,200.00 美元
靖江府
医院(男女混合)——8,000.00 美元
男生学校——5,000.00 美元
教堂 ——1,500.00～14,500.00 美元
宿迁
男生学校建设—— 3,000.00 美元
徐州
女子医院 ——5,000.00 美元
男子医院—— 4,100.00 美元
女生学校—— 4,000.00～13,100.00 美元
淮安
医院 ——5,000.00 美元
泰州
医院 ——5,000.00 美元
海州
医院 ——5,000.00 美元
男生学校 ——5,000.00 美元
教堂—— 1,500.00～11,500.00 美元
盐城
医院 ——5,000.00 美元
教堂 ——1,500.00 美元
住宅 ——2,200～8,700.00 美元

南京

联合医学院—— 2,000.00 美元

总计—— 75,000.00～126,000 美元

人事扩编

对于人事扩编，有人说，有一种普遍认可的说法，即在我们的布道地区，每两万五千人中只需要有一位传教士。这一看法将会使我们的人手变得极为紧张。我们现在只有五十九个传教士，这里却有一千多万人。苏北布道团意识到，由于所有布道团都向海外布道执行委员会发出了呼吁，以及由于财政紧张，海外布道执行委员会压力很大。于是，他们进一步说道："我们只需要再增加十九名传教士就可以了，这对维持现有工作是绝对需要的。在这些人中，有八人需要立即到位，其余十一人在五年内到位即可。"

这份声明详尽指出，援军需要立即到达不同的岗位，具体情况如下：三位男士、两名女士，负责福音工作；一名男医生和两名训练有素的女护士；总共四男四女，共计八人。

除了以上人员，在接下来的五年中，我们还将获得必要的人事增援，包括男性和女性布道者、护士、教师及医生。需要特别注意的是，要求增派援军并不是为了扩建新的布道点，而是为了维持目前已经开展的工作。

美国记者哈里逊·福尔曼的徐州日记

哈里逊·福尔曼 著　翟石磊 译
（译者单位：中国矿业大学澳大利亚研究中心）

第一部分：启　　程

清晨的天气恶劣，小雨淅沥，我从虹口达到了闸北机场，阴沉灰暗的雨天正好给我提供了伪装保护。不知道南京的天气怎样。市长先生为我引见了一名飞行员……他是这里最好的飞行员之一。我将要乘坐的是一架漆着迷彩保护色的福克飞机。市长先生说："这是美国产的飞机、美国产的发动机、美国来的经验丰富的飞行员，这位是您的翻译人员，这些全都是给您准备的。"这些已经足够我用的了。翻译恰好是我的朋友——来自 S. M. R 的邝阿顺（Kuang Awasum），他是军事通信部的官员，也是机械师。

飞机在毛毛细雨中起飞了，飞行高度保持在云层下方 300 英尺。往下望去，我看到稻田被洪水淹没，小村庄里到处都建着高高矮矮的房屋，到处都有可能发起反抗日本军队的进攻。俯身鸟瞰，乡村洪涝泛滥，太湖水位高涨。

苏州大大小小的墙壁上都刷着日本品牌"味之素"酱油的广告。日本人在夺取军事利益的同时也不忘进行商业剥削。

哈里逊·福尔曼（前排左二）
在徐州天主教“圣心堂”前与神职人员合影

日本人在每座小村落都引爆过一两枚炸弹，大概是对村民们窝藏游击队的提醒和警告吧。看着被洪水淹没的稻田，我心里产生了强烈的近乎疯狂的罪恶感。农民们抬起头看向我们的时候，我很好奇他们此刻在想些什么。飞机的飞行高度只有300英尺左右，跟一栋楼的高度差不多。我们乘坐的飞机机翼下方用红色颜料涂着一个直径3英尺的圆形，十分醒目。底下的人甚至能透过机窗看到我们。地面上的一切似乎都很平静，但是游击队呢，我们心里清楚不知道什么时候他们就会向我们一通扫射，我们也清楚我们听不到他们的动静，只能凭感觉。

第二部分：经停南京

10点10分，到达南京。机场里空荡荡的。我们在中国航空公司和欧亚机场站用了午餐，稍事休息。此时，飞机也已加满了油。

12点30分，离开南京，飞往徐州。

为了躲避游击队，我们一直贴着乡间小路飞行。地上到处都是曲折迂回的战壕。没过多久，飞机就离开了平坦的水田地带，飞进了丘陵地区。这里稻田里的水反射着阳光，旱地里的绿色庄稼颜色深浅不一，飞机驶过，二者连成一片，像极了一块巨大的星形水平玻璃窗。

日本想要占领并控制广大中国的同时也面临着一个巨大的问题——敌对的苏联人凭借精致的武器和半机动化装备为中国撑腰，这一切在空战中可以见证。日本人当然希望能够控制住中国的交通和通信设备（包括铁路、水路、航空、电话、电报和无线电），这样一来就控制了中国商贸之命脉。

飞机进入河南和安徽上空，绿油油的麦田间点缀着刚刚犁过的红色土壤，规整的长条形麦田与密密麻麻杂乱疯长的水稻形成鲜明对比。

第三部分：到达徐州

中国军队刚刚撤离徐州，日军就派出两名士兵在教堂大门口看守。

关于日军5月14日对徐州的大轰炸，我们深感痛惜。在这次轰炸中，日本军队共投射了9枚炸弹，其中有两枚是哑弹，整个过程持续了两个小时。450名妇女儿童躲藏在地窖里。虽然炸弹只是炸出30英尺的弹坑，但是依然造成重大伤亡。爆炸平息后，难民们被送往乡下。两天前，该地区有神秘传言称，天主教堂于14日遭受日军炸弹袭击。日军于19日进入徐州城。

为防止日军士兵随意进出教堂，日方规定进出教堂需要出示个人军事通行证，并且张贴布告予以公示。就这一点而言，日军考虑得还算周到。

天主教堂共有10位神父在此地传教，其中有9位是由魁北克天主教总教会派出，他们均来自（美国）马萨诸塞州劳伦斯市，且都拥有法国通行证，因此教堂挂着法国国旗。有7位修女以及2位来自美国基督教长老会的牧师。

圣母无染原罪修女院前悬挂法国国旗

第一次世界大战结束之后，因国力下降，法国无力顾及海外传教活动，故将亚洲传教事务交给魁北克天主教总会负责。

徐州四面环山，中间低洼，远看就像一个巨大的陷阱。由于地形因素，徐州易攻难守，因此中国军队很快就撤离徐州城。有消息称，日军已于14号切断了徐州以西130里的陇海铁路线，然而许多日本军队仍然驻扎在徐州周边。城内居民纷纷出逃。日军进城时惊讶地发现徐州城内竟无一名士兵把守，居民出逃，军队撤退，徐州已然是一座空城。

徐州圣心堂悬挂法国国旗

徐州城近三分之一都已被夷为平地。与在南京时相比，日军在徐州城内表现得要有序、谨慎、可控。今天，一半人口已陆续返回徐州，现在市场上已经买得到蔬菜、牛肉、猪肉和鸡肉了。在日军轰炸期间，一枚炸弹击中教会学校。

虽然日军切断了徐州到开封的铁路线以阻止中国军队的战略转移，但由于他们军队人手有限，实在难以阻挡中国人大批地逃离徐州。战争突如其来，52列全新的火车头还未来得及开走，火车上的物资也来不及运输。

如果你认识中国人的话，那么你一定会相信中国军队取得了哪怕只是很小的决定性胜利，都会放炮鸣枪，举办庆祝活动。然而，神父们告诉我们，根本就没有什么值得庆祝的事情。事实上，蒋介石曾发来“贺电”，明确告诫官兵不要过早庆祝。由于至今都没有与上海方面的直接联系，所以所有的消息都是从北京方面传来的。

我开始约见第一批来到徐州的外国人（非传教士），希望能够通过他们了解这座城市从战争开始到现在的情况。虽然城市周边布置了很多防空火炮，但是没有一架日军被击落。

火车站的周边是大堆大堆的砖瓦，堆砌得跟车站周围的建筑一样高，已经很难清理干净了。中国人并不在乎在残砖碎瓦的条件中生活，哪怕这些砖墙摇摇欲坠，一吹就倒，他们也不会动手将其拆除。

美国长老会教堂为徐州百姓提供庇所

（图片由彭永恩后人提供）

即便市民们都知道日军严令禁止士兵肆意妄为，可街上还是连一名少女或是妇女都见不到。

在这里，只有上了年纪的彭永恩（Frank. A. Brown）先生[①]和葛碧玺（Nattie Grier）医生二人照看4,000名难民。[②]

70岁高龄的葛碧玺医生来自宾夕法尼亚州，她已在中国居住了45个年头，在华期间，她还奇迹般地躲避了义和团运动的迫害。

---

① 彭永恩，1876年生于美国弗吉尼亚州诺福克市。1910年，作为美国诺福克长老会宣教士被派往中国传教，他先到达泰州，短暂停留后，遂被派往徐州。在徐期间（1911—1949），他的足迹遍及徐州周围乡村。抗战期间，彭永恩积极投入到对徐州民众的人道主义救援工作中，并在西方媒体上公开谴责日本帝国主义的侵略暴行，呼吁美国中止与日本的战备贸易。

② 1938年5月19日，日军占领徐州以后，彭永恩夫妇在王恒心牧师的协助下，将位于王陵路的传教士住所、妇女学道院、教会医院、西关基督教堂等处设立为难民保护区。——译者注

当地百姓在教堂庇护所内制作传统面食——烙馍

教会大院的确不小。偶尔会有醉酒的日本士兵们前来拖拽女性[①]，这时日军当局会立即派出警卫劝阻这些士兵，告诉他们上级不允许此类行为。

投向车站的50枚炸弹只有1枚击中。

6座中国防空炮。

蒋介石曾于四月份偕夫人两次抵达徐州。

桂军和川军是这次战役的主要军力。

日军攻入徐州仅4小时后于19日凌晨1点发起最为猛烈的轰炸。

日军占领徐州10天后烧毁了徐州商业中心。

日军两次闯入难民营实施强奸。其中有1次，醉酒的日本兵端着刺刀扑向葛碧玺医生，并割断了她的手指。事实上这个事件，罗宾·海德也在她的徐州报道中提到过。

天主教徒和新教徒为数以万计的难民们提供了庇护。

如果日本人决定解散教会对难民的保护，教会方面也是没有任何办法的，毕竟没有任何理由，也没有任何条约能够约束日本人的行为，他们也根本不可能准许这样的条约。

日军冲进当地难民营向传教士要女人，传教士拒绝了日军的要求，传教士们对着日军喊道："除非你们从我们的尸体上踏过去，否则休想接近她们!"但是其他11位天主教神父就没那么幸运了，他们也同样叫喊着"从我们的尸体上踏过去"，紧接着就被日军残忍杀害了。

---

① 关于这个事情，来徐州的新西兰女作家罗宾·海德在她的报道中也提到，日军闯进教堂，逼抢中国女性。——译者注

由于日军和中国百姓语言不通，加之百姓们对日军的恐惧，徐州城里偶尔还会有日军杀人的事情发生。

我不知道为什么中国人情愿被困在已经沦陷的徐州城里。但我已经意识到了从上海向西走的危险。也许是对台儿庄大捷太过自负？这或许是其中一个缘由。难道这是日军的战略：将中国军队向徐州东部吸引以延长中国战线，进而阻断中国军队希望快速西撤的路线规划？

徐州城内没有爆发战争。但徐州东南方向约 17 英里处的镇上约有 500 名中国人惨遭杀害。① 投落到桥上的 14 枚炸弹所幸没有造成人员伤亡。

这儿有 100 名受伤的中国士兵，其中 2 名最近掉队的中国士兵被日军转移回徐州，随后发现其他人都还活着。

14 日，日军坦克行驶到黄口（Hwangko）西面 100 里处，炸毁了该处的铁路。

代表英国曼彻斯特《曼彻斯特卫报》的新西兰人惠金森②性情古怪，看上去 30 岁左右，腿脚不好但仍然四处奔波③。她在徐州沦陷一周前到达此处④，几周前还被日军抓捕，并困在徐州。她太想离开徐州了，于是她开始动身。她乘坐火车刚行驶出去一英里就遭到了抢劫。但是最终因为不辨方向，不得不又返回到了徐州。紧接着她又开始向北走，从那以后就再没有她的音讯了。⑤

我开始执行实地拍摄的任务。从 5 码到 5 英里不等的距离对锯齿形战壕进行了仔细观察，我仿佛还能看到当时战争之激烈、抵抗之顽强。

作者简介

哈里逊·福尔曼 作为一名摄影记者，哈里逊·福尔曼（Harrison Forman，1904—1978）的足迹遍布世界各个角落。他来到中国后，曾获准参加蒋介石主持的高级别内部会议；他前往延安，与毛泽东等中共领导进行畅谈。后来他根据自己在中国的经历，撰写一本名为 *Report from Red China* 的著作，并于 1945 年出版。该书最初译为《来自红色中国的报告》，后改为《北行漫记》，被称为《西行漫记》（*Red Star over China*，又译《红星照耀中国》，埃德加·斯诺著）的姊妹篇。1938 年 7 月 5

① 罗宾·海德的记录中，曾说安徽宿州发生日军屠杀惨案，可能她与哈里逊所说的是同一件事情。——译者注

② Wilkinson，又名罗宾·海德（Robin Hyde）。——译者注

③ 罗宾·海德年轻时候因为手术，留下后遗症。——译者注

④ 事实上，她是 5 月 1 日到徐州的。——译者注

⑤ 事实上，她沿着津浦线向北走，后被日军抓捕，移交给英国驻青岛领事馆。关于罗宾·海德，可以参阅译者的《新西兰女作家与徐州 1938》一文。——译者注

日，他从上海虹口启程，乘飞机经停南京，去往徐州，最后到达河南开封。在徐州期间，哈里逊通过在天主教、基督教教堂和医院进行实地采访，深入了解徐州人在“沦陷”时期的生活情况。他走上街道，了解徐州市场生活必需品的供给情况；他在徐州周边采访，了解“沦陷”期间的徐州社会治安和日军活动情况。在日记中，他不仅描述遭战火洗劫后的徐州城市面貌、百姓生活的苦难和日军对徐州人犯下的暴行，同时还对“徐州会战”进行分析，并就国军“西撤”、弃城问题表达了个人的看法。可以说，哈里逊的“徐州沦陷”日记，以及他在徐州拍摄的照片，为我们认识日军侵占时期的徐州提供了另一个视角。哈里逊的徐州日记和照片与其他西方媒体、记者关于徐州沦陷期的记录相互佐证，向我们展示了来自“西方”的“徐州会战”纪实档案。

文献出处： Property Rights Reside with Special Collections & University Archives, University of Oregon Libraries.

河南省与河南人

尹兹谋 著　许　珺 译
（译者单位：中国矿业大学外国语言文化学院）

中华民族将自己居住的土地命名为“中国”（意为中央王国），这是其最早的名称之一。以此来指代中国，最早可以追溯到周朝（前 1046—前 256）。由于处于周围各国之中，周王室将自己所居住的河南称为“中国”。随着王朝发展，这个名字延续了下来。几百年来，本国人也会将皇帝统治的整个领土称为“中国”。他们认为自己居天地之中，“中国”是各国之首，因此很容易得出结论：中华民族是世界上最重要的民族。在中国历史上，那是充满变故与坎坷的几千年，统治者与政治家们认为迁都才是明智之举，于是将国都迁移了不下十七次，其中有七次都花落河南省，这足以说明河南的重要性。

河南省地处华中与华北的大平原上，土地肥沃，人口密集，这在广袤的中华大地上都是数一数二的。“河南”一词的字面意思是“河流之南”（即黄河以南），与中国的许多省份一样，是从地理位置得名的。河南省的形状像一个不规则的三角形，全境分为三个流域：北部黄河流域、南部淮河流域、西南部汉水流域。与山西相邻的西北地区有大片山地丘陵纵横交错，南部则有一条山脉向东延伸至汝宁府附近。

卫三畏（S. Weus Wiuiams）是权威的中国问题专家，著有《中国总论》（*The Middle Kiuodom*）。关于河南，他这样说道：“此省的气候、物产、文学、历史以及多样景色，可称优越。最早记载的‘黎民’就是指这一地区的人民，封建王国和诸侯争夺统治权的战争就在这片平原上进行。”中国还有许多早期历史等待发掘。中国目前没有同其他亚洲国家一样的重大发现，中国的历史学家对黄种人的起源和早期历史也没有更多的研究成果。许多课题还有待专家学者或下一代进一步探索，例如，中华民族的起源地、迁徙原因、迁徙路线、途中遇到的部落或种族、定居何处、初到时中国的样貌，等等。

结束于约公元前1122年[①]的商朝有着对河南的明确记载。商王帝辛（纣）暴虐无道，致使人心涣散，民不聊生。周武王集结大批人马出师伐商，两军于河南地区的黄河以北（牧野）对峙，最终武王大获全胜。自知遭人唾弃，已无回天之力，帝辛逃回宫殿，自焚而死，所有珍宝也化为灰烬。这比《萨达那帕拉》（*Sardanapaulus*）所描绘的场景还要早五个世纪。

忠臣比干不满帝辛倒行逆施，多次劝谏，帝辛怒将他赐死，并剖胸挖心来看忠臣的心脏是否与他人的不同，由此可见帝辛的残暴无仁。后人修建了墓庙合一的比干墓来纪念他，现在京广铁路线经河南北部的淇县—卫辉段附近向游客开放。人们对比干的纪念也会使帝辛的残暴行径一直流传下去。

从北或东北方向进入河南省，一定会对眼前铺展千里的辽阔平原印象深刻。见惯了多石土地的人必然会震惊于漫漫旅途中屈指可数的石头。这里的土地如此肥沃，怎么会一个农舍都见不到呢？相较于英国和加拿大农业区里遍地可见的农舍，这里更多的是村庄，倒没有独立的农舍。为了对抗各种天灾人祸，人们都住在村庄或大型城镇中。许多村庄围着围墙，城镇则到处可见围墙和壕沟。

豫北的土壤很适合制砖，所以砖窑很多。较大的村镇习惯盖砖屋，而较小的村镇里则多是日晒砖加上些许水泥和稻草松散糊在墙面上的房屋。这里的树并不多，只有村镇附近才比较多。枝繁叶茂之时，会遮住个别房屋的轮廓。

河南的建筑风格偏向简单原始。房顶要么铺着瓦片，要么搭着茅草，要么抹着石灰。即便如此，也十分结实，能屹立百年不倒。对外国人来说，这样的房子似乎并不是为了追求舒适、健康或愉悦而建造的。然而，与居民们接触后就会发现，这已经能够满足他们所有的生活需要。诸如玻璃窗、木地板、精装门、壁炉、烟囱、地下室乃至装饰画等考虑到光照和通风的现代建筑风格，虽然尚未在河南出现，但已经显现出了即将来临的明显征兆。

春季的豫北就像一片广袤的麦田，绵延数里，除了小麦几乎别无他物。土地肥

---

① 此处原文有误，应为公元前1046年。——译者注

沃，产量丰富。大概不少于百分之八十的人都是农民，以种地为生，自主灌溉。农作物每年可收割两次。小麦在五六月收获，没有喘息的时间，第一批收割后紧接着就要播种下一批农作物，包括豌豆、豆类、玉米、小米、高粱、水稻、芝麻、瓜类、南瓜、茄子、卷心菜、花生、山药、胡萝卜、芜菁等根茎类蔬菜，这些通常在九十月份收获。

一些地区广泛种植棉花，养蚕业也在特定范围内发展。有几种水果，虽大量种植，但质量较差。杏、李子、桃、梨、葡萄、苹果、柿子等按季节种植。浆果类则几乎不会种植。

有不少作驮畜的骡子、驴、牛和马；还大量饲养了绵羊、山羊、猪和家禽等作食物。如果不是较大的城市，一年中只有七个月可以买到质量合格的牛羊肉，其余五个月只能吃家禽和猪肉。

田野间一派生机勃勃的愉快景象。可以看到，成千上万的男女老少从清晨忙碌到深夜，照料茁壮成长的庄稼。上帝赠予他们阳光和雨水，让他们能高兴地丰收，但他们却不会感激这慷慨的造物主。

“雨季”通常在七八月份到来。有时迟迟未来，人们的生活就会举步维艰。大雨通常连降数日。溪水与河流日渐上涨，最终溢出主河道，淹没农田。雨水每天不断渗透，许多不牢固的房屋就会垮塌。一些地区的乡村看起来就像内陆湖一样，也许还能看到小船在田间穿梭。

旱季再度来临之时，溪水与河流回归原位，然而农田里积水依旧。太阳又开始散发夏季特有的光和热，引来了许多不速之客，微生物、细菌、蚊子、疟疾等，都成了常客。但在农忙之时，人们自顾不暇，否则自有办法对付他们，且不必担心后患无穷。

到了秋天，一切又回归平淡。雨季让国家生产富足，能够满足劳苦大众的生活需要。大地以此回应上天慷慨的降水和农夫的辛勤劳动。人们不得不为终将腐烂的食物劳作，很少去想永生的事。对食物的需求亘古不变，对永生的渴望却只有一小部分人才有。

收割了谷物之后，各村的打谷场开始运作。在这件事上，倒是有统一的合作方式。豫北还没有出现先进的发动机和脱粒机。个别地方有一种类似西方连枷的工具，但并没有几个人用。打谷场每天都堆满了新收割的谷物，驴、牛或骡子（更通常是人）拉着碾子快速分离谷粒和谷杆。许多村子没有好的扬谷方法，只能由人把谷粒抛到空中，让风来分离其中夹杂的谷壳。虽然磨坊不多，但人们想出了许多能让谷物变得方便食用的方法。农妇们会使用手工磨粉机，沉重的石磨就交给动物来拉。

冬日临近，普通的务农生活接近尾声，农忙也随之结束。许多人都储备了丰富的物料，能够满足日常需求。冬天就是他们休息的时间。但对另一群人来说，冬天也不能休息。这些人没有自己的土地，所以每天都有食物需求。除了家人，谁也不知道他们是如何生活的。自然需求迫切需要以某种方式来满足。朋友的慷慨相助能让一些人勉强维持一段时间。还有一些会去其他地方打工，但冬天并不好找工作。他们的食物通常难以下咽，甚至其他地方的家畜都不愿意吃。大量的人每天在外游荡，拿着竹耙收集所有能捡到的茅草、树叶和木片。木头很少，买炭又需要钱，没有这些就很难生火。到处都被耙得干干净净，田里的根茎也都被拿去作燃料生火，而不会留在土里作肥料。

树叶落了，留下光秃秃的树干，田野也毫无生机，一片灰暗。冬风萧瑟，夜空星河澄明，却寒冷入骨。河南的冬天并没有多吸引人，河南的人也并没有多令人羡慕。许多房子并不能御寒，屋里简陋的灯散发着虚弱的光。大部分人家中都没有书，有书也并不会看。在这样的情况下，他们都早睡晚起。这里的娱乐活动很受欢迎，但种类不多。村镇里的烟馆和赌场吸引了许多老少爷们。“一闲生百邪，无聊起坏心。”对这些人来说，冬天就是他们败坏道德、损害名誉、浪费生命的季节。

谈到豫北的四季，就不得不提这里的狂风和沙尘暴，它们多发于春季，十分惹人厌。强劲的风能卷起大量尘土，很快就一片尘土飞扬。开阔的野外缺少植被，土壤多孔且多沙丘，这些都助长了沙尘暴的气焰，人们苦不堪言但也无处可逃。赶着马车的旅人只能在沙尘暴中缓慢前行，船只也不得不抛锚固定，等待大风过去。人们身上裹着一层厚厚的细尘，与村子融为一片黄色。房子也难逃一劫，细尘会从墙壁的各个裂缝和孔洞中倾泻而入。暂住的访客也许会庆幸自己避开了沙尘暴，但也错失了这值得铭记一生的经历。

当我们转而关注豫北的人们时，以上对省情的简单介绍或许会有所帮助。他们都是典型的中国人，不过每个省的人都有自己显著的区别和特点，河南人也如此。

河南是中国排名第二的人口大省。据估计，每平方英里约有五百二十人。有些沙地的粮食产量不足以养活众多人口，所幸河南省的沙地并不是最多的。中国人口庞大，河南占比不低。

要列举所遇到的每个社会阶层绝非易事，要准确地描述他们也不大可能。大约百分之八十都是农民，大部分时间都面朝黄土背朝天。他们看起来强壮有力，享受生活，努力创造幸福。许多人终年在贫瘠的道路上推着吱吱作响但十分坚固的推车，载着沉重的货物，度过他们的一生。

成千上万的男男女女住在船上，载着农产品从河南出发，驶向天津等华北地区，再满载着各种各样的货物返回内地。在路上经常能遇到用竹竿挑着重担的人。小贩们在村子之间来回叫卖着实用又艳丽的商品。卖粮食的忙着处理库存的生活必需品，勉强维持家庭生计。

某些村子似乎是让给了有特殊手艺的人们，比如皮革匠、木匠、陶匠、砖瓦匠、修车工和建筑工人。我们遇到了一个连的士兵，还有一群衙役，表面上旨在维持秩序、镇压动乱，但在光天化日之下还能见到强盗四处抢劫，偶尔还有冷酷无情的流氓出没，他们以抢劫和恐吓为生。衣衫褴褛的随从们步履匆匆地抬着轿子，里面坐的是县官，正要去调查一桩引他注意的谋杀案。腰缠万贯的商人、野心勃勃的学生、骄傲自满的乡绅还有家产雄厚的地主，都常在开阔的平原上悠闲散步。裹小脚的女人、残疾但开朗的少女、健康快乐的男孩、伤心绝望的苦难者、年迈的老人、无助的盲人、吵闹的乞丐、流动的说书人、庸医、算命先生还有药商，等等，这样那样的人每天不期而遇，给观察这一切的人留下了难以磨灭的印象。

事实上，中国有数以百万计的人口。他们住在各自的村落，穿着华北常见的服饰，讲着中国奇特的语言，有着各异的风俗，怀着中国人的理想，大多数人都不了解国境之外的事，也不想知道那么多同胞极其珍视的是什么。想要了解中国庞大的各社会阶层，只需几天就能看个大概；想要完全理解中国思维，知道如何准确描绘中国特色，即便是最富洞察力和最谨慎的观察者，也要花费大半辈子。

总的来说，河南人是很知足的。无论是在中国其他省份还是在其他亚洲国家，都很难找到像河南人一样虽然贫穷但很满足的人。大多数河南人都家徒四壁，吃着难以下咽、有上顿没下顿的食物，人生观狭隘，也不了解世界上那些伟大思想家的启发性观点。即便如此，他们还是活得很满足，实在令人惊讶。

他们也许不情愿被指责为残酷或喜欢野蛮的民族，但事实上，他们确实对苦难无动于衷。可悲的是，他们对许多沉重的苦难已经习以为常，甚至到了麻木不仁的程度。他们习惯于忍受生理上的病痛，也很少抱怨。同样的情况下，西方人会被折磨得痛不欲生。一些治疗方法会让做手术一定要打麻醉针的西方人难以接受，但许多中国患者都愿意进行这样的治疗。

河南人并不热衷于变革。他们对习俗和信仰是十分保守的。比起日出，他们更喜欢看日落。即使他们承认有些变革能够带来显著进步，但转念一想，又会得出结论：由于中国还没有过类似实践，所以现在同意变革是不明智的。即便已经在其他地方进行了成功的实践，在河南的成功率也很高，但也不足以让他们改变想法。省内出现的大量外国人，火车和其他西方发明的到来，都在促使人们相信，变革也许就意味着进步。然而收效甚微，只有少数人决心改变长久以来的陈腐做派。

河南人对与自己不同的人、信仰和风俗很好奇。这是意料之中的。不过他们对完全不了解的、即便是最简单的东西所提出的问题，听来也是十分有趣的。中国人和其他外国人一样，在西方都会吸引异样的眼光。但欧洲人和加拿大人可不会像中国人那样，不断向同他们住在一起的外国人问问题，关于衣食住行、风俗习惯、人际关系等方方面面。

关于中国人的家庭生活已经说了很多。大多数人都会发现，河南人十分热爱家庭。他们经常谈论家庭，不肖子孙是年轻人的反面教材，能有一个孝子则是人生一大幸事。许多人坚定地认为，其他种族一个个消亡，而中华民族屹立不倒，一定与中国的家庭生活有很大关系。然而不可否认的是，家族内部疏远分裂也是普遍情况。尽管他们的孝道很美好，也对河南人有很多积极影响，但他们中最坦率的人也会大方承认，这种孝道有待改善。

勤劳是中国人的特点，在这一点上，河南人也不落后于其他省份的人。许多人起早贪黑，不知疲倦地劳作，终其一生，却只能换来微薄的酬劳。八小时工作制是疲惫不堪的工人的福音，但很多日子他们都要工作将近十六小时，而不是八小时。孩子们也不得不从小就开始工作，整个人生的趋势就是一直勤劳下去。

他们可能不会说自己是唯物主义者，但毫无疑问，物质和世俗的东西占据了他们的思想，几乎完全排除了精神和神圣的东西。吃什么、喝什么、穿什么，都不断地消耗着注意力。他们知道人的本质包括生理方面，但是否存在心理和精神方面，也容许给出肯定的回答。在这方面他们并不例外。

河南人爱国吗？大概和其他中国人一样，他们无疑是爱国的，但可能并不意味着随时愿意为国家奉献珍贵的东西，也不会轻易标榜自己的忠诚。他们的爱国观更倾向于热爱这片土地而不是这个国家。与众多同胞一样，比起对祖国的热爱，对国家敌人的憎恶更能充分表达他们内心的感情。他们对奉献的理想标准，同其他许多重要问题一样，都是来自古人，而国家需要今人以言行来实践奉献。爱国浪潮正在兴起，不久以后必将影响更多人。

河南有许多鸦片的狂热爱好者。这种毒品所到之处都产生了有害影响。许多地方都种植罂粟，是农民的收入来源之一。习惯吸食鸦片的人非常多，很少有村子能免受其害。如果能向以鸦片获利的人展示鸦片成品的用途，那种景象也许能触动他们的内心。尽管各行各业无数人对鸦片上瘾，但鲜有人会为它说好话。现在豫北的罂粟种植已经几乎完全停止，鼓舞人心的是，在官方、医疗和其他方面的共同努力下，河南正在努力摆脱这个破坏力极强的恶习。

赌博在豫北十分普遍，很少有人能不受蛊惑。无论男女老少，皆参与其中。许多年轻人在赌桌上肆意挥霍父母留下的财产，职业赌徒也比比皆是。当务之急是开展一场反赌运动。

借钱和贷款在河南人中非常普遍。负债的人很多，脱债的人很少。贷款的利率极高，许多人都很难还清。婚丧嫁娶的费用往往需要贷款才能付清，由此产生的债务几乎能将一些家庭摧毁。年关将至，收账人是最忙的。中国人讲究在年底还清一年的债务，但在大多数情况下都不可能实现。

河南人天生具有真正的幽默感。他们喜欢开玩笑，尤其是很实际的玩笑。他们很容易看到事物喜剧性的一面，然后开一个更滑稽的玩笑。说书人会开讨厌的听众的玩笑，往往会得到满堂喝彩。现成的谚语和格言能开启轻松亲切的寒暄，储备丰富的人自然很受欢迎。汉语很容易创造出积极的短语，创造出来后很快就进入使用阶段，最后变得众所周知。许多古怪的人都会从爱开玩笑的熟人口中听到描述自己外表或言行举止的生动形象的词句。

在这样的居住环境下，河南人十分迷信也不足为奇了。人们对头顶的天空、周围的空气和脚下的土地都没有正确的认识。相反，他们会轻信奇异骇人的故事，心中充满敬畏、好奇和恐惧。还有一些人通过吸引大众的想象力来获利。有的人神故事很适合用来创造一种非同寻常的怪异体验。然而有些见多识广的人，非但没有帮助同胞从这种不值得的观念中解脱出来，反而乐于加深他们对奇异事物的热爱。迷信几乎在每个国家都很难革除。

河南人普遍对道德价值和行为怀有崇高理想。如果说在实际生活中他们还远远达不到目标，那么所有非基督徒都如此，还有不少表面上的基督教国家也一样。思想、言语和生活上的不洁时有发生，但并不会遭到强烈的反对。而黑暗面光明正大的诱导也没有某些西方国家普遍。

每个规模适中的群体里都有不洁的人。一夫多妻在某些阶层里很普遍，但普罗大众还是一夫一妻。奸淫罪很常见，由此导致的袭击和谋杀也时有发生。未婚便失去清白的女性据说很少。早婚无疑是许多男女相对来说不受某些恶习影响的原因，而在其他国家，同等阶级的人热衷于这些恶习。众所周知，非自然的恶习在某些地方可以自由地进行。许多人之间的谈话都肮脏下流。诱人作恶的很多，引人向善的却很少，恶习的存在也就不足为奇了。最值得庆幸的是，偶像崇拜在某些地方往往与最不道德的行为密切相关，而在河南则没有偏离普通的道德标准。大多数河南人还不知道，究竟什么力量能使他们达到自己公认的道德高标准。

众所周知，中国人曾有过纵情饮酒的习惯，如今在豫北却很少见到醉汉。尽管有时会在社交场合或聚会上遇到稍有畅饮的人，但也不能说他们喝酒成瘾。他们清醒节制，不像某些西方人一样花费太多时间和金钱。大多数人都没有听说过啤酒，这倒是好事。希望他们能一直保持下去。

河南种植烟草，人们喜欢吸食它的叶子。所用的烟草种类不多，烟斗却五花八门各式各样，显然是为了让吸烟者更好地感受烟草的香气。外国的雪茄和香烟冠上各种眼花缭乱的名字在河南的许多地方销售，据说一家雪茄生产公司决心将他们的产品卖遍中国的各个角落。如果实现，商家就能获得大额利润，而中国人只能用自己的金钱换取片刻愉悦。无论是在河南还是在其他地方，不会多久，无节制抽烟的人就能感受到烟草对他们是百害而无一利的。

总而言之，本文不会给人留下理应留下的印象，除非它暗示了河南人身上有许多彰显高尚男子气概的因素。大多数情况下，他们的教育完全遭到了忽视。这就不可避免地导致他们缺乏最有价值的男子气概所必不可少的东西。他们的性格中也缺少一些最重要的特质。

事实上，也不能说中国的家庭尽到了学校的责任，但各行各业还是有许多人达到了值得尊敬的高水平。无论是生理上还是心理上，我们都能看到河南人有出人意料的潜质。延续几个世纪的孤立状态正在消失。许多人已经有可能与其他国家的人来往交流。家庭将成为中国人生活中美好品质的培养地，很快也会越来越多。培养人性全面发展的学校正如雨后春笋般出现，驱动中国走向变革的力量也越来越多，这样的学校必定会不断增多。

没有任何迹象表明中华民族已经筋疲力尽走向枯竭。相反，随便一个对豫北人民有所了解的人都禁不住想，这样一个民族正在进入更高的历史新阶段。变革蓄势待发且势在必行。也许会遭到反抗，也许还会有看似了无希望的时候，但它一定会发生，随之而来的还有更好的生活福祉。无论多么久远的习俗，如果不能在人类发展过程中发挥正确作用，就会被逐渐遗弃。“事实不会反转，也无可争议”，无论是在河南还是在其他地方都如此。众多事实都指明了变革是迫在眉睫不得不为的，这样的事实逐年增多且越来越紧急。支持和反对变革的双方已经在进行初步的小规模斗争，大混战尚待发生。即便是在河南，过去的二十年间也已发生了许多重大进步，接下来的二十年里必将有更多发展。

美国一位殉难的总统曾说过：“你也许能欺骗一些人一世，或欺骗所有人一时，但你无法欺骗所有人一世。”许多中华儿女已经被蒙骗了太久，许多人盼望着一个更加光明的时代，并自称看到了曙光。不久之后，豫北人民也会更为乐观。河南省的资源会得到开发，河南人民的身体会越来越健康，思想会受到启发和解放，人文精神会从桎梏和束缚中解脱。众人将重获新生，百万河南人将见证上帝救赎恩典的转变。

作者简介

尹兹谋（Murdoch MacKenzie，1858—1938），加拿大长老会教士，尹兹谋为其汉名。1858 年生于苏格兰，毕业于麦吉尔大学和蒙特利尔长老会神学院。1889 年偕妻（Martha Morden Mackenzie）来华布道，驻山东临清。隔年转赴河南内黄楚旺镇立会设堂，1894 年后转至彰德。1900 年随古约翰（Jonathan Goforth）等乘马车辗转抵上海。1901 年返回彰德府，为豫北差会中坚。1913 年休假期间，被选为加拿大长老会会议主席。其妻 1922 年在蒙特利尔去世。1925 年因母会合并而改隶加拿大联合会。1927 年告假回国。1929 年携继配返华，仍驻河南安阳，1936 年携眷回国。1938 年在多伦多去世。编著有《在河南二十五年》（*Twenty-Five Years in Honan*）（1913）一书。

原文出处：Murdoch Mackenzie：*Twenty-five Years in Honan*. Board of Foreign Missions，Presbyterian Church in Canada，1913：1-24.

1868 年黄河新道游记

艾略斯 著　李琼霞 译

（译者单位：中国矿业大学外国语言文化学院）

众所周知，黄河下游流经中国东部大平原，在历史上曾多次改道。近 2,500 年间，中国人所记录的改道次数就不少于 9 次。首次改道可以追溯到前 602 年[①]；而第九次改道则发生在 1851 年 3 月。多次改道形成的各个河口分布在一段海岸线上，跨度大约是 5 个纬度。因此，据记录显示，黄河最北部入海口曾坐落于北纬 39°，大致与现在海河的入海口位置相一致；而黄河最南端的入海口则出现在黄河的最后一次改道前，现代地图都记为北纬 34°。然而，我们有理由相信，这南端的入海口仅是一部分黄河水在过去某些汛期间形成的；与此同时，另一部分黄河水通过南决口朝南延伸，即经洪泽湖流入扬子江，正如下文所示，这也是目前的情况。

我将不会在此叙述早期变道的原因、日期以及其他细节，但是我会针对最后一次改道及其成因略抒己见。

1857 年 1 月 3 日，玛高温医生（Dr. Macgowan）在《北华捷报》（*North China Herald*）论及黄河改道，首次引起了留居中国的海外人士对新道的关注。当时，黄河的改道假想式地归结为多种原因，但是这些原因经过后期检验与黄河改道关系较小甚至毫无关联。

---

① 参见庞佩利（Raphael Pumpelly）的《在中国、蒙古和日本的地质研究》第四十卷。

曾有一段时间，人们并不清楚黄河改道的日期，有的权威人士认为黄河改道于1851年，有的则认为是1852年和1853年，甚至更晚。1867年，我到清江浦和黄河旧河床临近区域短游，经询问在不同时间、不同情形下生活在当地的多名人士后，我认为我能够颇有信心地确定黄河改道逐渐完成于1851年至1853年间。这一信息经过我的上一段旅程得到了证实，我可以将其归纳如下：1851年夏季泛洪期间，河南兰阳（今兰考）附近的黄河北岸首次决口，一部分水流经此决口进入平原；1852年泛洪导致决口变大并进一步减少了下游河段的水流供应；1853年泛洪将决口扩大至可以流通整条黄河的水流，黄河水通过决口流经北面和东面的低地直至通向大清河河道，在大清河的引领下于北直隶湾（今渤海湾）汇入大海。因此，1853年后，这条新航道才能认为完全形成，而旧航道则完全干涸。

新航道引起了上海海外团体部分人士的兴趣，在去年早些时候，他们决定派遣一支考察队前往并将其记录下来，而在这之前所有关于新道的信息都是模糊不清并且难以令人满意的。

根据决定，我荣幸地被指派承担这项任务，我的执行计划得到批准后，就根据既定目标成立了一个由霍林沃思（H. G. Hollingworth）、两个中国人和我组成的小队伍。

按计划，我们会搭乘轮船前往镇江，从镇江开始沿大运河北上抵达黄河流域，接着，再沿着黄河新道直抵北直隶湾入海口附近，然后往黄河上游前行至新旧两道分界点（据报道，该点位于河南仪封县附近），最后通过黄河和大运河回到镇江。后来我们发现这一计划具有可行性，便开始行动。

众所周知，在夏季的几个月里，中国大部分的河流都会泛洪，因此夏季并不适合进行考察活动；又由于在12月中旬，北部地区的河流通常处于冰封状态，因此秋季是最适合进行这场探索之旅的季节。考察小队因而于9月24日从上海出发。

镇江至清江浦，或称为扬子江至黄河故道的大运河河段近年来并不乏外国人频繁参观描述，在这里就没必要细说了。一言以蔽之，这段大运河修葺良好，周边村庄灌溉水源充足；从这段大运河上的集镇及其邻近集镇的耕种情况和贸易情况来看，人民生活富足。

然而，越过黄河故道，到达名不见经传的另一段大运河，这里的村庄就没有之前的繁华了；相反，这150英里（1英里=1.6093千米——译者）左右的大运河虽然仍运行良好，但是附近的村庄却呈现出干旱贫瘠的面貌，居民甚少。这里村庄集镇数量颇少，看起来人口不多，也非繁华之地。人们的普遍贫困更有可能是源于灌溉水源的缺乏，这一情况从黄河向北流入山东山脊后就出现了。这段大运河曾经水深至在很多地方水位都高出了邻近村庄，然而现在却随处可见水位远远低于邻近村庄，使得即使是从河岸短距离运输灌溉水源，没有机械设备的帮助几乎无法达到。骆马湖是一个浅底滞洪潟湖，并通过河道水闸与运河相通。如果连骆马湖都难以用于灌溉土地，那么对于海拔高于骆马湖、位置也要远一些的地区，获取灌溉水源就更难上加难了。

过了这 150 英里我们来到了韩庄闸处的微山湖，也是这一连串湖，或更准确地说是这一连串潟湖的最南端了。这一连串潟湖从韩庄闸遥远的南部（我认为是在黄河故道靠近徐州府的地方）分布至济宁州附近几英里处，是大运河南段主要的水源。夏季，潟湖汇在一起，连成一片，有的地方却非常浅。水位低时，浅底的部分就变成了沼泽，把这片水域断成三四个潟湖。

从前，大运河沿着潟湖流过，在一些地方也会汇在一起；但运河两边筑起堤坝后，运河自身的航运就可做到全年畅通无阻了，潟湖的作用就仅是提供水流。不过，最近几年除了在旱季流经沼泽地的些许部分为人们所使用外，这段运河大多荒废了，其他地方形成的潟湖自然而然地就成了唯一的航道。

临近潟湖北端的是济宁州，这也是清江浦以北的运河段内最为重要的地方。据说在平时，这块地区商业繁荣；然而去年大多数时间里，由于这里成了李福泰士兵的主要营地之一，导致这一地区目前萧条不少。济宁州有内城墙也有外城墙，内城墙是新建成的，并且在城外平地上的每一个方向都打上了许多大小不同的栅栏。这里有许多中国帆船和轮船，但是所有的船都是由士兵掌控，明显不是用于经商。

我们继续往北走，在距离济宁州大约 25 英里的地方到达了运河的最高水位，这里临近一个叫作南旺的小小集镇。正如斯当东（Staunton）和其他作家描写的那样，汶河一部分水向南流去，另一部分则向北流，并在这里与大运河交汇。在交汇处，汶河不足 20 码（1 码＝0. 9144 米——译者）宽，大运河却比汶河还要窄。汶河呈东北流向，据说，往东北方向望去，群山之中汶河的源头清晰可见。汶河和大运河的水流速度极小，流速绝对低于一英里每小时。

南旺往北大约 30 英里，我们来到了黄河新道。这 30 英里左右的大运河河段宽度极小、河床极浅，事实上，这只不过是一条沟渠，而两侧的堤坝规模却足以容纳比这运河的水量大得多的河流。

除了部分靠近潟湖的河岸外，几乎新故黄河道之间整段大运河两岸都修筑了城墙形状的小圆齿状土墙，墙后每隔几英里就设有栅栏。土墙虽然能看得出是近期修建的，但是由于村民无力承担失去靠近运河并能为运河所直接灌溉的土地所带来的后果，他们早已破坏了部分土墙以给耕地腾出空间。村民还试图建立防御工事，用土墙、泥墙还有护城河把大多数村庄包围起来。事实上，许多偏僻的农场周围都有一些防御工事，大部分是小型的方形砖塔。这些方塔极少出现在山东省的南部，它们也许就是荷兰大使馆历史学家提到的“水堡”。

我在这里尝试着用简短文字来形容这段将近 400 英里的大运河之旅，10 月 17 日我们一行人到了黄河新道的南岸，或准确地说是到了黄河新道的南“端”，这里邻近一个小而繁忙的集镇，叫作安山[①]。该位置的黄河河床虽然不明显，但是流经的却是一个约 10～12 英里宽的乡村地带，乍看像是一块处于洪期的平坦水域，大片的土地、树木甚至村庄都星星点点地露了出来。大运河大致朝西北方向穿过，一直延伸至八里庙最北端的河道，该位置距离安山约 15 英里。这 15 英里的运河河岸在许多地方都因黄河决口横穿其中而水涌潮动。有时决口有半英寸（1 英寸＝2.54 厘米——译者）宽，有时则更甚。现在的决口水流湍急，几乎吞没了大运河河道，使得航运艰难。

没有什么比这里的黄河更让人感到悲凉孤寂。黄河是永不沉寂的河流，随着黄河之水入海流，世间万物，无论天然或人为，都任由这浑浊的深褐色海水摆布；而湍急的河流永不停息地向海而去，黄河又有着有害的一面。

从黄河至临清州的大运河现已干涸；换句话说，大运河结束于与黄河交汇的地方，其水位最高点往北的部分就成了黄河的一条支流。然而据说在今年泛洪和水位最高的两个月中，黄河有足够的水流流入运河干涸的河床，形成一条可通航并远至临清的河道，在临清与卫河相连。因此，每年大约有 10 个月的时间，黄河北边的大运河无航运可言。

靠近黄河南“端”的是一条自北向东流的河道，沿着河道可以看到正在航行的中国大帆船。但是，得知在河北“端”还有另外一条更重要的航道后，我们决定马上穿过黄河开始考察北“端”的航道，而这条南“端”的航道待到时机成熟再进行考察。因此，我们穿过黄河来到八里庙（一个距离长清八里路的小村庄）并把这里作为我们的第一站，另外，我们还进行了必要的考察以确定它的地理位置。10 月 20 日，我们从八里庙开始了沿河而下的旅程。顺便提一下，因为这时候还是早秋时节，所以我们才能够进行这最重要的探索，而这对于在黄河冰封之前结束旅程是很必要的。

顺着这条北航道航行约 19 英里之后，我们来到了南北两航道的交汇点。水道都在这里汇集从而抬高了水位，淹没了处于两条河道之间的村庄，这里就叫作鱼山。又窄又深、轮廓分明的河床容纳了交汇的水流并领着它们向海流去。正是这条河床，在 15 年前形成了大清河河道。河床在此处大约有 250 码，仍然很窄，但却处处说明了在黄河水未汇入之前，这里的河道更窄；并且，通过当前水流速度和其他方面的情况来

① 原文为 Nan-Shan，但据查相关史料，此处应为“安山”。——译者注

看，在这十五年里河床的深度加深了。

顺流而下，我们经过一个民风开放、耕种良好的村庄，这里到处都有矮矮的穹状山丘，这些山丘有的独居在一旁，有的则簇拥在一起；村庄后面是约 400～600 英尺（1 英尺＝0. 3048 米——译者）高的山脊，和呈东西走向毗邻鱼山的一条河；然而小河大致向东北方向流去，又与山脊渐行渐远。河边的小山丘是由石灰岩形成的，其岩层完全是横向。我们看不出主山脉的构成，但是从组成这条山脉的山丘来看，它们都有着相似的形状，也许正是因为它们都有同样的构造。石灰岩被小规模开采，采石场几百码以内的村庄几乎都是用泥土和切碎的稻草建造房屋。

沿着蜿蜒的河流，我们现在到达了离鱼山 6 英里远的齐河县。这一个新筑起城墙的小城看起来并不像是经商之地。要不是小城落址于河道堵塞严重之处，我们几乎不会注意到它。大清河上原横跨着的石桥有着约 7 个拱门，遭受损坏之后石桥的废墟阻塞了河道，现在仅有大清河长度的四分之三是好的。桥的一端距离左岸有 100 码左右，这是唯一可以供船通行的空间。在这 100 码的距离中，最深的地方靠近左岸。我们航行到这个地方的时候（10 月 21 日）曾用水砣进行测量，在水砣未碰到任何石块的情况下，测量结果是 5 英尺深。然而这 100 码宽度以外的水深虽然有 3 英尺，却不可通行。显然，石桥立于深水区。右河岸是陡峭的，而航道靠近的左岸则是倾斜的，因此，左岸自然也比右岸浅。由于近年来河水水量增大加上额外的力量使得石桥无法承受，自然而然就成了一座残骸。

显然，石桥的废墟可能会被移除，而移除废墟之后没有其他的阻塞物的前提下，河道就可供航行远至鱼山，或者航行在大运河 19 英里的距离以内。然而不幸的是，大约在石桥往下 3 英里的位置又出现了另一块较小的阻塞物，该阻塞物呈浅滩状，延伸至穿过河道。这种情况下，最深的河段位于右边；10 月 21 日我们测量这个位置时，仅有 11 英尺深，越往左岸河床就越高。11 月 6 日，我们第二次经过这个位置时，河中游有 5 英尺深；考虑到 10 月 21 日起泥沙沉积的情况，我们认为靠近右岸最深的河段仅有大约 6 英尺或 7 英尺深。浅滩长度大约 200～300 码，这也是唯一一个在这段深水河道中水深少于 2 英寻（1 英寻＝1. 829 米——译者）的地方。

我们到达的下一个有趣之地是济南府港口泺口。泺口坐落于河的右岸，是一个分布狭长、杂乱、并未修筑城墙的集镇。济南离河有 12 英里，离主山山脚也不远。这一带的丘陵平均高度可能在 800 英尺到 1200 英尺之间，衬托着长清城所建之处树木茂盛、海拔较低的平地，形成了绝佳的画面。这一平地在河的两岸延伸了数英里，使得平坦的低地成了这里村庄的特色。这片平原基本是冲积而成，不过，在附近却有几座楔形的、凹凸不平的小山，或者更确切地说就是一大堆有时会堆积成奇形怪状的岩石，而靠近地基的岩石碎片在水的作用下磨成了圆石。它们虽然不高，却完全孤立开。有的地方小山和主山之间隔着几英里的平地，让人一眼就能看出它们是火成岩作用直接形成的。

据说济南府的贸易占据极其重要的地位，不过，由于大部分的贸易是通过马路运输的，河上旅者鲜少会想到这里贸易的重要性。泺口船不多，并且大部分船似乎都是驶向大运河。盐是从铁门关运到河上来的，无论数量多少，它都是唯一能引起注意的商品。无论是在这里的贸易还是在黄河的其他河段上的贸易都能看到煤炭交易。我认为煤在做饭和其他用途上的用量都非常大。煤炭属沥青质，每担在济南府可售1，200铜币。据说，主要的矿山就位于山丘东侧90英里的曹范，那里的煤炭价格也比这里的低得多。

我们现在正在穿过一个约150英里长的地区，这里平坦干燥，树木茂盛，耕种情况良好，土壤质轻易碎。这里河岸倾斜，从河与海的距离判断，夏季这里的河面上涨8～14英尺。再次来到河里，河的每个方位都被水流侵蚀，土壤持续大量流失。离河不远的许多地方虽已播种粮食，但是许多庄稼早已发芽的田地受到侵蚀，土壤流入河下。这说明了水流侵蚀的速度非常快，今年土壤流失的速度可能比农民根据往年经验预期的还要快。靠近河道的坟墓，或者更准确地说，靠近河道的棺材通常会被往后移，人们也常常把它们移到河对岸去。有时，挖掘棺材和移动棺材都会举行盛大的仪式。河道附近是开阔的菜园，种植着胡萝卜、洋葱、芹菜、大头菜、山东大白菜、茄子、辣椒等；还有常规的果园，种植着梨树、枣树，以及其他一些经济价值更低的果树；还有数平方英里的土地上种植着花生。枣子和花生是该地区的两大主要产品。我们小队经过这里时，枣子都已经采集晒干了；不过，花生正是在丰收时节，几乎所有村庄的村民都在地里辛勤劳作，把花生挖出来筛。第三大产品是棉花，虽然在这里我不多加描述，但该地棉花产量相当大；最后，还有山东桑蚕丝。桑树主要种植在黄河左岸，这里的桑树笔直标准，看起来与英国种植的十分相似，比中国南部省份的桑树更高大，种植年份也更长。桑树成排种植，距离统一，并且有的桑树园占地面积很大。我们在该地区中部的一个村庄里得到了桑蚕丝的样品，还有一些鸡蛋和棉花。最优质的桑蚕丝大多出自四川，呈黄色，能卷得很长。我认为这样的桑蚕丝通常都是作为四川省的产品在通商口岸出售。因为在中国南部省份，野外或室外喂养的蚕难以成长，所以这样优质的桑蚕丝产自室内喂养的蚕。不过，据我所知，在蒙阴和沂水一带的南部群山中，野外蚕虫以一种橡树为食而不是桑树。

主要的城镇就坐落在这条河边上，这150平方英里（1平方英里≈2.589平方千米）大的、如花园一般的地带包含了济阳、齐东、蒲台、利津，所有的这些城镇都可称为“县”。第一个县并没有什么重要性；第二个县大而繁忙，显然是一个繁华的地区，它绝对已经在各个方面超过了泺口港口，而且在贸易方面还很有可能仅次于省会；第三个县较小，而且显然是一个贸易不景气的地方，要不是这里有这条河的海关落脚点，相比于第一个，它还要更不引人注意；第四个县是利津，在贸易方面，看起来也并不是那么重要，但是与它相关的环境却使得它值得注意，那就是在这个地方的水流正侵蚀着城镇。小县坐落在黄河弯曲的凹面河岸上，这里的急流侵蚀了前滩，流到了城墙的西南角。河水继续侵蚀，连同冲垮了墙角两边 300 英尺左右的城墙。直到现在，河水仍在加大城墙的决口，而本地居民却没有采取任何行动阻止河水侵蚀。在河中间水面上，可以看到部分城墙和外围建筑的残骸。不过，残骸并未阻塞河道，这是因为在残骸几码远的距离以内以及残骸到河右岸的距离，水深有 7～8 英寻。

利津往下的乡村截然不同：之前描绘的地区树木茂盛，耕种良好，到了这里却是无边无际的泥沼，缺乏耕地，人烟稀少，整个是一片荒凉、潮湿、没有树木的荒地，几乎不适合人居住。事实上，这里最宜居的位置就是河边了。在这里，每年的洪水都会自然排出；然而，在离河岸较远的地带，洪水要么被土壤吸收，要么在地表形成沼泽和池塘，使得如果没有人工排水，可以居住的范围就十分有限。

在可居住的区域内，即蜿蜒河道离海 20 英里左右的位置，有一个叫作铁门关的村庄，这里也是黄河港口。虽然这只是一个村庄，与附近其他村庄无异，村里都是土屋，但是看起来却像是一个十分关键之地。虽然这里不是贸易中心，但是有着许多商行，所以商人会从周边的集镇来到这里进行交易。据说，只有冬季冰封河道的几个月里这里才显得冷清。现在，尽管铁门关称之为港口，但是使用这个港口的仅有来自海河和黄河的中国小帆船。来自宁波、上海、汕头等地区的较大型船只从未到过港口 20 英里或 25 英里以内，但是它们会下锚在太平湾把货卸到黄河的船上，再以同样的方式装货回家。因此，对于这些船只，铁门关很难称得上是一个港口。黄河上游与天津、烟台以及北直隶湾其他港口之间的直接贸易由浅吃水船和一种与南部省份航海帆船不同结构的船只运载。虽然结构不同，但是这种船只自然都非常适合它们所在的河道以及浅海。据说，到大沽去，在顺风的情况下这种船只航行两天就到了，到烟台则要四天。无论是去大沽还是烟台，船只都是沿海岸航行的，并且由于海岸附近一段距离内的水域非常浅，海水就不会翻滚得厉害，在遇到逆风时也可以抛锚。

铁门关似乎主要是和天津进行贸易。天津港是距离最近的开放港口，在那里可以看到来往于海湾各处的帆船，主要的出口产品有盐巴、棉花、枣子等；主要的进口产品则有纸张、木材、海草、豆类、糖类，以及少数的英国棉织品和铅。不过，似乎盐巴交易超过了全部贸易的四分之三。盐巴在附近制造，不仅供应出口，还会大量地送往黄河上游。除了几个池塘、一两间泥屋外，这些生产盐巴的人什么都没有，因此，我也不清楚是否可以称之为盐巴制造商。他们星星点点地分布在之前提到的荒废沼泽地，尽管组成了一个颇有规模的完整产业，但是这一产业似乎只能养活小部分人口，并且仅利用了一小块地。村庄海水近日干涸，土壤中还保留着一定数量的盐巴，往下再挖2～3英尺深度，就可以得到咸水，咸水蒸发后就剩下浓盐水了。盐厂，或称之为盐田，是由一系列狭窄沟渠连接的浅水池组成。先在最外部的池塘收集咸水再花上几天时间进行蒸发后，由沟渠引入第二个池塘；在第二个池塘存放几天甚至更久的同时，池塘里的水分在蒸发。这样的过程一直持续至水流到第四或第五个池塘，这时就可以看到盐在池塘底部留下结晶层，外表像雪，也如雪般洁白。这时候，可以将其舀出来放在一起，再在上面覆盖上芦苇和泥土。第一个或说是最外部的池塘含盐量少，随着水流到最后一个或说是最里面的池塘，水分一直在蒸发，盐量也越来越多，到最后，含盐度浓到几乎不能把舌头放上去。随着水分蒸发得越多，还有一种特别的苦味，渐渐地，盐巴会变得美丽晶莹。盐田里内部池塘水含盐度如此之高，以至于几乎不可能有生物能存活在这些池塘里；不过，结晶层上的清水却有着上千只透明的小虾，它们快速敏捷地朝各个方位游动，有时还会在结晶层上休息。我认为这种小生物就是丰年虾，英文学名为Cancer salinus（林奈命名）[①]。在英国，它们因为生活于盐田里而出名，工人们认为它们可用于净化盐水杂质，所以才会养殖。我无法即刻弄清山东海岸的工人们是否也是这么认为的，不过也许他们就是这么想的，因为他们的确不会试着把这池塘里的小生物给弄出来。

正如之前提到的那样，铁门关宜居的空间有限，还是盐巴制造区。铁门关和海洋之间的区域是无法居住的，因为那是一片在河的两边延伸的广阔泥沼，一眼望去都看不到尽头。夏秋两季，芦苇遍布了大片区域，苦不堪言的居民会将居住地附近的芦苇收割作为燃料，而剩下的芦苇则成了天鹅、鹈鹕等的庇护所。冬季，芦苇枯萎，这里就又成为一片泥地，并且泛洪的时候，水能把这儿完全淹没。铁门关往下12英里左右、离河左岸约半英里的地方，有一座高出平面约10英尺的小山。山是由贝壳和沙砾堆积而成，那里显然曾是一座小岛，上面还有一座新建的小砖庙，几间泥屋，一些割芦苇的居民。这个地方叫作老爷庙，是这附近数英里之内唯一可以居住的地方；并且这里可能就是1860年海军检测员到达的地方，他们将这里称为庙形埔。该处往后4英里左右，我们又遇上了沙洲，沙洲能激起大多数居于中国的外国人士的兴趣，因为

① 卡尔·冯·林奈（Carl von Linné，1707—1778）将卤虫（丰年虾的中文学名）归入黄道蟹属（Cancer）并首次定名为Cancer salinus。——译者注

他们一直认为黄河几百英里的通航能力就取决于该处沙洲的水深。然而，我们马上就会发现，这个观点是错误的，并且在上游河段就已经有更严重的阻塞。10 月 27 日，我来到这里的时候，接近河中央的水深大约是 5 英尺；根据和我同去的领航员所说，那时候的水面就已经高出水位标志 1 英尺 18 英寸。靠近右岸的河水最深，不过左岸附近的河水深度也和右岸差不多，河中央的河水最浅。我发现，靠近右岸的河水有约 9 英尺深，而靠近左岸的河水有约 7 英尺深。水位低的时候，左岸的河水在 5～7 英尺之间。据说，人们看见几艘吃水深度 2～3 英尺的船驶过了左岸。平均而言，潮水涨落的幅度应该在 2 英尺左右，大潮涨幅就大些，小潮涨幅就小些。河水没有泛洪时，一般小潮可以看到沙洲之上 20～30 英里的涨幅；在河水水位低的时候起大潮，如果再碰上风助潮势，有时候可以明显看到浪潮和铁门关一样高。关于潮势的信息，我都是通过在不同时间、不同条件下路过这儿的若干位帆船船长、引航员以及其他人员询问得知。也许在这里问这样的问题很奇怪，但是他们都欣然地回答了我的问题。因此，我才有可能得到接近事实的结论。[①]

接着，根据我在沙洲上收集到的所有信息，我更倾向于认为南方帆船的吃水深度并不会阻碍它们沿河而上；它们主要的航行困难就在于河道的狭窄以及河道上几乎没有潮汐。据说在太平湾的锚地，航行安全且便捷，那里的货物转船也更容易。然而，一艘大型帆船要在狭窄以及没有潮汐的河道上航行 20 英里，即使在水深容许的情况下，航行不仅速度缓慢，而且也很危险。对于蒸汽船而言，这些问题都不需要考虑，唯一需要考虑的就是水深问题。

10 月 28 日，我们团队从沙洲转回铁门关，这时仅完成了从大运河至大海这段河道的考察，待考察的河道还有从大运河往上的那一段。这时已是晚秋，而在我们前头，单是黄河之旅就还有约 550 英里的路程，其中 400 英里以上的航运还需要在激流中进行，而我们的小船勉勉强强能继续航行。因此，在 11 月 10 日到达大运河上的八里庙（我们的第一站）之前，我们要尽快行动，除了短时间可完成的纬度测量外，无论出于何目的都不能特别停留。

如前所述，这里的河流并没有明确的河床，不过河道覆盖了一块 10～12 英里宽的地带。这时正在泛洪，使得这块曾经富饶繁华的地区现在只剩下了树木、破烂的村庄以及一块块的裸地。我们之前就有见到过大运河往下游 19 英里，即远至鱼山的河道情况，然而，再往上游游走的时候我们又发现了一段 76 英里（季节不同，距离也

① 我在这里指出，本次旅途的目的就是考察 1860 年海军测量到达最高点的河道，即老爷庙；因此，有一点要解释清楚，我去到沙洲时，并没有想要调查它的意图，也并没有一刻假装我要去调查它。我去到沙洲唯一的目的就是把我的任务推向一个早已确定好的地点，在沙洲上进行一些测量只是为了试着去检验之前在这方面已有的信息。

会或多或少）的地带与之前情况极其相似。因为这里没有河床，并且在一年中，河道有时仅能容下规模适中的船，所以整段长达95英里的河道只能勉勉强强称得上是河。当地人说这里有两条河道，一条南河道，一条北河道，他们也的确会在这两条河道上航行，不过11月的时候，两条河道就都消失了。当我说到我们的船吃水仅有15英寸，常常难以找到一条航道的时候，我应该再说说我们的船只能否在这段黄河道上通行也是个问题。据说在高水位季节里，帆船吃水深度达到3英尺左右才能在南边的河道上通航，不过这样的航行不仅速度慢还极其费力；并且，人们常常要花上一整天停在浅滩上，或是穿过树林以及其他物品淤塞导致沉积物正在堆积成泥滩的地方。

在这里，河水漫过了10～15英里宽的地带。不过，当我们想到狭窄的大清河也有着同样多的河水，水面却低于这里时，这段看似潟湖的河段河水不深的事实立马就清晰了。要是这一地区的河道任何时候都这么深，或是这一地区的运河是深挖而成的，那么尽管最开始的时候这里的河道，或说是运河，难以承载这么多的水量，黄河水还是通过它的冲刷力适时地扩大了河道，以让河道有必要的容纳能力。正如我们之前所看到的那样，这就是大清河之前的情况。自从黄河到来以后，大清河变得又深又宽，现在除了承纳自身的水量外，还可容纳黄河带来的水量，并且仅在汛期才会溢出河岸高度。然而，大运河以上的河道并没有足够的河床承纳黄河水，因此呈现出来的就是一个浅底河洪水广泛蔓延的状态，而不是一条界线鲜明的河道。

的确有两条距离大运河不到7英里的小河都流向了大运河；据说较南的那一条河叫作宋江。我们考察了这条河的部分河道，发现有部分河岸难以区分清楚；不过黄河水到处蔓延，就像是这条河的河水漫过了两岸。从那已经损坏的桥、房屋以及“定向塔”判断，这条小河所流过的地方曾经也是一个繁华之地；目前，留在这里的就仅有几间泥屋和芦苇小屋，而在泥滩上几块地种下的小麦因水位逐年下降暂时枯萎了，这也是唯一的耕种迹象。

第二条或说是北部的那条小河虽然又浅又窄，但是却比宋江更重要。这条河被称为赵王河，河水从黄河故道流向大运河靠近八里庙的地方。我并不能准确无疑地确定该河与黄河故道的连接点，不过我认为该连接点曾位于现在的龙门口东边不远处，或说是位于黄河旧河床决口的不远处，而黄河河水正是从这决口流离黄河故道。整体看来，这条河和宋江非常相似，即河道两旁都筑了堤，河水则流过已经淹没了的村庄。人造堤曾经微微高于村庄，然而现在，很多地方的人造堤要么被洪水冲走，要么被黄河水流磨损。

村庄和桥梁大多遭到了破坏，连接岸两边的桥梁只剩下一半多一点，进一步说明了河水具有创造河床的天然力量，这也为它自己找到了一条持久耐用的河床，供它流淌。不过，在这种情况下，河床的耐用性是必要的。即使赵王河的宽度是它原来的好几倍，它仍不能作为黄河的一条河道使用，而人造堤自然也不能承受河水冲刷的过程。事实上，这条河仅在连续不断的数英里内可以追踪得到，河水蜿蜒曲折地穿过了一块曾是乡村的地带，我们自然也应能辨别河道的方向与那些被黄河水所覆盖的河道方向，或者说是几乎可以辨别。

从大运河所在的位置出发，沿着南边的小河走过了 76 英里的距离后，我们来到了另一个位置。在这里，我们再次发现了黄河流向轮廓清晰的河道；远至距离大约有 52 英里的黄河故道，整条河道都非常清晰。在低水位季节，这条河道容纳了整条黄河，但是由于在 11 月份最高处的河岸高出水面也不到 10 英尺，在汛期它承载的水量就仅是黄河水的一部分。这是因为，尽管这里的河道宽阔（在一些地方宽度超过了一英里），但是整条河都太浅了，加上它的容水量还受到了浅滩和泥滩的限制。现在，当河岸高出水面有 10 英尺时，这条河道就有了可以永远作为小河河床的表象，但是，我非但不认为它是永久的，甚至将其称为河床，我都颇为犹豫：河岸以及两边河岸数英里的地区的确都是这条河流自身的沉积物形成的，但是这似乎是沉积物淤塞到了水面以上一定高度形成的，而不是这条河水冲刷土壤所留下与自身水量相匹配的河床；或者换句话说，这里的河流似乎并不低于这块地区的一般高度。这一事实立即就可举例说明：在类似潟湖的那段河道，有一处地方刚好低于轮廓清晰的河道一端的高度，在那一处地方河床并不明显，老树的高度和水面差不多，泥滩上残缺的房屋基本与水面齐平；但在这里，房屋高出水面 20 英尺，河岸高出水面 10 英尺，河岸比房屋屋顶还要低些，老树则在清晰的河道内与水线齐平。

由河流沉积物形成的这一块地区具有完美的水平高度，这里的土壤既轻又具有流动性。即使每年汛期都会带来更多的沉积物，使得这一地区更具有稳定性，但是我认为，考虑到河岸的类型和高度、连接河流区域的特色以及每年河流自身的溢水程度等，一条像黄河这样强劲有力的河流几乎不能认定它能有一条永恒的河床。

也许最能证明河岸以及周边地区是由河流沉积物形成的，而河道并不是通过自然凹陷形成的证据就是那些被掩埋或是被淤泥充塞的房屋。这个证据也能引起人们其他方面的兴趣，例如，这不仅说明了黄河在改变毗邻地区构造的力量，也反映了黄河对这些地区居民的经济状态造成了影响，他们的不幸就是居住在受黄河影响的区域里。所谓受到黄河影响的区域，就是此段河流流经的地区，在这些地区里，我们看到整个村庄的一半都被埋在沉积物里，并且大多数居民都已经移居，从而荒废了村庄；而还居住在这里的村民既贫困又痛苦不已。淤泥常常堆到了靠近屋檐的地方，人们也通常选择移居，几乎没有人会把这里的房子再挖出来住。关于这样的例子，我可能会论及河上几码内的一间庙宇，在那里沉积物高出水面 10 英尺左右。要进入庙宇先要爬过屋檐，进入后就会清楚地发现入口等发生了些许改变。明显有一段时间，人们曾尝试着居住在渐渐被掩埋的庙宇里，然而一两年前他们显然被迫放弃了这座庙宇。房内外的沉积物正处在于同一高度，并且根据周边居民所说，房内的沉积物达到了 13 英尺深，整个形成过程长达 15 年，或说是形成于黄河连续 15 年来的洪水。一些大型佛像的头部还留在淤泥之上，清晰可见。但是通过这些头像判断它们头部以下的尺寸，我想村民们的言论过于夸张了，而且沉积深度为 9 或 10 英尺更符合这些佛像的高度。建筑的比例、河流的高度以及其他条件都证明了我的这一观点是正确的。

人们也许会注意到山东省西部和直隶南部的房子是砖头砌成，相比于江南地区和山东省东部的房子，这两个地方的房子更坚固，总体构造也更好。房子大多是两层，并且在每一个小乡村里还发现了一个或多个齿形的小方塔，有时称之为“水堡”。

大运河以上的黄河段很少为人们所使用，并且人们也不太了解该河段的通航性，所以居住在附近的居民和船夫鲜少知道乘船从一个地方到另一个地方的距离，不过，他们常常会说到两地之间的陆上距离。事实上，这里的陆路不过是泥滩上的一条条小道罢了，尽管在这附近并没有哪条陆路可以称之为交通要道，还是极少会有两个人对把这段河道视为一条重要的交通航道达成一致。同样，关于河后方集镇之间的距离和方向的信息并不能肯定是准确的，并且尽管大概知道山东和直隶之间的分界线，但是直隶与河南的分界线却是从附近居民模糊无比的陈述中得知。

沿着这段河道的城镇消失了，也许在一定程度上正是由于人们对这些信息的无知造成的。旧范（县），或称为前范（县）就是这段河道上唯一的小城，现在却除了一个小村庄和一座破塔外，空空如也。现在的范县据说在旧范县北边 30 英里的位置。东明县①虽然靠近河道，但是从河上看并不显眼。据说，河道最接近东明县的位置在该县东南方向 12 英里。我认为这个地方并不重要，并且那段黄河也肯定不会用于运货。

从大运河开始的旅途有些单调，两个星期后于 11 月 24 日我们来到了龙门口，这里就是黄河新旧两道的分叉点，同时也是我们从下游往上游探索的终点。

故道河堤上的裂口大约有 1 英里宽，而新道水流和以往一样斜着从裂口流出。两岸相距大约 3 英里；靠近北岸的地方有一块大约四分之一英里宽的洼地，洼地里面满是小沙丘，这也是旧河床唯一一处看似干涸的河道。除此以外，这里还有故道的主河道，或说是水位低的河道。外部的人工堤仅标志着在每年汛期的水位极限。正如现在

① 原文为 Zung-ming-hien，但据查相关史料，此处应为“东明县”。——译者注

西边小河和决口东边的沙丘线所预示的那样，这条水位低的河道在汛期并不总是与河岸齐平，而是在两岸之间形成了一条蜿蜒曲折的河流，看似天然而成；并且现在决口所在的位置正是之前水流冲刷北岸之处。低水位河槽和河岸之间的部分旧河床高出周边地区很多，在决口之处更为明显。这部分决口处的河岸外斜坡垂直高度达到了40 英尺左右；内斜坡的垂直高度达到 20～25 英尺，这意味着靠近河岸的河床高度有15 英尺或 20 英尺高。因为内斜坡是有些向着低水位河槽倾斜的，所以除了河槽外的整个坡宽平均值大概不会超过 15 英尺。因此，只要稍稍察看一下决口附近的情形，黄河改道的缘由一下就清晰了。通过沉积物堆积，黄河故道的河床容量不断减少（顺便提一下，这常常是人为原因），水流也因此发生改变；随着河床不断变小，汛期时上部的堤坝，或称之为较脆弱的堤坝就受到了大部分水压的影响，然而人们却没有采取措施加固这堤坝或者挖深水渠。由于这些地区依靠河水灌溉，如果黄河改道的话，人们就几乎无法居住于此，而大部分的人口也会处在失业状态。因此数年前，古伯察（Abbe Huc）认为黄河改道会引起新道泛洪带来破坏，也会加剧故道流经地区的贫困程度。

小村庄龙门口建在决口东边旧河道的北岸。它西南偏西方向 90 英里是河南的首都开封府（更常被称为汴梁京）；东南方大约 25～30 英里是兰仪县（或称之为兰阳县）。兰仪县在过去短短几年就变得破烂不堪，现仍残存的除了几间泥草屋就别无其他了，据说满洲里人早就遗弃了这块地方。有一条路穿过兰仪可顺着黄河故道往南。船沿河运货，有时会在龙门口把货卸给运货车，沿着这条小路的方向再把货运到城镇里。部分货船会从怀庆府周边地区运输少量优质无烟煤而来；另外一部分货船则是从距离不远处运输铁盆、铁锅、铁线等铁制品而来。这些铁制品都会通过陆路送往南边或是东边，总之，龙门口这个地方本身是没有买卖的。

离开龙门口后，我们航行远至大运河，并于 11 月 30 日抵达大运河。正如之前提到的那样，我们的目的是考察从安山（位于大运河上）至鱼山的航道情况，并且整个过程都是沿着河流南“端”进行的；但是，自从 10 月 17 日我们第一次来到这条河道上时，河水就已大幅下降，导致除了最小型的船只，其他船只都无法通航，这时我们还看到了浅的河水已经开始结冰，因此我们认为相比于冒着被冰封在河上的风险以及要通过陆路运输计时器的风险，更适当的做法是先别对这段河道进行考察。由于这条河的长度几乎有 20 英里，加之除了夏季，大型船只都是无法通航的，所以尽管我们考察了河道也不会有什么收获；更重要的是，我们已经对北边平行的河道进行了彻底的考察。因此，12 月 1 日，我们小队在安山结束了我们的勘探，并随着大运河于 12 月 15 日回到了镇江。

简单总结一下黄河通航能力：除了在最低水位季节外，浅吃水程度足够的船能够于任何其他季节轻易穿过沙洲，并可航行远至离沙洲大约 210 英里处的齐河县，并且如果在大清河上的残桥得以移除，还可再航行 56 英里的距离，那么可通航距离就达到了沙洲至鱼山的 266 英里。齐河县下面 3 英里的浅滩基本不会对浅吃水程度足够的船造成航行障碍；不过，在水位最低的河段，货船穿过高水位沙洲大概是不可能的。在很多地方，河道极其弯曲，河岸凸出的地方时而浪花四溅，但是这些都不会对长度在 200 英尺以下的船造成通航障碍。海河的河岸线虽然更加曲折，河道也更加狭窄，但即使是更长的船只还是可以通过的。除了鱼山到大运河之间的 19 英里可以在高水位季节通航外，从鱼山到龙门口的河道可视为不具有通航性。今年河流的最高水位和最低水位之间相差极大，不过除非在一整年里都能观察到水位波动情况，否则就无法获得关于这方面的准确信息。有的年份水位升降幅度远远大于其他年份。但是，基于去年（1868 年）11 月份的数据，再根据河岸以及其他方面表现出来的迹象和当地人提供的信息，我认为年幅度在 20～22 英尺之间大差不差。无论是水位上升还是下降都毫无规律可言，并且据说日降 3 英尺都是常事，尤其在快到冬天时更为常见。

汛期水流自然远急于低水位时期，但是在这一方面，如果没有全年对其进行观察的话，同样也不可下定论。10 月 26 日，我们在铁门关的时候，水流大约是 2～3 海里每小时；11 月 9 日在泺口时，水流不到 4 海里每小时；11 月 9 日快到鱼山时，水流基本没有什么变化；但是，在大运河往上的潟湖部分水流大多不到 2 海里每小时。然而，像这些单独的例子对作出一个一般估算值并没有多大的指导作用。并且，虽然我认为在低水位季节，水位并不会比 11 月份的水位低上多少，但是在汛期高水位的时候，水位几乎高上两倍。

因为文章开头第一段就提到了如今的黄河南决口，在这里我有必要解释一下，这一决口在去年（1868 年）7 月直接由距离开封府大约 150 英里、靠近河南杨桥的黄河故道南岸断裂而成。因为我并未到过黄河南决口，所以关于这方面的所有信息自然就都来自当地人。他们告诉我大概有 3 英里长的河岸被水冲垮，黄河水从决口流出，造成了河岸外大片区域泛洪，然后河水又流向淮河的分支沙河，最后流入洪泽湖。这一决口叫作荥-龙门口，而位置再下一些的决口则常被称为兰-龙门口。据说，当局正在设法及时修复决口以应付明年夏季的洪水，到 11 月份就可完成约三分之一的工程。人们普遍认为，上决口封住后，下决口也能得以控制，河水就会沿着故道流向大海。然而，只要故道一直保持当前的水位，这似乎就无法达到；并且，就目前这块区域混乱并且贫困的状态下，加深河道或是加高堤坝同样也是不可能的。关于南边河流的通航性，我于 11 月 22 日在沿黄河上游航行的时候证实了当地人的说法。那时我遇见了五六艘从洪泽湖来的船，船夫告诉我他们从江南的颍州通过沙河来到这里。他们说船的吃水深度是1.5英尺左右，不过，由于他们都是顺着水流航行，所以关于沙河和黄河到洪泽湖之间交通的情况无从得知。关于这一方面的信息很有价值，因为洪泽湖流向扬子江，如果黄河和洪泽湖之间能有一条永远都可通航的河道，那么黄河在某种程度上就会被认为不过是扬子江的一条支流而已。我认为从这个新决口流出的水量是微不足道的。

1869年3月20日写于上海

续访黄河故道

在提交报告给英国皇家地理学会之前，我想简单谈及我最近的黄河故道之旅。我希望能获得你们的短暂关注，让我能简单解释继续游览黄河故道的目的，并能够说说1868年前往黄河新道的几点原因。

我记得那时我们到达的最高点是龙门口，后来这里又称之为低位决口，也正是在这里黄河彻底离开了旧河床，事实上，这也是新河床的开始。我还记得旅途的过程中，在我们到达决口后，当地人告诉我们距离这个决口150英里远的河流南岸还有一个决口。然而由于那时候已是晚秋，再加上其他原因，我们就没能去到另一个决口考察；因此，关于南决口黄河河水溢出形成新河道的所有信息都来源于当地人。

不能立即调查像黄河和长江这样重要的河流之间的交通问题，这在当时很令我感到遗憾。不过，由于当时没能进行考察，我决心在条件允许的时候尽早再次前往周边地区进行彻底的考察，或仅是粗略地视察也好。在刚开始我就想，由于自身时间限制和财力不足，在这两种选择之间不得已选择了后者，这是我的不幸。不过，简而言之，那里也没什么值得考察的。因为走到半路的时候，我收到消息说经过几个月的施工，决口已经封住，也就完全没有黄河水从这个决口流出了，正如接下来你们会看到的那样。不久，我也亲自证实了这一消息。因此，虽然到目前为止仍是一片空白，但是本次路途的直接目的就是获取关于这两大河之间的交通信息。对我而言这是一件有待挖掘的有趣之事，不过对于地理学家来说也许并非如此。即使从一开始我就深知这是我的兴趣所在，但是一直都没有机会去做这件事。我指的就是对黄河旧河床以及其堤坝进行考察，以了解黄河河水，或是部分流回从前河床的河水。这一改道的政治和经济重要性再怎么高估也不为过，尤其是中国人自身在为其堕落的状态感到惋惜的同时，这也是他们光复以往的荣华和秩序该走的第一步。自然，我要在对整段旧河床进行精确的测量，对决口以上的河水年涨落幅度进行全年观察和对旧河口的潮汐年涨落幅度进行全年观察后，才能起草一份满意的最终报告。但是这对我来说是不可能的，因此我必须要满足于在这段快速的旅途中收集到的一些粗略材料，继而形成关于这一方面的认识。除此以外，我并没有折中选项：要解决这样一个问题，画一幅大致的河床航线图、进行导线测量以及对河水的年水位进行粗略观察都是没有用的。

不过，只消几句话就足以描述这次旅行和途中参观过的地方，因为这些地方本身并没多大的重要性。我的路线就是从镇江乘船沿大运河前往清江浦；在清江浦我又尽自己所能直接沿着黄河故道乘船去往徐州府的周边地区。离开大运河和洪泽湖的邻近区域后，在抵达徐州府前，我几乎立马就看到了一块贫困的平坦沙地，这里的人口数量相当大，也许人们已经全力耕种了，但是各处仍弥漫着贫穷困苦，直接就可知道这里灌溉水源的缺乏程度。靠近徐州府一带虽然并不比洪泽湖到徐州府之间的情况好，但是这里有一群低矮的石灰石山，还有一两条小溪，使得这里的景观多少有些不同。城市和郊外形成了一个构造拙劣的大型集镇。看到这里虽然几乎完全断绝了水运却仍像是一个繁华的商业镇，我感到颇为吃惊。这里当然是不能和该省南部更大型的贸易集镇相比的，但是考虑实际情况，它必须是一重要之地。就是在这儿，我第一次得知黄河南决口，或说是黄河上边的那个决口被封住了；一两天之后我在砀山县遇到一个真正参与了封口工程的人，从而进一步证实了这一消息。似乎工人是在去年（1869）夏天洪水退去后开始施工的，并于 1870 年 2 月中旬完工；黄河还曾经流经沙河，不过现在沙河已经回归正常了；而决口带来的直通航运现在也已经完全不能通航。这一消息毋庸置疑，但是我仍想以调查这事为出发点，所以为了自我满足，我还是决定去现场看看。

离开砀山的时候，我无法继续沿着黄河故道航行，而是要沿着穿过归德府、睢州等地的干流前行，因而我把对河床的进一步考察推到了归途的时候再进行。

我继续前行经过的地区和之前的几乎一致，都是贫瘠、平坦的沙地。这里的作物独一无二全是小麦和罂粟，我认为这两种作物都长得并不是很好。但是，据说这里的罂粟种植数量暴涨；并且每年都有更多贫瘠的沙质土壤用于种植罂粟，导致可用于种植庄稼的土地也就越来越少。当局尝试利用打压政策以限制这糟糕的情况，然而根据当地人所说，他们采取的措施都非常失败。用这种罂粟制成的鸦片很少受到当地吸烟者的重视，即使售价很低，没有掺杂任何外国进口鸦片的话，连最贫穷的阶层都几乎不用。

归德府和睢州两地重要性不大，虽然它们人口比较多，但地处偏僻的内陆，使得它们的居民别无选择，只能从事当地的买卖。事实上，这两个地方和这一片地区所有集镇的人为了防止村民挨饿、防止皇室恶棍，都似乎把他们的精力与财富主要用在了修筑城墙和其他防御工事上。在这种情况下，要寻求更大的商业规模和更多的人口并不合理。

短短几天的旅途把我从睢州带到了沙河左岸的朱仙镇，或也可以随着当地人称为贾鲁。它以前是该省的主要集市，而现在不过是一个半荒废且破败的农村集镇。贾鲁是一条小河，夏季有40码宽、8英尺或10英尺深；在冬季则几乎完全干涸。在黄河河岸开始出现决口的一年半时间里，当地人曾试着行驶洪泽湖的大型船只通过这条小河抵达黄河；在1868至1869年的整个冬季也都有完整的航道。但是，我去参观的时候这个地方已经恢复了常态，在4月6日，我还能在干涸的河床上骑马，感到非常满足，这也因此证明早前收到的关于黄河上部决口已经封住的消息是正确的。

从朱仙镇出来后，我来到了河南省的省会开封府。目前，开封府比任何一个所经之地面积更大，也更为重要。但是由于从北京或汉口而来的外国人在最近几年多次来到开封府，加上他们的路途都是公开的，我就不在此对这个地方多加描述了。开封府位于黄河以南30英里，它的周围几乎可以称得上是一块冷清之地：一般来说，中国大城市城墙之外都是繁忙之地，并且主要的贸易都是在城郊进行的，但是这里却太冷清了，以至于完全不同于其他城郊。城墙之内的朝向几乎都是在北边；泥地或沙地上宽阔而还未修建的道路达到了1英尺深，甚至更深，牛车和骡车在路上行驶不仅会感到吃力还会发出嘈杂的声音；用泥土修建或用泥土粉饰的不仅有民屋、商行，甚至有衙门；尤其是清真寺精巧奇妙的招牌朝向四面八方，引人注目。这里有和天津、汉口的直接贸易，不过目前，与天津的直接贸易更具重要性，并且十分之九的贸易运输可以通过水运完成，即沿大运河和卫河至河南开封府以北约180英里的卫辉府。进口货物正是通过这条路线来到这个城市的；尽管是沿河而上，但是这是最容易、成本最低的运输方式；而且关卡税也比另一条路线要少得多，少到几乎可以忽略不计。

离开开封府往东北方向前行一天我就又来到了黄河南岸边上、与龙门口相对的一个小村落，或者说是黄河新旧两道的分叉点。在这里沿着黄河故道直下几乎能到达砀山，也就是我的上一个地点。从砀山往下又可以到我在大运河上的出发点清江浦。

在我上一次参观龙门口决口的报道中，我简短地形容了河道和河两边的堤坝是如何高于外面的平地；连年的洪水带来的沉积物是如何显著地降低了所谓河床的容纳能力，以致堤坝的内侧只有几英尺的高度①，完全不能容纳每年夏季汛期带来的大量河水。除了徐州府附近的短短河段穿过之前提到的小山丘，使得这段的河多少有点与众

① 我提到过内坡的高度大约是20英尺到25英尺，外坡的高度大约是40英尺。但是，在我最近的旅途里，我发现这一比例失调的程度通常较大，有些地方达到了40英尺和15英尺之间，甚至更多。仅有在靠近河水冲击的地方数值才会小得多，并且在1868年，龙门口附近就是河水冲击点之一。

不同的特色以外，这几英里看起来似乎就是远至大运河的整段旧河床的真正样本。主河道或低水位河道蜿蜒曲折，总是弯弯曲曲的河道使得河水有时冲击一边的堤坝，有时又冲击另一边的堤坝，河道被冲击的地方自然就变得更深了，堤坝内外的区别几乎也要消失了。凭肉眼就能判断任意一边堤坝的斜坡都是从堤坝向主河道倾斜的。我倾向于认为正是这个斜坡几百年来给中国人带来了许多的麻烦事并提高了生活成本，最终形成了现在可悲的境地。因为斜坡本该是从河道向两边的堤坝倾斜，这样一来，一方面可加深主河道，使得主河道更耐受水流冲击，另一方面还可在两旁形成由潟湖和池塘组成的天然蓄水池。显然，这样安排不仅有利于河流本身，而且还有利于河堤以外的地区。因为在两边形成的蓄水池可为人工灌溉提供水源，即使不是全年提供，也可以做到在大多数时间里提供，而从河中抽取最少量的水也不会对主河道造成损坏。保持主河道的完整是保护主河道自身的需要。虽然在主河道上航行、抽取足够的水源、把水流降低到一个更为便捷的速度的同时却不减少水量可以短暂获利，但是我敢说这样做将会犯下一个致命的错误，并且最后还将要斥巨资以疏浚筑堤。增加通航便利度的确能抵消这一费用；问题就是基于这一片地区现在的特殊状态是否能够造出一条水流速度同样的河道供河水流过，不过这一做法也不会带来更多的益处；因为水流速度越快，河水的冲击力就越大，河道也就能存在得更久；相反，水流速度越慢，沉积力度就越大，对河道长期效率的威胁也就更大。除此以外，在这格外贫困、人口密集之地，困难并需要大量的人力加持的航运尽管成本高，但最后将会得以证明，这样的航运比另一种倾向于更轻便、更节约成本的航运更有实际价值。

一些与黄河改道相关的运动，或说是关于黄河的所有规划都早已出现在中国的北京和其他一些省份里了；并且据说开封当局提出的方案最可能执行。他们建议把这里的主河道加深后，保留决口和黄河新道水流的同时把黄河一分为二，或说是把黄河的部分水引向旧河床。

这一方案有很大的弊处。

首先，这一方案寻求的主要目标之一就是恢复自决口至大清河的这一段新河道里被淹没地区的现状；提出这一方案的人设想通过分流黄河水可以使得两道的黄河水水量减少又易于控制，同时，两道边的地区还都能拥有一条可航行的水道。这一计划乍一看十分可行，但只需注意一下荷兰莱顿热奈特（Gennete）的著名实验，就可以得知其背后潜藏着一个悖论。这位著名的工程师证实了对河流进行分流或是从中“衍生出”别的河道，只是降低河水的流速而非水量；自那以后，尤其是在荷兰和北意大利地区，他的观点频繁得以证实。他的法则可直接应用于黄河；如果以上的法则可被证实，那黄河流速的降低意味着沉积物的增多。在这里，这一发现将带来双重弊处：目前这一带被淹没的地区将不会有任何的改变，而想要实现拥有一条永久的、高效的航道的愿望将会比以往任何时候都更为遥远。其次，黄河故道早已存在的堤坝还须继续维修的同时，在决口至大清河共147英里的新河道两旁修建堤坝简直就是浪费资源。最后，黄河河道分流点的管控本身就是一个重大的工程，这些情况无论是支持分流计划的中国人还是外国人似乎都没有充分考虑过。

第二个已经提出的计划是一个相当合理的计划，那就是专门使用新河道，加固新河道的河床，并利用过去的经验使得新河道能够永远存在。

据说这一计划的优点有以下两点：

第一，只需抬高和维持新河道大约147英里的堤坝，即从决口到鱼山的大清河，河水就会由此沿着天然形成的河床流入大海，而即将要沉积的冲积土也会为抬高和维护堤坝提供大部分必要的材料。

第二，通过大清河早就可航行至齐河附近，要继续航行至鱼山也不就再是什么难事，这条河道因此变得有价值，将来或许还可利用轮船发展对外贸易。

第二个考虑的计划对于一个开化的地方而言非常重要。不过，正如之前我试着指出的那样，便利的航运对于这个地方而言并不是什么至关重要的事。我指的是必须要有足够的水深能够让吃水深度4英尺甚至更多的帆船全年在河上通航才是重要的；由于指望不上引进轮船，所以就没有必要为了轮船而开始建造巨大的工程。比便利的航运更有利的是在任何地区的大多数人都能把横穿该地的河流用于灌溉；基于这种情况，决口至大清河段的区域在黄河新道尚未出现之前都是灌溉良好和土壤肥沃的，还有数条可通航的河道流过；反之，黄河故道流经的区域却贫困且土壤贫瘠。假若黄河从现在的河道分流出去，那么早在这里形成的水道必会极大地受到水流的侵蚀，河流的沉积物也会越来越多，然而灌溉的重要性总体而言却保持不变。

我认为，这一计划所谓的第一个利处是基于第二个利处的基础之上的；虽然这一计划有其自身优势，但也会面临着同样的命运。因为我看到黄河故道的两边堤坝还仍状态良好，尽管长达约400英里，它们也仅需要维护就好了，并且除了河口附近一段短短的河道可能需要再建堤坝外，再没有其他地方需要新建堤坝。我没有到过河口附近，但是根据当地人所说，即使是在河口附近也并没有要修建堤坝的必要；再次说明，无论需要何种修理堤坝的材料，从两边堤坝和主河道里挖掘泥沙都是最便捷有利的。

那么接下来还有一个计划，就是让整条黄河流回它的故道，并且只需稍作思考，就会发现从每一个实用角度而言，这个计划都兼具了最大最多的好处。

第一，这条河道的通航性将足以满足中国人自身以及其贸易的需求。

第二，现在正处于贫困和无组织状态的大片区域将会得到它们所缺失的灌溉水。

第三，现在被洪水淹没的大一片区域，就如同肯特（Kent）、萨里郡（Surrey）和米德尔赛克斯（Middlesex）加起来这么大的区域将会呈现出来。尽管没有黄河水，这片地区也是水源充足，并且有可供通航的河道穿过。

第四，通过恢复这两片区域的供水平衡，大多数人的生活条件将会极大改善，而现在成百上千几乎无法维持生计的失业人员将会找到出路，他们不仅仅能在工程中找到工作，而且完工后这里的农业和工业将会得以发展。通过这种方式，不仅能够最有效地将“捻匪”① 连根拔起，还能够利用“捻匪”的力量。

因此，通过简单地总结概述，我敢说这最后一个方案是唯一可能产生重要成果的方案，这些成果的重要性足够吸引中国人尽力去实施这项伟大的民族工程，并且，这一方案也会以一种间接的方式回报给中国人。外国人引进的如铁路、电报之类的新颖企业时，无论多少的推理和“友好压力”都无法引诱他们去做；相反，上百年来，中国人已经习惯以各种方式治理黄河；现在仍要治理黄河的必要性也在各个方面都得到了承认。我认为对于他们而言，因为只有那些利益攸关的省份才会动用关系进行黄河治理，所以最大的动力就在于北京能够稍微催促他们投入工程。

在以上的概述中，我故意没有提起任何关于花费的问题，是因为我觉得给出一个模糊的估算值比没有提起还要误导人，毕竟这些估算值都是我在简短的旅途中从本地得到的最为微薄的信息。如果人们诚心要开始此项工程，即使没有精确的估算成本，也能很轻易得到一定的金额数量，而准确的估算成本只能在进行精确的测量之后才能得出。

如果要成功治理黄河，就绝对有必要雇佣英国人并且让英国人监督组织整个工程；因为中国人在工作中的普遍腐败使得他们从事的事业都无法取得成就；再者说到工程的花费，众所周知，黄河流域种植的槐树经济价值高于其他地区的槐树，要是在这条件之上让中国人自己监管新的工程，将意味着整个帝国官员在管理上的腐败，因

---

① 对于“捻匪起义”事件，尽管有很多言论和文章都与我的看法不同，但是我还是认为直到1868年邻省省会的一系列起义成就鼓舞了他们之前，“捻匪”上一次甚至是之前的任何一场起义都是不带有任何政治因素的。“捻匪”一直都居住在江苏北部、安徽北部、河南北部以及山东南部黄河故道流经的地区，自从黄河改道后，他们的居住地就变得干涸贫困。大多数的“捻匪”都是农民阶级，他们没有办法以寻常手段养家糊口，为了避免饿死，于是就拉帮结派攻击村庄和城镇，用武力作为生存下去的手段。这些帮派及其缺乏装备且组织涣散。一位在中国皇家军队镇压“捻匪”的英国人告诉我即使最成功的一个帮派（指1868年统治了山东的一个帮派），一千个人中也勉强有一人拥有火器，而且火器的质量还参差不齐。旅途末期我经过了所谓“捻匪村”的中心地带，但是无论是这里的人还是村庄都是极度贫困，很明显，人们所说的“捻匪起义”这样极富组织性的运动不可能是在这些地方发生的。连续几个月没有下雨是常事，土地也就缺乏灌溉水源，因此导致当地居民没有了营生之路，在我看来单是这样的情况就足够使得生活在像中国这样一个国家并处于半饥饿状态下的农民有充足的理由起义；而懂得这方面知识的部分中国人正是这么看待这件事的。

此，人们就越是会尽可能地利用能“动关系”的机会。中央政府和省政府任何一边都可以支付英国人来规划和实施这项工程，因为这对于为国家省钱和提高工作效率方面都是有益的。

注：黄河的相关附表[①]是基于导线测量，并运用航海经线仪在几个地点进行了经纬度观察来核实。我在现场大致绘制了河道、水深点以及其他的每一个细节，并在我的航海日志上把它们归到了它们的所属栏目。返回上海后，我重新精确地绘制了全部图并且根据观察更正了内容。

这篇文章分成了两个部分，共基于两个理由：第一，因为流淌在大清河中的黄河河段与目前没有固定河床的黄河河段各具特色，从本质上来说，它们截然不同；第二，因为我测量下决口的水深比测量上决口的水深早了一个月，所以我认为最好是按第一次记录的时间来测量而不是在这个月水位降下来后再试着得出一个更低的测量结果，并且关于具体的水位降幅，我无从查探。在同个日期测量本是有些优势的，但这就要冒着数据不准确的风险了。

关于纬度。第二部分的纬度为 35°25′，是在太阳达到子午线最高点的时候测量的，除此以外，纬度都是以天顶的南北恒星进行测量。

关于经度。我带着两个航海经线仪不是为了综合它们的测量结果，而是为了在它们各自的测量功能达到我的要求后能有两个结果可供选择。这一点在离开上海前、回到上海后都是可以通过调整差率做到的；而在旅途中，我们于一定时间间隔里两次甚至更多次地经过不同经度时，寻找估计值也可以做得到。这样一来就会发现有其中一个（巴洛德的）工具可以用于这种极小又平稳的差率，它的测量结果也优于其他的(指赫顿得出的结果)，因此我不仅可以采用它的测量结果，还可以基于这些结果制作图表上的绝对经度。尽管我决定通过月亮观察一定点河流的绝对经度，但是我并没有这么做，因为我认为用这种方法来确定位置不可能比用一台性能令人满意的精密航海经线仪来确定位置更准确。如果有必要更正那个地方的经度，同样的方法自始至终都会适用于全部的经度测量。

关于变动。共有三处变动，但是由于对于每一次变动我都仅是有机会瞄上几眼，所以我并不能指望它们具有什么了不起的精确性。不过，我认为最好的方法还是将它们毫无遗漏地记录下来。

关于河的宽度。由于下段河很窄，宽度都是成比例的，我不可能把水深、沙洲等

---

① 艾略斯先生的原始图表存放于英国皇家地理学会的地图室。

都测量出来。因此我只好画出自然宽度的两倍，同时每间隔一段河岸就给出码数。在最后的例子里，有些码数是由六分仪测量的，有些是由鸣枪测量的，还有一些是通过估算确定的。

关于水流。为了测量水流速度，我们采用了沃克专利鱼镖式测量仪（Walker's patent harpoon log）。尽管我们在不同的场合和情况下都试了很多次还是没有得出结果——五海里的水流是不会影响到它的结果的，因此必须认为它不适合于在这种情况下用来测量。

关于山丘等的高度。在第一部分的一些高度是利用无液气压器进行测量，其他的则通过与已有的测量结果进行比较估算出来。在确定河流高出海平面的数值时，霍林沃思的沸点测定仪已被证实是没有用的；但是考虑到整条河流形成于冲积平原，其坡度一定都是非常平缓，即使是在我们所参观过的最高点，海拔肯定非常低。

作者简介

艾略斯　（Ney Elias，1844—1897），1844 年 2 月 10 日出生于英国肯特郡的布罗姆利，是英国探险家、地理学家、外交官，曾广泛游历亚洲地区。艾略斯曾就读于伦敦、巴黎和德累斯顿，1865 年，他成为英国皇家地理学会成员，并在该学会导师的指导下学习地理和测量学；1866 年，他来到上海一家商行工作；1868 年，自请带队考察黄河新旧河道，并在英国皇家地理学会杂志上发表了他的黄河游历。莫契生（Sir Roderick Murchison）认为他的文章准确地提供了关于黄河变道的资料。1873 年 5 月，艾略斯获得英国皇家地理学会创始人勋章；1874 年 3 月，被任命为加尔各答外交部的临时外交专员；1874 年 9 月，被任命为曼德勒地区的英国特派代表；之后不久，他第二次受命前往中国，因英国领事官马嘉理（Augustus Raymond Margary）被谋杀回国；1877 年，他曾跟随罗伯特·B. 肖（Robert B. Shaw）到达喀什和列城。

原文出处： Ney Elias：Notes of a Journey to the New Course of the Yellow River, in 1868. *The Journal of the Royal Geographical Society of London*，1870：1-33.

加拿大人在徐州（节译）

爱德瓦尔·拉夫杜尔 著　秦　燕 译
（译者单位：中国矿业大学外国语言文化学院）

前　言

加拿大传教士行动计划很愿意向加拿大民众介绍爱德瓦尔·拉夫杜尔等人在徐州生活过的有趣的教区，也讲述他们的一些日常工作、他们的生活和我们给予他们精神上和物质上的帮助。徐州的风俗与周边地区的风俗类似，加拿大神学院的牧师在那里布道。我们知道，中国人民不是野蛮人，他们是文明人，虽然比我们贫穷得多，但是他们有天赋，有勇气，朴素，坦率而慷慨热情。

1918年，第一批加拿大教士去往中国。法国教士请加拿大协助他们建立上海机构。爱德瓦尔·古来和保尔·加隆与当时途经蒙特利尔的法国教士汇合。1920年，奥古斯特·加隆，爱德瓦尔·克德，乔治·马丁监管并负责上海启明大学的教育。1924年，传教士协会的高级官员把一个脱离法国教士的区域——徐州府委托给加拿大传教士管理。这片土地，相当于魁北克和蒙特利尔之间的圣·洛朗山区这么大，拥有五六十万的居民。他们聚集成村庄，有高墙保护，种植小麦、高粱（一种印度小麦）、四季豆和其他蔬菜。

1924年9月，路易·拉夫尔、阿尔芒·普鲁和莱昂·苏里尼来到这里执行使徒使命。从此以后，每个秋季，都会有新的工作人员来到这里。

徐州府

徐州府历史悠久，是中国最古老的城市之一。徐州的名字意思是“安静的，有秩序的”。因为李辉解释说徐州的天气温和而舒适。刚开始，徐州属于滕县，滕县位于徐州东北，属于山东省。徐州在魏朝（220—265年）成为一个行政区，但仍被称为彭城。清朝时（1616—1911年）徐州也被称为铜山（产铜的山区），因为人们在周围的山上发现了铜矿。虽然人们都说，徐州城是铜山县的一个区，但徐州仍然是8个专区的首府，它们是：铜山县，萧县，砀山，丰县，沛县，邳县，睢宁和宿迁。

徐州是个古老的城市，曾经有过辉煌的历史，许多著名的建筑见证了这些历史。我们选取了一些主要建筑加以介绍。

1. 城市以内

（1）铜沛厅：是铜山县和沛县的区长官方驻所。

（2）右机府：是古老的军事重地，现在是警察局。

（3）铜山衙门：现在是铜山区区长的官方驻所。

（4）道衙门：在民国初是高官的官方驻所，现在是将军所在地。

（5）副处：清朝时是省长所在地，现在是女子中学。

（6）侯空：古代省文学考试处，也有一段时间作为孔子庙，现在是一所中学。

（7）茶园：古代司法考试处，现在是将军住所。

（8）常品仓：在茶园以东，以前是公共仓库。

（9）城隍庙：城市中的寺庙，现被新政府改造，被称为“民常丘楼铺 ”，是公共集会场所。

2. 城墙附近

（1）燕子楼：是一座漂亮的亭子，部分被国民党军队毁坏，它由古代张愔建造，位于西城门附近。张愔是800年左右的徐州高官，在张愔去世后，他的爱妾关盼盼作诗《燕子楼三首》，讲述她对爱情的忠诚，燕子楼由此得名。当时的封建习俗认为她应该自杀殉情，著名诗人白居易对她猛烈抨击，并作诗对她进行嘲讽，但关盼盼一直居于亭内守着自己的“丈夫”。

（2）黄楼：是黄河塔或称黄河亭，是宋朝（960—1279年）时由徐州知州苏东坡建造。他建造黄楼是为了监督黄河边堤坝的建造情况，因为那时的黄河经常泛滥。这个建筑，位于城市东北，曾被多次修复。人们在这里建造了苏东坡和他父亲的雕像。在入口处，还有很多美丽的石柱。

(3) 苏小妹墓（苏东坡妹妹的墓）：苏东坡的妹妹不比哥哥的名气差。有一天，龙王想淹没城市，要求把苏小妹嫁给他，河水才会消退。为了拯救居民，她纵身跳向龙王和河水中，河水才慢慢消退。在黄楼的寺庙中有一座苏小妹的雕像，民众还建了一座墓来纪念她。

(4) 快哉亭（美丽的亭子）：唐朝（618—907 年）时徐州刺史薛能建造，他给它取名为“阳春亭”。苏东坡对它精心修缮后，称其为“快哉亭”。快哉亭位于东门的人民公园内，离我们的教堂不远。我们能看到几个古老的香炉和许多美丽的石碑。

3. 城市周围

(1) 户部山：它是一座小山，在城南 1 里处。山上有平台，项羽喜欢坐在这里看赛马。附近有纪念项羽的庙宇。

一座宝塔

(2) 云龙山：它在城南 3 里处，是徐州最著名的地方，吸引了大量游客前来观赏。放鹤亭，意思是“人们放鹤的地方”，由张天一建造。苏东坡建造了一个井，用于仙鹤饮水，称为“饮鹤泉”。熟悉当地葬礼的人都知道，仙鹤在送葬队伍中位置突出，因为它象征着长寿和富贵。放鹤亭有至少 40 个漂亮的石碑，上面铭刻了很多著名文人的诗文。还有一个白鹿书院，现还存有100多个漂亮的石碑。

（3）子房山：它位于市区以东3里的地方，因汉代名将张良（张子房）曾避难于此山，后来人们用他的名字命名此山。几年前，人们在这里挖矿时，发现了张良藏身的山洞，于是这里成了朝圣地。但是，地方官员封闭了山洞，说有贼人藏匿于此，抢劫游人。山上的寺庙里有很多美丽的石碑，上面有古人的铭文。

徐州府的传教

一些加拿大读者希望多了解一下中国，因为自从1924年以来，有一些基督教士来这里工作。徐州府（包括海州）是江苏省的五个主要府区之一，下辖8个县。它从东到西是450里，相当于180英里，从北到南是200里，人口约50万。

徐州府的教堂和住宅

徐州是中国最古老的城市之一。从上海到徐州，乘火车需要24个小时。黄河改道时，徐州失去了往日的辉煌，经济逐渐衰落。直到现在两条交汇的铁路的建立——南北走向的京沪铁路和东西走向的陇海铁路——徐州才获得了重要地位。

从17世纪开始，就有基督教士在这里传教，但相关资料很少。根据现有史料，布凡神父于1693年来到徐州。布凡曾写道："徐州是一个二级城市，位于故黄河南岸，淡黄色的土壤从河床中渗出，将河水染成黄色，故黄河由此而得名。我们刚下船，徐州地方官员孔老爷已经在热情地迎接我们了。他是孔子的后代，我后来去拜访过他，向他介绍我们在这座城市的两座教堂，它们是库普莱神父建造的。库普莱神父1659年来到中国，1693年去世，他继瓦莱神父之后，在中国工作了20年。"

我们难以想象，到1760年，曾有多少传教士在徐州工作过。到他们1884年回国

窑湾的教堂和住宅

时，徐州的基督教工作大为改观。五六年前，让·贝东神父曾来这里考察，他在1898年3月12日给甘尔神父的信中写道："如果我没弄错的话，我是在1879年的复活节和圣灵降临节之间来到徐州府的，这次旅行的原因是：一些鹿邑县（河南省，上溯到17世纪）的基督徒说这里有一个古老的墓葬，人们在这里发现一块界石，上面有十字行符号。根据这个模糊的表述，我来到徐州府，但是没有找到所说的墓地，也没有看到任何基督教的痕迹。"当奥利维尔·杜郎迪尔和雷奥宝德·甘于1884年来到徐州府，当地连一个受过洗礼人的都没有。然而25年后，也就是1909年，徐州已有了25,940名基督徒。当我们进行回国教士50周年庆祝的时候（1934年），受洗礼的人已达到约60,000人。

奥石斯特在田间巡游

徐州府的居民性情温和，邻里之间经常来往，他们大多数很贫穷。有时邻里间发生了口角，大部分最后都能平静地化解，当然，这少不了中间人。如果是简单的家庭

徐州的教堂内部

传教士普鲁克斯·拉夫杜尔、苏礼尼埃、拉夫瓦等人的合影

事务纠纷，这个“和事老”会进行协调。如果事务涉及一个乡村的两个派别，或两个村庄，他的角色就更重要了，成了真正的和平裁判员。“和事佬”一般年龄较大，善于言辞；他可能很穷，不识字，但是“很会说”。他的阅历让他懂得很多道理，熟悉

两个福音传教士计划者：
马丁和加农

民间谚语，了解祖先的思维方式。他能让事件和平解决而且不会花费很多钱财。幸运的是，乡村里到处都有这样的人，帮助协调家庭和村庄事务。徐州府人的这些特点让我们认识到，如果一个事情有点复杂，教士自己解决不了，他可以找一些能说会道的人来帮忙。他们好像有一根魔棍，能让问题迎刃而解。

现在，我讲一下黄河改道，这是我们最感兴趣的事情，这也是近几个世纪最重要的事情。1851年，黄河水流淌到开封东北（河南东部），然后朝南，然后向东，最后流入黄海，黄河入海口离海州东南部有50海里。然而，1851年的一天，开封地区的一系列的堤坝被冲断，河水朝着东北方流去，经过两年的徘徊，最后占据了泗水（当时还是一个不知名的小河）的河床。黄河改道过程造成了不可计量的损失，徐州府的人们完全被惊呆了。当然这里我们不是想研究这个事件对于这个地区的经济影响。

对于传教计划的教士们来说，从1884年起他们开始在这片地区讲授福音，慢慢地交流变得容易多了。你看过徐州府的地图吗？上面很清晰地标上了故黄河河床，它流经徐州、宿迁等地。故黄河仍从此处流过，徐州府北部和南部地区关系变得复杂。黄河堤坝以外的土地虽然免受洪灾，但是在故黄河的河床上并不是这样。每过三四年，黄河都要泛滥一次。七八月间的暴雨会淹没徐州府大部分的土地，大家都希望能够泄洪。于是，大家把堤坝开了很多口子，大水流向古老的黄河河床。这样，每三到四年，故黄河就获得新生一次。我对以往的记忆不多，但还是让人很不舒服。

仆人拉着螺子

一个小村庄

古黄河

我记得 1926 年 8 月 5 日，我刚来到这个地区，我去的是侯场，离砀山 35 里处，陪苏里尼教士去那里办事。同行的还有一个讲授教理者和两个拿着行李的仆人。我们

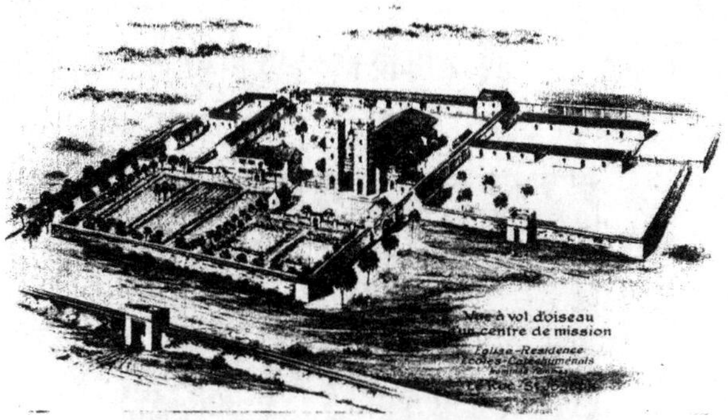

圣·饶斯夫岩石（侯场）

坐着骡子拉的车，这就快多了。“这是洪水泛滥的季节，”我的同伴说，“可得小心。”我们给牲口套上鞍，朝着圣·饶斯夫岩石[①]走去，那里是我们的居所。城市街道上被泥泞的水淹没。在乡村，没有太多的泥，但到处都是水，一路都是水洼。我们到了第一个堤坝，然后第二个，第二个堤坝比第一个更高一些，10点左右，我们到了小李场，这儿离著名的黄河只有两三百米的距离。村民们朝我们聚集过来。我的中国话不太好，我让苏里尼教士跟他们说话：

——你们去岩石？

——是的。

——过不去了。

——是吗？水并不是很大呀。

——来看看，都得没过骡子。

——骡子会趟过去的。

——你们别去冒险。太危险了。

谈话间，来了一群孩子问我们要纪念章，我们自己看到了河水的情况。圣母啊！水流急速，尽管还没有5英尺深。

“你知道吗?”我的同伴叹息道，“一个月前，我从这儿走，河床还是特别干涸的呢。现在完全是另外一回事了！我们能怎么办？今天它是有水的河了。”

我们只有一件事可以做，那就是讲授教理者与村民们谈判怎么把人和行李驮过河。这附近没有小船。因为河水每三到四年才泛滥一次，而且只持续一两个月。通过和村民谈判，他们来了七八个人，挽起裤脚，用担架把我们一个一个抬了过去，仆人

---

① 圣·饶斯夫岩石，是侯场的法文名字。

则拉着骡子。深水区不会超过二三十英尺宽，过去后，我们还要蹚水，水也只到牲口的胸口。蹚水得要15分钟左右，我一边说话一边找树荫。我真没经验！11点到这儿，马上就12点了，但事情还没谈妥。

穿着旅行服的拉夫瓦

在此期间，我和同伴找地方休息，顾不上谈判了。然而，在山坡上，没有一处荫凉，太阳热辣辣地直射。我们也不能坐地上，所有的地面都是泥泞的。我们等待着，人们叫我们不要着急。1点左右，一群健壮的村民聚集起来，背起我们的行李。我们又来到河边，开始谈判起来，比刚才更激烈。我们的行李和人都分开了，狡猾的村民又想提价。讲授教理者说刚才已经谈好价格了，但没用，价钱得加，否则就把我们留这儿。没办法，我们只能让步。大约两点，我们终于离开了不幸的小李场。被太阳炙烤了一中午，脚都出汗了。我们发现留给我们的时间不多了。3点左右，我们遇到了岩石的神父，他只等我们到次日。第二天，我们在教堂里念着经书。我们穿越了火和水，到达岩石的那天是1926年8月5日。我从未像今天这样被赞美歌六十五的经文打动。教士们热情地招待了我们，使我们忘记了在潮湿的黄河边的不愉快经历。

“去桐李场”

这次我们去韩口，是离我教区很远的一个基督教社区。

现在我向你解释一下什么是基督教社区，你愿意听吗？当我们说把基督教徒聚集起来，我们不是说把接受洗礼后的教徒移居。一千年来，徐州府的农民热爱他们的土地和村庄。我们想说的是我们更喜欢给来自农村的居民洗礼，那里已经有一些基督徒，而且聚集成组。但是不是样样事情都顺意。实际上，一些可以洗礼的人来自四面八方，我们不能拒绝。现在，每个教士计划者给徐州府 150 或 200 个村庄的基督徒传教（而徐州府有 500 或 600 个村庄）。总之，这很好：整个地区都知道教会了；而教会组织很复杂，怎样解决过于分散的不便呢？

中国农村

在基督徒最多的乡镇，人们用一块地建造一个小教堂和学校。每个传教计划的教士还负责 8 个、10 个或 12 个这样的辅助教堂，它们一般彼此相距 10 里或 12 里。在这里人们每年来做 3 次、4 次或 5 次弥撒。在一些大的节日，或在他们不忙的时候，基督徒被全部邀请来教区的主教堂，这里住着传教计划的教士。我们称这个教堂为“传教计划中心教堂”，其他的以教团命名，如丘柴教团，离这儿 12 里处，韩口教团，离三官庙 35 里。有时，如果教徒不方便去中心教堂，神父也会去他们村里讲弥撒，一般一年有一两次，尽管那里没有神父的机构。

1928 年 4 月 17 日，我去韩口。路上需要 3 天，我们从前一天晚上就精心作准备了。李宝所，我的新厨师加马车夫，在厨房和马厩间忙活，准备套车和带上铁锅。

——牲口项圈修好了吗？

——修好了，神父。

——给骡子准备谷子了吗？

——准备了18斤。我们路上买干草（稻草）。

——神父也得吃饭呐……

——我路上现给你做面包。面包好做，可以在韩口买到肉和鸡蛋。

——好的。叫秀前来。

王秀前来了。这是我们年轻的教堂司事，他每次都陪我去基督社团，他就像我的家务总管。

——你的弥撒盒子？

——准备好了，神父。

——真的吗？我看圣餐面饼不太够？

——有300个呢，神父。在韩口，人不是很多。

——你的弥撒酒瓶太小了，不够3天的呀。

——我已经拿了一个更大的了。

——圣事登记本带了吗？

——在这儿呢。

还有一些问题。但这真像在开玩笑，因为秀前从没忘带过东西。

17号一早，8点前我们就一切准备妥了。我们出发去韩口，一般要用3个小时。我已经适应了骡子拉车的撞击，我还能做祈祷呢。我们呼吸着新鲜的空气，慢慢熟悉了徐州府的乡村。4月中旬的徐州真是美丽，麦子长高了，树木茂盛，梨树、桃树、李树开满了鲜花。我向你介绍这些，是不是像个诗人。我们很开心。

这是孔桥镇，离三官庙有20里。一个加拿大教士来到这里后会多开心！一些基督徒过来给我们打招呼。20年后，谁还会来这里建造房屋呢？他不用花大价钱修理教堂塔楼。因为在乡镇入口有一座漂亮的大钟，是一个寺庙留下的唯一的东西。只要几个皮阿斯特，就可以让大钟敲响好一会儿，来颂扬上帝。

10点时，远远看见一处围墙，离我们大概两三里。

——我们到了，神父。

——真的吗？应该没到韩口吧？

——不，真的到了。你看到西门的顶了吗？

是的，我们到了。我们从南门进的，卫士给我们敬个礼，他看到我们的马车，就让我们进去了。10点40分，我们进入了基督教社区。有12个学生排成两队，一个老师站在队首，向我们致敬。我们一下马车，他们就拿来热水和茶水。宝所喂骡子，秀前整理好神父的所有物品。

在岩石，一个寺庙里的古钟

我正在给学生们考试的时候，黑常[①]给我一张名人的名片（是县长先生的），他想见我。

——这是个名人？

——是的，神父。

这个人给我的前任制造了很多麻烦。但是我还是礼貌地让他进来了。

他进来了，后面跟着一个胖胖的先生。两人都衣着讲究。我们相互问好，说了些“你叫什么名字”之类的问候。他祝贺我在这里修缮了一座学校，学校秩序井然和纪律严明。然后，他开始提建议了。

——现在时局动荡。守卫部队快被打败了。

——你的英勇的士兵会保证这里的安全。

——得增加机枪。

——政府说得减少武器装备。

——如果神父你愿意出一半的钱，我会增加10挺机枪。

① 当地基督社团的掌管者。

——不需要。你的装备已经很好了。

——如果强盗占领了韩口，你的美丽的学校将被劫掠一空。

——哦！我坚信你会全力保护我的学校。

——是的，相信我，神父，我们当然会尽力保护学校。

我们取得了相互的理解。他对我不太满意，但是还没有对我生气，因为一个神父的职责并不是管理国家的警力。

时间过得很快。喝完茶后，他要走了，很礼貌地向我道别。

3点，我看到了教堂司事和马车夫。

——这儿离桐李场多远？

——大约15里。

——不太远。今年他们还没做过弥撒呢。我们去桐李场。

——那这里的基督徒呢？

——我们明天回来，那时候人会更多的。吃过饭后，我们就出发。

大约6点，我们到了桐李场，这是一个小村庄，很贫穷，在我的教区的边缘，靠近山东省。几乎没什么人来。怎么回事？应该有人在等着我呀，尽管他们并不知道我到的确切日期。黑常慢慢走过来给我打招呼。他看起来很焦虑，担心失败。

——这个地方很乱，神父。

——看起来不像啊。

——神父，晚上会很吵。

——不要紧，我睡觉不知有多好。

——村里几乎没人了。

——基督徒都去哪儿了？

——晚上，他们都睡在寨子里（一个被加强防御的乡镇或村庄）。

——明天会来？

——是的，神父。

——哪个寨子？

——在那儿，离这儿一里地。

——好的。让他们睡那儿吧。明天很容易来做弥撒。

——在哪儿做弥撒？

——在这儿。

——但是，神父你不能睡这儿。这里没有防卫。

——为什么不能？给我找地方住吧。既然他们住那里，我这儿就有地方了。

宝所和秀前想去韩口，但没再坚持。我决定住这儿，向他们保证这是最安全的一个晚上。我们向我们的天使祈祷保证我的安全。我们进了村子的第一家。在我吃晚饭时，村长（一个年龄大的不信教的人）让我可以选任意一家住，说给神父找间大的房子，再让骡子也有休息的地方，等等。真好，不信教的人和基督教徒都帮我们搬东西。大约8点了。老村长从寨子里回来了，向我们问好。我们谈了一个小时，主要是村长在说。老村长还夸了我的长胡子，问我们在加拿大如果有强盗来袭时人们是怎样保证种地，等等。在晚祷告后，将近9点了，村民们都去寨子睡觉了。我在桐李场老村长家里睡得比任何时候都安稳，宝所和秀前在门口警戒，用马车堵住门，他们则睡在车里。

和平时期的村民

18日早晨，阳光明媚。通过开向村庄场子的大门，我看见村民们从寨子回来了。他们带着驴子、母鸡、鸡蛋、面粉、钉齿耙和犁，还有所有能移动或能被带走的东西。老村长从门那儿探进头来，我出去跟他打招呼。他还是很热情和体贴。看到基督徒都跪在光秃秃的地上，他说屋子里有席子。这个细节——可能不止这些——说明了他真会关心人。他看见我的教堂司事在房间紧里头搭建临时的祭坛桌子。

“为什么，”他问，“你把桌子放在西面?”

——你觉得不对……

——难道不该在东面吗?

——我觉得没什么区别，您觉得呢?

——应该在东面，上次李欧神父来时是这样的，在民国十五年（1926年）。

——我觉得不重要。你认识李欧神父?

——是的，那个很好的李欧神父。当时他多大?

——至少 60 岁了。但没你大。

——他的胡子没你的长。

老村长出去了。让我们继续布置。

没什么复杂的。告解座呢？我们马车上带了。把我的床倒过来，秀前在上面架上门扇，这就成了祭台，然后铺上席子，但是老村长的席子不够，一些基督徒又拿来新的。一切都准备好了。大约 8 点，弥撒开始了。

简单说来，弥撒做完了，有 54 人忏悔，所有人，除了 1 个妇女都完成任务了。3 个小孩也接受了洗礼。一些新教徒成为初学教理者。

在衷心感谢老村长后，我们回了韩口。秀前和宝所可以看到传教计划教士脸上的开心笑容，因为他们感受到了徐州府人民的热情好客。

订婚和结婚

在这个新受洗者众多的国家，有一个大问题，那就是用基督教订婚和结婚仪式代替传统的不信教者的订婚和结婚仪式。在徐州府，乃至全国，有这么多的仪式要改！一些传教士计划的老神父说，这些年已经有了很大的进步。而且民国十六年颁发的法令也对于订婚和结婚程序有了很大的改进。那么现在怎么样了呢？

新娘的轿子

订婚是给两个年龄不大的孩子之间建立婚约。这与他两个人无关，是两个家庭来进行长期的商谈，最后达成协议。人们签下“订婚婚书”，由中间人一个给准新郎，一个给准新娘。一般订婚者 10 岁或 12 岁，有时更小，他们只能接受。因为得遵守老者的决定。退婚的情况很少，为了退婚，人们甚至会打官司。

一旦双边合同签订，就得制定条款了。如果一个家庭想反悔，需要得到另一家庭的同意，还得支付一定的违约金；为了能在和睦、安详的气氛中解决这个问题，双方得吃顿饭，双方家庭代表到席。如果你去问一个讲授教理者，王家和秀家解除婚约了吗？他会说是否已经解除了或者还没有解除，得看吃没吃过一顿饭。双方家庭都同意了，婚约自然就被取消了。

这是一般的情况。

你想知道一种奇特的情况吗？你这个不信教的人是不懂的！一个女孩和他人定了亲，新郎结婚前就死了。如果女孩家同意（这个女孩只能被动接受），他们会把女孩送到男家。婚礼照例举行，“过了门”后，女孩就成了男家的一员。她死后，会和丈夫埋在一起。有时也有夫妻间是这么忠诚的，他们在一生中或死后会得到皇帝的奖赏。

一些中国的讲授教理者
最后一排有阿蒙和拉夫杜尔

在古夫尔的书《资料选编》中，我读到一个向皇家请求领赏的事件，要求给两个寡妇死后的荣誉。其中一个当时是19岁，在听说自己的准丈夫死了后，她来到男家，参加了葬礼，侍奉公婆。葬礼一结束，她家想让她再嫁，她发誓说：“永远都不会同意再嫁。”另一个寡妇的情况与此类似。皇家的回答是：“我们同意纪念这两个寡妇。请司仪部门记下她们的事迹，让人们永远敬重她们。”这些荣誉一般刻在牌坊上或石头上，在农村和城市很常见。

你看到了死人和活人的婚礼，还有更奇特的，就是两个死人之间的婚礼。有户家庭只有一个儿子，还没结婚也不能订婚，但父母特别希望有孙子，这样心里才会快乐踏实。但不幸的是儿子死了。真是令人伤心，因为按照旧风俗，没有子嗣的人不能进入家族的墓地，这是不可违反的。他们孩子不能进入父系墓地。于是，父母就开始寻找，看看附近有没有一个死了的女孩，而且是尚未结婚，她的骸骨可以和自己可怜的孩子埋在一起。最后找到了。男孩家会给女孩家一些钱，仪式也要盛大，人们把婚礼和葬礼一起举行了。

现在讲讲两个基督徒保尔和吕西的婚礼。婚礼弥撒定在星期三。星期二，新娘在修女那儿睡，新郎在学校或教理学习处睡。他们来得早最好了，神父可以让他背背教理。总之，得鼓励他明天好好表现。保尔很聪明，很顺从，是可以信赖的人。吕西也不差。但要让她在人们前面说同意。修女们对她斥责加哄骗，最后说："吕西同意了。"星期三的阳光特别明媚。两个神父身穿红袍。有两个学校的男孩和女孩参加婚礼。为了成功举办婚礼，一切都得准备就绪。十分之九的情况下，保尔都会按要求很好地完成仪式，但对于吕西，要不断让她练习说"我愿意"。新娘和来祝贺的人不断拥抱，修女得时常离开自己的座位来提醒她要清楚地说出"我愿意"，尽管这在她心中已背了很久。弥撒做完后，两个新人分别向神父表达谢意，然后各自回父母家。两三天后，他们还要举行世俗的婚礼。

本地的教徒

那一天终于来临了。新娘穿着最美的衣服，从父母家出来，坐上轿子。根据家庭条件的不同，有时四人抬轿，有时八人，轿夫们会庄重地将她抬到新郎家。她走进新郎家的院子，新郎身着盛装等着她。一个讲授教理者将一幅图挂在空中，两位新人转身面朝对方，深深鞠躬。人们所说的世俗婚礼开始了，音乐齐鸣，爆竹震耳欲聋。盛宴也开始了，婚礼很欢乐，会持续两到三天。

得儿，驾！

今天讲讲侯场的马车夫。神父的马车夫可不是谁想当就能当的。首先，他得会做饭，你一会儿就会知道一个传教士计划者与饭锅和马车的关系了。每个神父有四到五个仆人，其中一个给他做饭和打扫卫生。如果他要离开这个教区办事或去临近的教区，他会关闭自己的居所，把钥匙给修女。门一旦关了，仆人就不知道干什么了，这会一直持续到神父回来。我们的先驱传教士都是很谨慎的人，他们会让自己的厨师也为自己赶马车。直到现在，都是这个习惯。这样我们每个人就有一个厨师兼车夫。最年长的一位要数侯场的一位了，他叫魏福荣，从 1904 年任职至今。他做的果酱和加拿大肉馅饼很好，但今天我要说的是他赶车的能力。

在萧县的乡村

首先，福荣知道什么时候外出是不适宜的。25 年的工作经验可以让他预料到路上可能会遇上暴雨。他很敬业，经常积累这些经验。1927 年 4 月 30 日，我们正在岩石那儿。晚上，有四五个神父看见天空的迹象不太好。但是次日，我们还要到三官庙参加地区的企业主的聚会。“福荣，你来说说，”我们中间的一个人问他道，“这些云不会有事吧。”他仔细看了看天空，露出很肯定的样子，平时他可不这样，他说：“不要紧，没关系，不会有事的。”事实上，1927 年 5 月 1 日，没有什么时候比这一天更加晴朗了。

至于套牲口，不需要问福荣可不可以。他有着健壮的双臂，将马车拉出来，展开马具，马的项圈和各种规格的带子。他拉来骡子，放上梁，飞快地把轴连上绳索。一切都准备好后，他一手拉着马缰绳，一手拿着鞭子，等着神父上车。他驾着车，走在崎岖的路上，即使在一年中最好的季节，路面也不一定平坦。车厢一般是直接放在轴上，没有弹簧，以避免撞击。所以每次颠簸，如果车子往左，它就往左，车子往右，它就往右。如果是个新手可是不幸了，但是福荣工作 25 年了，知道怎样经受考验。他叫着“哦，吁!”或者“呀!”同时伴随着鞭子的“啪啪”声，不仅你坐 50 里地都不会感到恶心，而且你还可以舒服地读起你的日课经。

但是真正体现魏福荣的价值的，是七八月的下雨天，当时整个地区阴雨连绵。我们不随便出门。但有时要敷圣油，出发吧！你想说这是路，倒不如说这是泥潭。每个马车走过，四个轮子就在湿软的泥土中留下深深的车印。几天之中，这些坑坑洼洼的车辙中间盛满了水。至于这些水坑的深度，只有聪明的人才可以猜出来。新手只能凭运气冒险。而对于魏福荣来说，他可不感到惊险。他在这一地区驾车有四分之一个世纪的时间了，他知道在每个平静的水坑下暗藏着什么样的危险。一次，他带我去砀山，我建议他走左边。他看了看我，没有动。他对我说：“神父，在左边这个水洼里，有个大坑，能淹没我们整个马车。”他把鞭子的柄放入水坑给我看，竟然有三米多深呢。

魏福荣，岩石的马车夫兼厨师

但有一次，魏福荣失策了（当然不是由于他的记性）。到达故黄河北岸时，他看到河水也就两米深，一点也不害怕，他驾车疾奔。突然，骡子一头扎进水里，疯狂挣扎，被带子缠住了，骡子就要没顶了。啪嗒！骡子沉了下去。魏福荣急忙跳进水里，骡子在挣扎，让他更难控制局面。福荣抓住骡子的头向上拉，又开始拉另一只，他解开了绳子。最后，骡子露出水面。几分钟后，问题就解决了。但是这一次，福荣决定自己亲自去探测水的深度，然后决定走左边，这次毫发无损。几天后，我们才知道这次故黄河危险的原因。原来是沿河居民在故黄河河床上拉走了几车土，他们没有想到雨季会来临，这样有了一个小深渊……对于过路人真是个不幸。

经过这个小灾难，神父自言自语道有这样一个会处理事情的马车夫真是幸事。至于马车夫呢，他只是认为做了自己该做的。他继续赶路，全身湿透，只有到了城里，他才会换衣服。当然，他会先把神父的东西收拾好，把骡子安置好之后才换衣服。你别问他累不累，或是热还是冷。他认为自己地位低，说“是的”是不礼貌的。尽管已经疲乏不堪，浑身冷得发抖，他却总是回答：“不要紧，没关系。”

魏福荣毫不犹豫地让马车飞奔

如果这些事让你很钦佩魏福荣，你还没有全面了解这个徐州府的马车夫，因为你还不知道怎样指挥这些骡子跑起来。“得儿，驾！得儿，驾！”就得这样。那些没有柔软的舌头，说不出“得儿，得儿”的人，就别想给神父驾车了。魏福荣的工作没有那么高大，但是他却出色地完成了马车夫和厨师的工作。

一个神父建筑者的初步工作

谁去建筑，谁就蒙受损失。索为神父就是这样，尤其在他工作初期。他亲手修葺了两座教堂和三处住所，现在他要建造本地区的中心教堂，地点选在大秀架。当主架构完成后，我们发现这所建筑很先进，否则早该完工了，可见它费了多大功夫。工地在徐州府以东60里处。旁边的大山上有很多可以使用的大石头，我们想是不是可以建造一所石头教堂。

1929年10月，我们开始建造大秀架的圣一皮埃尔教堂的地基。我们需要一组好工人来挖掘土地，得挖出三至四英尺深的土，这是些疏松的土层和黏土层。之后就挖到了砂石层，这一地区的人称之为“不变层”。这样先要打桩（击打土地）。打桩需要一个大约40斤的石头，5个人来操作：4个人将石头拉起一个人的高度，然后让它落下，第五个人拉住绳子，让它落在指定位置。土地被这样击打多次，直到发出干燥的声音，然后人们会继续向下进行。要建造一座长100英尺，宽40英尺的建筑，这样的打桩要持续20多天。

一些砌石工在建造教堂的屋顶

桩打好了，砌石工带着混凝土来了。大秀架的教堂有5英尺宽的地基，混凝土由一些石头或砖头碎块组成，浸在充满石灰和沙子的臼中。这一层有8个拇指的厚度，要排上一些石头，石头是从南楼村（20里）、侯车堡（18里）、三朝祠（15里）的各处运来。石灰附近就能买到，而质量好的沙子得用火车运来，这需要等待一些时间。幸运的是，工地离大秀架火车站只有约10分钟的路程。

石头在附近就能买到，但要测量好大小，才能填上3万立方英尺！原石按照重量来买。在大秀架，人们买石头按“方”，就像我们在加拿大买石头用“带绳子的木头”来量。1方大概是36立方英尺。所以大约要1，000方。一辆牛车可以拉半方，这就是说要拉2，000车，这可不是小事。

20辆车进到工地里来，每辆车由三到四只牲口拉着（例如一头驴、一头牛、一匹

古尔舍兹和索为神父

马、一头母牛），这是个大工程，但一切都有条不紊。这些拉石者很诚实，但是也得看着他们。该离开了，得付钱了，接下来是令人疲倦的讨价还价，尤其有不是一整方的情况。但是得看清楚不要被他们欺骗，尤其不要生气。他们很想给你送石头，而且很认真地在做。但是因为他们知道我们很需要石头，所以他们就会联合起来，让你等在那儿。这可不好，你的砌石工和石匠还等着用石头干活呢。

现在该石匠将石头分成700组左右了，得进行加工，分别用来做窗户、柱子、圆花窗，除了切出1,200平方英尺的石头，还得将它们雕成凹凸不平的样子来改变墙面的单调。各种古老的建筑和一些大的石桥都展现了这个国家工人的智慧和灵巧。如果一位现代工程师想讨论一些建造方法，有这么多带拱的桥，设计精美，令人赞叹，可以拿来讨论讨论。

砌石工头怎样做圆拱呢？他们在地上画图，要根据石头的数目来决定内部拱形的弯度。他们锯开一块木板，做成模型，整个工作过程都参照这块木板。人们把石头编上号码，并被加工成不同形状。到了该搭建的时候了，只要把它们依次拼接起来。但是没有水泥，尽管这在城市中不是稀罕物。我还发现没有水凝石灰。水凝石灰可以黏合得更加牢固。这里我们用普通石灰、纯石灰将石头一个一个垂直黏合起来。

当砌石工正在准备他们的材料时，另一组人员开始工作了，他们是细木工。他们除了做屋顶的屋架，还要做教堂中殿的门、窗户和所有的椅子。这个地区的木头稀少

正在建造的侯场的小学

而且很贵，但没法将哥伦比亚或奥雷贡的木头运来。为了在大秀架建造教堂，神父让人从青岛用船运来木头，运到海州，再用火车运到大秀架。这样我们的细木工就可以用这些好木头来工作了。

索为神父认为他们的工具跟圣·约瑟夫的一样具有神力。但是他还说他们用自己的方法建造了门和窗，和世界上别的地方一样。自然，他们用了更多的时间，但是这在计划中已经考虑到了，我们能容忍这个，因为他们要求的工资不高，大约每天 18 个加拿大苏（每天每人还要管膳宿）。

现在要拼接了，细木工人会放好插条，一种木杆，与雪松很像，大约 20 到 30 英尺长。连接时不用钉子，而是卯对卯，还用这一地区盛产的大麻的皮做成的麻绳，非常便宜。

在全国各地都有打铁匠，乡村也有。有的铁匠到处游走，带着他们的一套工具，很原始的工具，但可以打出任何你想要的东西。只要一个重达 20 或 25 斤的铁砧，两三个锤子，一些钳子和一个手动风箱，他们就可以融化任何金属，这就是一个流动铁匠一般的装备。而徐州府的铁匠一般装备更好些。他们有些东西是在常海买的，可以做大秀架教堂的一切铁器。

你想知道我们建造这座教堂大约花了多少钱吗？请看下表，以皮阿斯特为单位。

表 1　建造教堂花费　　单位：皮阿斯特

材料	金额
原石	3,000
石灰和沙子	700
屋架的木头	3,000
拼接木头	600
屋顶薄钢板	1,200
铁器，五金制品	500
工人工资	3,000
其他	1,000

我们总共花了 13,000 皮阿斯特。以现在的汇率，就是我们只用了约 5,000 加拿大元就建成了这一地区的中心教堂。

大家正在做研钵

石匠、砌石工、细木工和各种工人，如果他们全部到场，在工地就会有 80～100 人左右。我们猜测工头得有多大的本领，才能让一切运转无误。以前没有正式的工头，我们的传教士计划者得付出多少劳动，经受多少忧虑来建造教堂，而他们要负责徐州府 18 个区的建筑。我们的先驱传教士要自己负责，没有一个总部，而他们管理的一个区却有加拿大四至五个教区那么大。一些人可能有建筑天才，另一些却只能徒劳地记着巴乃兹和莫利纳的建筑理论，因为这里材料购买困难，没有办法开展工作。

可以说这些神父建筑者是受欢迎的，后来的建筑者也是，因为我们看到这一地区有这么多建筑要建造。

这么多的水！

这么多的水！这么多的水！这是1926年8月1日，我第一次从南京到徐州府时心里想的。我们陪着克里斯托弗·高隆巴，想什么时候可以看到地面。地面，我们到徐州的那天看了一眼。但当我们次日乘着陇海线去砀山的时候接着就消失了。在160多里的沿途，什么也看不见，只看到树上的花，其余的都在水中。这就是第一眼看到的。我们下了车，才能仔细地看到徐州府的景象，这是人们所说的一年中的“水灾”季节。

整个7月都在下雨，这一天是8月3日，这是大洪水时期。我们五个正一起旅行。很幸运的是，当我们一下火车，传教士计划者的仆人就来接我们了。两个神父骑在骡子上，另外三个和行李都在独轮车上。一切顺利，只要水没有一英尺深就行。今天，拉独轮车的增加了一倍。通常情况下，一个人就可以轻轻松松地带我走，而今天，前面还得有个人拉着独轮车。前面有个斜坡，斜坡下方有个水流，我们必须经过这个水洼。拉车人很谨慎，他们抓住独轮车的纵梁，把我们抬到3英尺高，穿过了激流。

我们到了城里。路上坑坑洼洼，车没法走，我们只好走旁边的人行道。最后终于到了目的地，而我们从头到脚像落汤鸡一样。这么多的水！我们一边吃着晚餐，一边又说起来。这样的话，我们还能去侯场吗？得走35里的山路，半路的地方还有故黄河。我们还是决定分组去侯场。经历了冒险一样的旅程后，我们在岩石相聚了，这是8月5日的晚上。

一些勇敢的基督徒没有耽搁，立即就来向他们的神父问好，有一个刚从上海度假回来，和他一起的还有陈福（也是一位神父）。这一天和后来的日子，他们向神父问好，同时伤心地谈论起这场大雨。不仅秋收受影响了，一些乡村房屋也倒塌了。我们沿着小村庄转了一圈，发现他们说得没有错。大多数房屋没有了屋顶，一些墙壁已经倒塌。只有两月前收割的少数粮食还保存完好。有个别教区的讲授教理者说主教堂就要坍塌了。又有别的教区的来说墙倒了，还有神父不断来汇报这样的事。我不了解这一教区的经济情况，但是我很钦佩岩石的神父听着这些却面无惧色。

但当他给我讲这些事的影响时，他很激动。麦子的收获只占中等的比例。而雨水毁坏了高粱，高粱穗在地里发霉，如果雨继续下，人们还能砍高粱茎来作燃料吗？然而，高粱和豆子在秋天收获，它们要给农民提供大约 9 个月的口粮，麦子要提供 3 个月的。可怜的人，我开始懂得了他们担心的东西，就是得找到可吃的东西。河水泛滥的季节就是灾荒的季节，他们不断这样说，半屈从的，半信命的，看不到能挽救他们不幸的方法。

圣·阿尔诺和路易·博阿鲁

中国古代故事赞扬了大禹（前 2000 多年前）的故事，他挖了很多河道，做了很多工作，改善了中国人民的命运。

在徐州府，土壤流失严重。砀山县和萧县，土地裸露，不能很好地储藏住大水，大水沿着斜坡倾泻而下，冲向平原。只有一些小山丘幸免于难，但也不是全部。只有一些初步建造的运河，但都荒废了。那么水都向哪儿流去呢？有的向附近的故黄河水道流去，其他的是向农民的田地流去，淹没田地，一般要持续一个多月。这样每三到四年，河水会泛滥一次。你说该怎么办？

人们面对洪灾不知如何是好，但是政府呢？他们可是老百姓的“父母官”，难道不该做点什么吗？最近大家信奉了一些佛教，很多人去寺庙里，听和尚说这些灾难来自鱼儿们的报复：“这些鱼以前是和你我一样的人，但它们不断被人捕猎、售卖、食用。所以它们在这一地区造了一个大湖，没有底，这样可以逃避人们的凶残的网。唯一可以停止洪水的方法是人们要往池塘或湖里释放尽可能多的鱼。”这样，很多富人或一些慈善机构就买下所有能买到的鱼，把它们带给和尚或官员，由他们将鱼儿放回湖中，让后人们再这样进行祈祷：“亲爱的鱼儿，请你原谅人们的罪过，请你尽量地喝水，让它再也不会落到我们这片土地上。”

尽管从和尚的内心深处来说，他们相信这种说法，并私自这么做。但我认为这是不“规范的”，不能只是叹息，我们要做点别的更好的事情。当然，人们只是慢慢才认识到灾难的根源。如果这一地区的灾情不允许大规模地疏通河道，至少我们应该给最困难的灾民提供援助。很多年来，在常海和其他一些大城市，都有一些“赈灾”团体存在，有些是中国人的，有些是外国人的，还有一些是混合的。当他们听说有人需要，这些团体就往这儿捐献 5 万皮阿斯特，或往那儿捐献 1 万皮阿斯特，或者更多，然后由地方政府来公平地发放。

被洪水淹没的村庄

如果说起这些团体的工作，那得花很长时间，这里有传教士计划者参与的，有天主教的也有新教参与的。尽管提供的援助微不足道，但是帮助了很多难民，还是很令人钦佩的。500 或 1，000 萨拜克，对于就要饿死的人来说，那就是挽救生命。一个更好的消息和可以让人欣慰的是，这些钱用于一些可持续的建设上。1926 至 1928 年间，1 万皮阿斯特被捐给徐州府用于挖掘运河，这对于今后治理洪水有重要的作用。上帝保佑，让洪水不再来了！

徐州府的信徒忠诚吗？

加拿大人的朋友，你知道徐州府在 1926 至 1928 年间受到的苦难吗？1926 年，一支广州的“国民革命军”不费吹灰之力占领了这一地区的一部分。但是后来江苏省北部的抵抗让他们不断遭遇失败。徐州府的形势形成僵持。1927年1月到6月间，徐州府被北部军队占领。6月到7月，南部军队打到山东边界。8月到12月，徐州府又被北部军队夺去，1927年12月到1928年4月，南部军队终于取得决定性的胜利，并向北京进军。在来来回回的争夺中，徐州府虽然死伤不多，但也遭受了巨大的痛苦。

“国民革命军”带来了一些革新，而对于住在教区的传教士计划者和基督徒来说特别艰难，根据他们待的地区和当地驻军的不同，他们遭受的困难也不同。有的地区的驻军蛮横无理，有的地区的驻军却很礼貌。有的神父被限制在教堂不能出门，否则就会被辱骂，有的神父和官员友好相处。有的教堂被驻军尊敬，有的教堂被驻军以最肮脏的方式侮辱亵渎。有的神父只被关押了两三个月，而有的神父从1927年6月至1928年12月都被关押，中间只有短暂的自由。对于所有传教士计划者来说，他们彼此被分离，不能与上海总部联系，尽管他们受到的苦难程度不同，但是都经受了极大的痛苦，而我现在小心翼翼，不敢多说。

而这一章不是为了详细说明这些事情。我想说的是，在这种考验中，我们地区的基督徒的态度，这是大家所不了解的。

王佩汉，一个讲授教理者

我知道我们5万信徒没有背弃宗教，我们的地区也没有被迫害。但是因为有暴力，对于宗教活动是有影响的。有各种嘲笑、辱骂，有时禁止信徒进入神父住所，这就相当于不让人们拥有万能钥匙。但我们不会因此丧失信心。

有个老基督徒，他从40里外来，被一个哨兵拒绝入内，他就在城里转了一圈，等到下一个哨兵值班，他再来，这次他被允许入内了。他回家后，给大家说他见到了神父，神父安然无恙。于是大家就放心了。虽然他们没受很多教育，但也不缺少自然哲学经验。当听说某个新的占领驻军好说话，讲授教理者就立即组织本区域的所有教徒来开展教会活动。一个人我们会胆怯，而大家在一起就有了依靠。我至今还记得当时官兵们惊讶的表情，因为他们看到有 200～300 名砀山的教徒在一个星期天早晨坚定地走进教堂，他们齐声高唱祈祷，比平时任何时候都洪亮。

如果说基督徒们的考验只是暂时的，那么对于传教士计划者、讲授教理者和仆人来说就是另外一回事了。他们经受各种嘲笑、麻烦和紧急事件。这里，有个老门房(70 岁了)，被一队士兵赶出了住处，在教堂的回廊石头上睡了一个多月。那里，所有的讲授教理者和仆人只有一个肮脏的小角落用一些粗糙的东西做饭，被士兵们嘲笑。但是所有人都很忠诚，都很勇敢。

1927 至 1928 年的一个冬天的晚上，一路新的军队占领了砀山。他们向神父保证传教士计划可以实行。大家都安心地睡着了。大约 11 点的时候，一队士兵突然敲门要进来。神父就对讲授教理者林说："跟我来，我们现在去找县长，让他想起他给我们的承诺。"到了衙门后，哨兵不让进，说县长已经睡下了。林就针锋相对地反驳说："神父不也起来了并且来到这里了吗?"不管愿不愿意，我们通知了这个官员，他觉得传教士计划没什么不好，就遵守了承诺。

吃饭前的仆人们

我们还能说出很多我们这些人的忠诚的事情。总之，我用一件事来总结，它表现所有人的态度。在大秀架，很多军队来来走走，人们不知什么时候才会结束。大家都快坚持不下去了，但只有总管还坚持着。老赵本可以请求回家，本可以要求休息 10

次的，但他不走。神父很好奇，问他："老赵，你难道不想走吗?"他很简单地回答道："陈福不走，吴能不走，神父也没有走，难道我能走吗?"

在去世的人的旁边

每个来中国的人都会对一个现象感到震惊，那就是一个去世的人在物质上和精神上的重要地位。越说就越有的说。这里，我们只简要描写一下在一个将要去世的人的床边发生的故事。

就迷信来说，我们的基督徒像那些不信教的人一样也要参加上千次的活动，遵守这一地区的规范。很多活动来源于孔子和一些道德哲学家和他们的弟子。这些活动规范来源于对于这些哲学的教育，刚开始是对死人表示敬意，后来慢慢变成一种迷信。

在一个家庭中如果有人病重了，母亲或其他亲近的人会在离房屋几米处，大声喊叫，叹息，为的是召唤回垂死人的灵魂："别走，别离开我们，快回来。"而屋里有人回答："我回来了，我回来了。"当人就要死了，毫无希望了，人们会在死者的门槛上摆一杯水。这是为了让死者出发前喝水，这样她就会保留对家的美好的回忆。否则，她会忘了家或者会回来报复。

在一个村庄门口有一个棺材

当病人咽气后，父母、朋友和邻居会大声地哭泣和哀号。

有一次，我去苏场敷圣油，苏场是丰县的一个小村庄。我刚到村庄，就听见断断续续的哭声。我还不知道这个风俗，就问同伴是怎么回事。"刚刚死了人。"他的耳朵已经很熟悉这些喊叫了："回来，回来，快回来。"一大群人不信教者聚集在一个门前，对着刚刚咽气的死者哭喊。

至于棺材呢，如果一家人不太富裕，他们会早早地准备好。棺材就放在家里，像个奢侈品，他还经常向亲戚或朋友展示，尽管他的身体还很健康。所以棺材店得保证充足的供应，因为棺材的制作得花费很长时间。如果你来到徐州府，你会看到从车站到我们传教士计划处，很多商店配有很多组的木匠来制作棺材。地上有很多雪松或者杨树截成的四五个拇指宽的木板，不同树木制作的棺材价值不同。有的棺材得有100～200 皮阿斯特，甚至更贵。在棺材内部，富裕的家庭还会进行装饰，放进一些上了彩釉的陶器。

根据各种原因和疾病，入殓是在人死后两天或三天后举行。说到花费，那简直太疯狂，尤其死者是家里的长辈。人们会倾其所有：卖掉各种动物、驴子、牛甚至土地来表示子女的孝心。在他的棺材中，死者穿着最精美的服装，非常华贵而且是崭新的。棺材是死前就购置好的。这种习俗在中国习以为常，而在我们国家，我们会感到无法接受。

徐州府的城墙

有个年轻的基督徒，他是个勇敢善良的年轻人，有一天他急匆匆跑来让我给他的母亲做最后的圣事。

——她病了几天了？

——已经病了两天了。

——她还有知觉吗？

——没有了，神父。

——为什么你不早点来？

——我太忙了！神父。

——那昨天怎么不来呢？

——没时间，神父。我得跑遍整个城市去买寿衣。（寿衣是给死人穿的衣服。）

重要的是先有寿衣，因为子女的孝心首先体现在这里，让老人能看得到。除了昂贵的衣服，一个富裕的家庭还会在棺材里放些钱币，或是一些宝石。一些小偷知道了，总是会去盗墓。但是他们常常被抓，非常不幸。

菲利普·科代

至于死者的衣服，人们会焚烧，还有死者的床和其他生前的用品。这是为了谨慎吗？现在，一些不信教的人会告诉你这是为了让死者在另一个世界生活得更好点儿。人们把他喜欢的东西都烧了，这样他在另一个世界就可以拿到了。人们把新买的衣服也一起烧了。人们这时非常小心，他在那儿的钱够用吗？再添点吧。再去买一捆纸钱给死者烧了，这样死者的灵魂就会安息了。幸运的是损失并不是很大，因为是仿造的钱，跟纸一样是廉价的，只有制作的成本。

还有更好的，是让临近的寺庙做一个假的纸屋，能活动的。一些和尚或善于做这些的工匠来测量，做各种能动的物品和在寺庙里用的一切物品，这需要一大笔酬金。做完后（一般需要几个月），一家人就来到寺庙，和尚们进行各种仪式，最后烧掉纸屋，这样死者就可以在另一个世界拥有装备好的房屋了。

如果这个家庭不是很穷，人们会不急于将死者下葬。人们把棺材恭恭敬敬地摆在堂屋，人们只能在死者面前哭泣和瞻仰。有时要 1 个月，或 6 个月，或 1 年，甚至更长的时间让人们来决定并购买一个好的下葬地点。这是风水师的工作，他们有着一种特别复杂的艺术，我这里就不说了。而我呢，只会谦卑地忏悔，显得这样无能为力。

如果只是说中国的习俗奇怪，那就太幼稚了。难道它不是符合人的本性，并相信未来的生命？几千年来，成千上万的不信教的人虽然没受多少教育，但都坚信有另一个世界。他们认为死亡不会让人消失，只是去了我们到不了的一个世界。尽管他们的想法是不完全的，错误的，他们仍坚信人死后还会再生。

我们也有类似的信仰，所以可以理解这些对死人的崇拜，因为在神圣的教堂里也有类似的活动。“领圣体”的教义所以就显得很自然，即使最粗俗的人也能理解。所以我们的基督徒很喜欢为死者祈祷。如果他们忘记了祈祷是没有什么危险性的。对徐州府的新教徒来说，很危险的是他们把迷信与宗教活动混为一谈。大多数时间他们都是无知的。不幸的是，有些人还是会遵守这样的习俗，因为他们害怕如果他们违反了祖上继承的习俗，会被亲戚和朋友看不起。

我们传教士计划要在助手、修女和讲授教理者的帮助下同一些封建迷信活动作斗争，这些活动主要有：给祖先准备祭品；给死者写墓碑；让死者亡灵回来，接受活人的敬意；烧纸钱；在棺材前哭喊。

“我已经把它租出去了，神父。”

我不太了解徐州府的大饥荒（可能我避开了）。一些传教士计划的老教士给我讲起了1898年、1906年和1911年的饥荒，人们的生活异常艰苦。1898年3月，布彻在书中写到徐州府东部饿死了很多人，他经常在路上看到死尸。一天，两个孩子饿死了，他的父母和姐姐没有食物，甚至没有席子裹两个孩子的尸体，就全部绝望地上吊自杀了。1911年春，饥荒引起了流行病，是传染性的，非常严重。神父每个月都要去敷圣油30～40次。东徐州府有11个教士，9个都接受了敷圣油，其中两个几天后就死了。

正因为有上帝的恩惠，很久没有饥荒了，但还是有“半饥荒”。因此我不能说整个一年是“灾年”。因为一整年中，2月、3月、4月对于徐州府的居民来说是真正的灾荒。这几个月中，很多人吃不饱饭。即使有时有好点的收成，有一些小麦、高粱、大豆和小米，但收成有限，因为都是些土地很少的只有30或40亩地的农民，或者更少土地的农民。

在3月和4月，我们看到很多人挖树根或剥去树皮和叶子来维生。人们把芦苇根、一些绿叶子放进高粱饼或豆饼中出售。一直到小麦收割的季节，那得到5月末或6月初。这才是“好年”了。

在大饥荒和灾难中，还有一个我称它为“半饥荒”，就是1927年的春天。1926年一年暴雨不停，全国都被淹了，粮食受灾。1926年秋，作为砀山的副本堂神父，我能看到人们是多么担心即将到来的冬天和春天。每天都有很多人逃离这里，想在别的地方能找到吃的，度过这艰难的时间，然后再回来收自己走之前种下的小麦。这就叫“逃荒”，就是人们逃离灾难。

由于大雨，人们就更担心了，怎样在这样的情况下迁移呢？夏天大雨滂沱，路上满是积水，特别难走。11 月末和 12 月，又开始下雪，道路十分难走，但是大家还是艰难前行。去哪儿呢？有些人去自己认识的地方，那儿可以度过冬天不至于被饿死；另一些没有固定的目的地。人们知道的就是逃离，与死亡相比这些困苦不算什么。

徐州的农民

很多人往南方跑去。他们会跑到长江吗？那是战火纷飞的地方。人们根本无法越过战争防线，而且那儿很远，人也多；而且因为战争而毁坏的城市对人们没有吸引力。那么去蚌埠吗？那是安徽省的一个富裕的年轻的城市，但那里也准备要打仗了。那里没有可以找到的工作。实在不行，可以去当士兵，而大多数人也确实是这样做的。很多 18 岁、16 岁或更小的孩子都参了军。

有时有单独一个人逃荒的，但大多数是一个家庭组织在一起。人们去砀山讨饭。晚上，男子睡在教士处，女子睡在修女处。这时我们就利用这个时间给那些信基督教的做忏悔。对于大多数人来说，这可能是最后一次忏悔了。因为有的会死在路上，有的永远也不会来这儿了。如何拒绝这些贫苦的讨饭者？而且又怎么给他们施舍呢？我们教区的神父总有办法施舍，同时还能平衡收支。他可以让教区运转正常，同时也给穷人施舍。这些穷人和邻近的穷人都经常来这儿，希望得到仁慈的帮助。

但这只是对基督徒，如果算上不信教的人，就有成千上万的逃荒者了，他们排成队走在路上。如果你 1926 年 11 月或 12 月走在乡村，你会遇到很多这样不幸的家庭。

你不需要问他们要去哪儿：他们带的装备已经说明了一切。他们推着一个独轮车，上面放着家里的东西：一些破衣服，一些铁锅，还坐着一个老头或者老妇人，手上的包里或篮子里伸出两三个小男孩的头。男子在后面推着独轮车，吆喝着，女子和大一点的孩子在前面拉着车。他们路上有吃的吗？要饭，他们只能乞讨。

这不能算是一个旅行，因为大多数人并不确定自己的目的地。人们出发，可能走

人们怎样用独轮车带两个人

的是最长的路线，可以到达一些城市或乡镇。有人会在外三四个月之久，却不知该去哪里。要饭，人们只能乞讨。

可能是本性善良，或是为了自己的声誉，很多富有的中国人都很慷慨。所以许多“逃荒者”在路上都能找到些吃的而不至于饿死。但有的还是死于贫困。有多少人能重回家乡呢？根据我们的基督徒观察到的情况，大约三分之二或四分之三的人次年 4 月或 5 月还会再出去逃荒。

迁徙中的家庭

也有一些人并不逃荒，可能是害怕旅途会有意外，或是因为其他什么原因。有上百个或几千个家庭是这样的，不太多。很多人留在家乡，没有吃的直到 1 月份，连续五六个月都没有吃的。真可怜！我们能为我们的基督徒做点什么吗？我们去他们的村庄去帮助他们？经验告诉我们这是极不谨慎的。在这里布施？那会人满为患。谁能够判断出在这么多饥饿的人群中每个人的需要的程度，并且给得恰到好处呢？我们在施舍时一定要谨慎，不能浪费了神给我们的旨意。

比如我们听到一个讲授教理者说某个家庭比别的家庭都贫困，我们会给他们一些救助，但很少一下子给这么多。比如某个星期天给一千萨拜克，下个星期天给两千或更多一些。同样，那些对宗教更忠诚的得到的救助更多些。你不要喊叫，读者们，我们给予施舍不是非让你来教堂，只是那些经常来教堂的会有更多的机会来展示他们的困苦，从而激起我们的怜悯。

一个典型的“逃荒者”

现在再说一个例子来结束我们的讲述。1926 年的秋天，每个星期天，我在砀山都能看见一个人，他身材瘦弱，还不到 60 岁，但已经是肺结核晚期。他没有什么近亲或其他的资助，就在村庄附近游荡，没有走出过这个区域。衣服呢？只是一些破布。我们一些基督徒尽管也很贫穷，但当他们看到一团破布朝着告解座走去，就都叉着胳膊，扑哧笑出来。已经是 12 月了，天气非常寒冷，我们的神父无法忍受这种场景。一个星期天，他做完弥撒，分发完救助后，他叫来了这个人，没让他说什么，就给了他一个对于他来说最大的布施——一条棉裤。这个棉裤很粗糙，但很舒适，是当时流行的款式，很温暖。大约两个月后，一个讲授教理者来说这个老肺结核患者在垂死之前要求敷圣油。于是神父就去了他的村庄。他和仆人都不知道这个病人住在哪里。他们就问当地的人。一个村民把神父带到病人的家，他就住在一个类似洞的地方，睡在地上。好像是在地里挖的一个洞，这样他能躲避寒冷。穿过地上的花丛，神父走进了这个洞穴，他看到老人躺在地上，奄奄一息，但神志还很清楚。他见到神父笑了笑，这种笑容我们经常在他的脸上可以看到。神父看到他仍然穿着往日的旧衣服很惊讶，就问他：

——我给你的棉裤呢？

——非常棒，神父，谢谢你。

——但是你现在怎么不穿了？

——哦，是的，我不穿了。

——它在哪儿？

——在那边的那个人那里。

——他偷了你的裤子？

——不是，神父。

——那怎么回事？

——我把它租出去了，神父。

哦！是的，这个人把棉裤租出去了。他算了一下，他宁愿再发抖一阵子，而租出裤子可以得到一些收入，这样每个星期可以有100苏：他可以买两个鸡蛋，或者半斤面粉。

两个职业总比一个好

在徐州府，人们无法逃脱疾病的灾难。尽管贫穷，他们却很聪明，他们会制造一种“祖母的药”。因为他们很传统，所以他们至今还在用这种药。但是还是诞生了医生这个职业。这是个赚钱的职业，对于一些有能力的人来说，这也是很体面的职业，尤其对于一个受过良好教育的人来说。它处于官员、学校老师或者一些预言者的职业之后。因为人们总是问预言者埋葬的时间和地点或者举行一场订婚的好日子，所以预言者也很受人们尊敬，在这些职业之后就只有医生了。因为收入菲薄，我们的一些讲授教理者就想当医生。这是我在徐州的一个看门人，他叫云程因。“别当医生。”我对他说。我以为他会听我的，直到有一天我被两三个病人包围着，我没有办法，只好带他们来到我的老看门人面前，让他帮着看看病。因为被神父允许了，从此以后，至少他可以给病人一些建议了。有时只花很少的钱，就能帮助一个贫穷的基督徒减轻痛苦。在徐州府是有美国新教徒开的医院的，设备完善，但是对于生活拮据的人来说太贵了！现在有苏里尼和他的诊所，所以人们常常来这儿看病，有穷人也有富人，不仅有砀山县的，还有临近村庄的；只有侯场离这儿160里，太远了没太有人来。当然，你可能有仆人，但是他们即使学习了哲学或神学，也不一定会减轻人类的疾病痛苦。总之，没有禁止，不需要正式的培训，我们的老云谁来都看，只是要看好自己的门就行。

苏里尼正在给病人医治

云程因来自云塘，是丰县的一个地方，他有六十八九岁。他在40岁时受了洗礼，吸引了传教士计划者的注意，并很快成了讲授教理者。他受过良好的教育，在一家世俗的学校学习过，他很年轻。迄今为止他已经管理了25年的各种基督教区，人们都称赞他的忠诚、直爽和敏捷，还有他的医术。在医学上，他有理论知识也有实践经验。很多年来，他喜欢学习医学处方；我们觉得他肯定医术不错，因为他的客人与日俱增。当他年纪大了不能再在教区间来回奔走的时候，我就把他叫来，在徐州府做了这样一个差事。

这个看门人老云平时话不多，但一旦你跟他谈起医术，他的话匣子就打开了，成了医生老云。

——你在哪里学习的医术？

——在书本里，神父。

——是什么书？

——一些专业书籍，讲述疾病和药物的。

——但是运用药物得恰到好处啊！

——这是我在实践中摸索的，神父。我在清南祠过了13年，那里的基督徒给我讲了很多。

——在这里，也有很多人来咨询你吗？

——有的时候有。

——例如？

——北站有位常先生，他的大儿子病得很重。是神父叫我给他治病的。

徐州府的看门人

——太好了。是你把那个孩子治好了吗?

——是的，我在街上的药剂师那里买到药。

——是什么药?

老云给我说了很多，我就不再重复了，他是那样的自信和口若悬河。在写完指示后，他还会想到12到15种不同的疗法。

——治疗常先生的儿子贵吗?

——要1200萨拜克（相当于加拿大12苏)。

——这些药都要吃吗?

——是的，同时喝下去。

显然，这个药剂很有效果。后来常先生来了，向我问好而且感谢老云治好了他儿子的病，当时他把儿子骄傲地抱在怀里。

如果说这个老云并没有什么野心，只是作为仆人的忠心，那么有时他还会给他的老板治病吗?是的，这个厨师有时也给我们治病呢，有时中午和晚上都吃枣。这是很好的甜点。但最近总是这样，不像以前菜样丰富了，我们就很好奇，就问这个厨师这样做的原因。这个老看门人就回答说，最近神父有些毛病（消化问题)，他就制定了这个饮食。我对他的关心很感动，就问他这些枣里有什么特殊物质。“枣性温和，不热不冷，对肠胃好。”我不管他的说法是否是从一位大医生那儿来的，反正有个新教会医院的医生在遇到另一位传教士计划者也生这种病时，也是这样做的。

老云治好了常先生儿子的病，常先生是上海的一位名人，所以老云的名气也逐渐大了起来。大家对他更加信任了。讲授教理者、仆人有什么不适的地方都问他。他经常给人用的是膏药。

吴，上海的神学院学生

各种膏药特点不同，价格不同，当时在国内很流行。我觉得里面没有什么化学成分。像古代一样，人们把一些植物的根磨成粉末加入进去。老云并不知道什么打针疗法。所有的传教士计划者都说在自己国家一般好的医生都是用各种打针来治病。

尽管我很喜欢跟他谈论医学，但我也不想再说老云的丰富知识了。他的药物分类方法和我们的不同，不是像我们那样把药物分为紧张性的、镇静的、缓和的、助咳的、发汗的、催吐的、催泻的、利尿的、诱导的等。他的诊断很果断，开药也很果断。他不像一些药剂师，在小抽屉里寻找药物，只是卖药，不管什么病。也不像江湖骗子，施行的是巫术而不是什么医术。老云很谨慎。他的治疗方法是这个地区和时间所特有的医学语言。

有些富裕的年轻人到大学校里学习医学并毕业，这促进了这一地区医疗的进步。但是整个地方都会有这样从大学校出来的医生吗？徐州府地方贫困，给学生的资助不多，人们很长时间都是向这样的传统医生咨询。不知道他们会不会遇到像云程因这样的好医生！

在临终时

对于想研究不信教者的葬礼的人来说，徐州府这个地方就很好：就在它的南边的地区，就有一些盛大的葬礼仪式。在乡村和城市，所有的葬礼都很庄重。每个家庭的情况不同，葬礼也有区别。

当占卜者确定了死者埋葬的好日子，就得准备车队了。这不是件轻松的活儿。尤其在城市里，人们会组成一个奇怪的长队，有一百多人。这是一些雇佣的乞丐，穿着各色的仆人制服，一些人骑在马上，举着旗子或阳伞、灯笼或红色的牌子；另一些是步行，戴着各种饰物。

当然还有一些乐师，演奏着刺耳的乐器，有长笛、单簧管，还有达姆达姆鼓。还有一队和尚，一些是剃成秃头，一些戴着红色的大帽子。后面是个椅子，有一些上面有死者的相片，还有一个木板，上面写着他的简要的一生；另一些椅子上坐着一些妇女。大家都在痛哭、尖叫和哭喊。今天，大家都会大哭特哭，泪流成河。后边跟着家里的女眷，她们神情悲伤，头发凌乱，穿着宽大的白色粗布衣裳，这是为了丧礼临时租的。

一个乡村的家庭葬礼

队伍会走到一个寺庙里，然后人们从那里去往墓地。在一个门上人们架起一个拱形桌子，四脚朝天，每个脚上有个灯笼。在旁边人们垒起一个祭坛，有个大和尚登上祭坛，他戴着一种高高的帽子，开始念经。其他的和尚站在下面，一起念唱。家里人都拜倒在地上，大声地哭喊。然后大和尚从祭坛上扔下一些蛋糕或面包，立刻就被旁边看热闹的人捡了去。人们都说这些面包是给一些饥饿的魔鬼的，为的是它们不会去打扰去世的人。

突然，鞭炮齐鸣，同时人们奏起达姆达姆鼓；这说明死者已经走过了奈何桥（佛教上的说法），被地狱的敌人释放了。

这些仪式都完成后——我只说了一些主要的——队伍开始行进，该放棺材了，棺材小心地放在一英尺半或两英尺的地方。棺材油着清漆，油亮亮的，人们通常还蒙着一个丧葬的床单，很漂亮而且特别昂贵。为什么棺材要被这些光着腿、穿着工作服的人抬着呢？因为在途中，他们抬着重担，会很热，不能把脏衣服（背心）放在昂贵的棺材上。总之，我觉得整个葬礼非常庄严肃穆。

埋葬地点一般在城市郊外：人们经常埋成一个小山丘的样子，周围种上杨树。看到这些锥形的小丘就可以知道有多少个坟墓了。人们会把坟墓维护得很好。对于一个贫穷的家庭来说，人们会找一小块地把棺材埋了。光秃秃的棺材埋在光秃秃的地里。有时，人们放进一些砖头或稻草。

人们什么时候埋这些棺材呢？有时，人们会等家庭里另一个人去世；丈夫和妻子一般埋在一起。这是谦逊的，人们最后睡在祖先的地里。所以我们总是能听到士兵们这样抱怨："我们真不幸，也不知道最后会埋在哪里。"

对一个富人来说，墓地可不是随便找的。尽管人们对于儿童的死亡很关心，但是对于未出嫁的少女，她们的棺材要放在主要墓地的旁边。这是必须遵守的规矩。父母的棺材放在一起，如果一个父亲有好几个妻子，他们就都葬在一个墓穴里。前面会放儿子的棺材，在儿子的前面再放上孙子的棺材。这样，在一个维护得很好的墓穴里，看到坟头，人们就可以知道一个家庭的成员数目。就像一个长在坟地里的树枝，有很多树杈，随着家庭成员的一个个去世，就成了这样的树枝结构。人们常常说："我很肯定，他在我之前。"这样，一个基督徒会指出自己儿子的墓地，它在墓地的前端。

去世后，死者是不应该被忘记的。我们要保存对死者的美好的回忆，如果忘记了真该脸红，孔子这样说过。他还说道：以前人们用三年的时间来完成父母的葬礼，而儿子会永远保留对于父母的美好的回忆。如果他是有德行的，他会终身缅怀自己的父母，而且每到父母的忌日，都会停止一切娱乐和欢笑。今天，葬礼的时间缩短到只有几个月了。尽管细节有所变化，到那时对死者的追思没有改变。

死者会一直供奉在台子前，或者会简单摆在地里或者埋在家庭墓地里，不管怎样，都有这样的风俗，人们每到忌日，都会拜倒在坟墓前哭泣，烧纸钱。有时人们还会和死者聊天，像他活着的时候一样。事实上，中国的不信教者都相信死者会在天上看着他们。所以，他们根据书上说的，认为死者是有生命的，他们也会关心这些事。

一天，我敷圣油回来，看到在乡下，离村庄两三里处，有一个妇女跪在一个小坟

在皇家运河上

前，这个小坟被草都遮住了。雨很大，她跪倒在那里，发出呻吟并伴随着身体的扭曲。突然，她换了语调，跟死者聊起天来。我的讲授教理者说，这应该是死者的忌日，人们的习俗就是要在今天到坟前哭泣，并告知死者家里的欢乐和痛苦的事。他们相信死者还在周围，只是自己看不见。

在徐州府的学校里

下面是一本书里记载的一位叫钱枫的人在母亲棺材前的哭喊："哦，我的妈妈，我亲爱的母亲！你的不幸的儿子已经永远地失去你了。我再也不能关心您，照顾您直至终老了。谁能安慰我的痛苦？但我的泪水和对你的崇敬将使您的名字永远不朽。啊！我的心里很乱，我什么也不能做了，我痛苦极了。多好的母亲啊！她对我无尽地关心，教育我。大家会永远记住她的仁慈和恩惠。当我离开她去往城市的时候，她对我说：'当你回来时能成为一位医生是对我最大的安慰。但是，不管你的学业是否成功，要记得，你的母亲仅仅要求你余下的人生一定要保持良好的品德。'"

“只缺少门了”

从在徐州府开始传教起，在西部和东部各建有一所学校，它们给年轻人讲述基督教，并开始教他们文学。只有其中少数学生能成为讲授教理者，大部分学生只是学习基督教知识。前者在书本学校，后者在祈祷学校。

随着时间的推移，有了公共教育（从 1912 年开始）。传教士计划者希望给更多的孩子提供教育。这是必要的，但是很困难。祈祷学校每年只开放三四个月，而且很昂贵。如果我们能开更多的书本学校，每年就会开放七八个月，但怎样得到别人的资助呢？我们的村里人都习惯于接受传教士计划者的帮助，他们会同意为学校提供资金吗？比如买书，付教师工资等？

这个问题已经持续了十几年，我们当然无法立刻就得到解决方案。事实上，现在徐州府一半的地区只有一个祈祷学校。除了这个学校——当然它是不能缺少的——其他区有 8 座、10 座或者 12 座书本学校，在这里除了有基督教教学，我们还进行与官方学校同样的教育。

尽管条件艰苦，我们还是要给这些学校找个地方。地方找到了，在主教区，那里已经有了一个辅助教堂。如果我们在建造教堂的时候没有预料到要建学校，那么教堂可以作为教室，当神父来做弥撒时，我们可以搬走教学用具，一般很简便。

教区内的教堂

然而，在主教区之外，每个地区都有些山区，那里有很多学龄儿童，如何在这些村庄开设学校呢？除了一些小小的不同，这些系统一般是这样运作的：有村庄 A、B、C，他们请求传教士计划者在他们那里建一所学校。村庄 B 提供地点和家具，由它每月收学生的学费。C 提供与 B 一样的条件，但每月收费少些。其他地方也如此。神父会先看中B，开始找新老师，因为他看得出A和C不久也就会和B一样完善。徐州府和其他地方对教育越来越重视，有学校的村庄会比没有学校的更有优越感。

当我1927年刚在三官庙任职时，我就反复思考着这个问题，这是一些老传教士计划者之间经常谈论的话题。三官庙当时只有一所“祷告”学校。我觉得在传教士计划中心外有很多散落的学校，分散在地区各部分，它们都可以被利用。但是，我们没有经验，怎样建立这些学校呢？怎样管理它们？怎样选择学生？尤其怎样给这样庞大数目的教师发放工资？

我一直在犹豫，我本该犹豫很久，但这时我收到一封来自加拿大的信，寄来100加元的捐赠。100加元，这相当于225墨西哥皮阿斯特，或者一百万萨拜克。我该怎么用这意外之财呢？难道上帝来帮我了吗？

去度假

至少可以试试走读学校。我立即叫来了我的管家，我没有提我得一百块钱的事，而是问他怎样在本地区找到一些小学教师，他告诉了我一些名字，然后我去问了他们。不久以后，下个周日，丘柴、常次和丘次都开了一所学校。又过了两三个星期，偏伊祠和韩口也开了学校。所有我的教区就都有学校了。尽管各处有些纠纷，但是都运转得不错。

还有一些村庄，有八九个受过洗礼的孩子（还有一些不信教的）想学习。我的管家建议我在这些地方也开设学校。他们也想上学，而且老师也找得着。好吧，那就试试吧。他们一旦知道了我们的意图，各方面都给予我们不同的帮助。有个村长想租给我一间房子作为学校。但我不想租房子。

——不贵的，神父。

——不行，我不想租。请给我提供免费的地方，从现在一直到5月末。

第二个人想借给我一些桌椅。不行。根据这地方风俗，当老师开了学校，学生父母会提供桌椅，不是吗？

——是的，是这样的。

——那为什么你还借给我？

在宿舍的斜坡上

——我们必须有个学校。

——我有个老师。你给我提供些家具，我不要黑板，我5月末还你。你们有多少学生？

——12个左右。

——有多少受过洗礼？

——七八个。

——行。我们什么时候能开课？

——由您决定，神父。

——那为什么不立即开课呢？

——好的，咱们立即开课。

他拿起放在墙边的小黑板走了，去向费场的民众宣布这件事。谁说在中国办事难呢？但这个勇敢的人又回来了。

——神父，费场的人很穷。

——神父也是。

——您能减免点学费吗？

——你放心走吧。一定会的。每个学生第一年只要每月500萨拜克。但第二年不能降低了，要升高一点。

——好吧，神父，房子在那边……

——你告诉过我这是个漂亮的房子，等我去看看。

——是的，但是只是房子没有门。

——这有什么？本来教室的门就总是开着的，要门有什么用，只要有光线就行。

——但是，只是……

——还有什么事？

——当神父来参观时，这不太美观。

——那你来做个门怎么样？

——神父，您能借给我们圣器室后边的那个吗？在这里也没用。

——好的，是只缺少门吗？

——我们其他的都有。

——好吧，给我写张纸条，上面写费场的门属于神父。另外你可以推独轮车来把门拉走。

次日，我的门被拉往费场了，可怜的老门，它会不会不会回来了。两三个月后，一伙强盗袭击了费场。他们卷走了一切可以拿走的东西。过了几天，学校重新开课，这次一直开到夏天。

一位护士正在给一名学生打针

在费场之后，常场和四里场都这样建立了学校。到第二个学期，有 8 所走读学校在三官庙地区教学，只有少许的停顿时期。结果怎样呢？有 100 多位学生学习了文学，并直接接受了基督教教学。8 个村庄的基督徒对这些学校感到很骄傲，他们更加规律地进行宗教活动，并给我带来了更多的初学教理者。

那到了年末我的账怎样了呢？我很坦率。我的 100 加元（即 225 墨西哥皮阿斯特）根本不够支付我的8个老师的半年的工资。其实他们要的很少。另外，我很会节省。因为那些上走读学校的学生都没有进入我的膳宿学校，那里的吃饭是免费的。因为我精于计算，很诚实，也很简单，我相信下一年我还能提高我的老师们的工资呢。

学习节省

我们一般这样来定义节省：一个家庭的秩序，处理支出和收入的关系。所以有三种方式可以做好节省：限制家庭的需要，避免浪费和尽可能地赚更多的钱。在这方面，加拿大家庭真得好好学习徐州府的人。

一个让我们吃惊的是他们日常食物的简单。他们生产的食物品种不多，但养活了这一地区上百万的人口。有四季豆、小米、高粱、小麦、花生，但人们的烹饪方法众多，这几乎就是人们所有可以吃的东西。有时过节了会有肉或鱼，因为大雨创造了一些小池塘，人们可以在里面捕鱼。

在伦敦、巴黎、纽约和其他大城市，看看很穷的工人如何降低生活成本很有趣。我想简单给你讲述徐州府的人怎样比我们的居民更会过日子，甚至比我们所有人都更会过日子。即使在饥荒时期，如果说徐州府的人会饿死，那也只是一小部分。几百万的人会生存下来。他们很会利用食物。他们的菜很素淡，对我们来说就是毫无滋味，或者你也可以说是令人厌恶的。这恰恰证明了他们烹饪技术的高超。有个叫库克的人，研究了中国人的生活，认为中国人在法国人之下，但是在英国人之上，他还说中国人的生活艺术也在加拿大和美国人之上。

人们谨慎地选择每天吃的食物，也知道怎样节省着用。一个家庭主妇能够“很会过日子”，我也不知道该怎样翻译，总之就是“懂得生活”，不会太多也不会太少。在这里人们不会在晚饭后剩下食物，而在欧洲或美国这很经常，占一顿饭的很大一部分。汤、蔬菜、面包，他们都会根据人口数目来计算。如果你问这里的一个基督徒家里有多少人，他会说：“六七口人。”这时你就会体会到他主要的忧虑和他关心的是他的妻子是否能够严格地进行节省。

如果说美国和加拿大人餐后的剩余可以养活整个徐州府的人，我认为整个徐州府的餐后剩余连一个小村庄都养活不了。因为大家很节省，在家里人和仆人吃完饭后，几乎没留下什么。我们可以猜到这个地方的狗和猫一定很瘦，因为它们只能靠自己找点吃的。

我说过，这里的农民一般除了节日是不吃肉的。但有种情况特殊。当一匹马、一头牛、一头骡子、一头驴或一只狗要死了，不管是出于什么原因：事故、年老或疾

织布的职业

病，这只动物会被吃掉。如果它是死于疾病，即使人们知道它的肉不好，可能吃它会有危险，但人们还是会吃它，冒着引起肠胃不舒服的危险，因为这是难得的一次吃肉的机会[①]，而且可以节约面粉。苏里尼看到很多这样的情况，但人们都没有得病，真是什么地方的人有什么地方的胃。

在食物上节约，另外在其他方面也很节省。餐具也特别简单：每人只有一只碗和一双筷子。煮蔬菜的锅得小心操作，也特别小。不用小心看管，因为一把小火就能把水烧开。这一地区燃料很少。人们收集起高粱秆，院子里或地里的树枝，有时拿到城里去卖。

一年中尤其是冬季，人们收集可以烧煮的燃料。大家都这样做，尤其是孩子们的工作。在男子专心重体力工作、妇女照顾家庭的时候，是孩子们跑到田野去收集燃料：落叶、人们丢弃的稻草、各种树根，他们把这些放进篮子或捆成捆。他们每天都来，到同一地区；他们总能找到些什么。一年过去了，人们烧这些柴火花费的钱还不到一萨拜克。

现在说说衣服。人们严格控制服装支出，大家根据季节来置办。在夏天，要尽可能地薄，冬天则尽可能地厚：人们用袜子、棉鞋、棉裤、舒适的大衣等来抵御寒冷。人们不考虑时髦与否，“过日子”，要会生活，根据天气要会选择穿着。只有富裕的人才有钱考虑优雅。事实上，在不太穷的家庭，人们会在简单的衣服上加一些漂亮的装饰。一般女子比男子更手巧，当然，这是可以理解的，男子的装扮很简洁，也是无可厚非的。

---

① 教士计划者还看到有人吃疯狗肉。

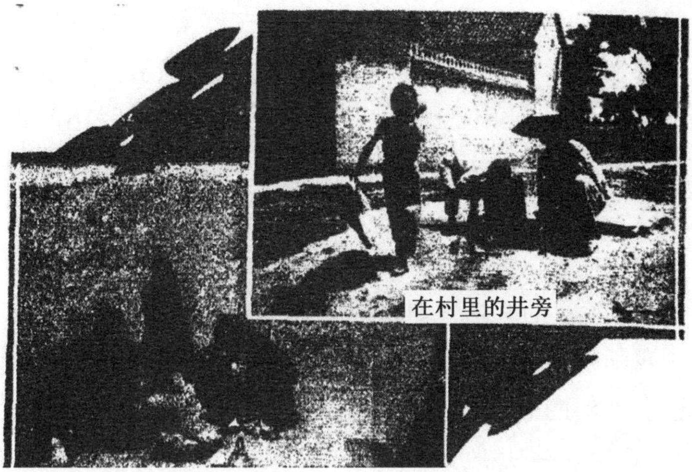

在村里的井旁

在露天吃饭

穷的家庭或稍有些钱的家庭，衣服都是家里自己做。当衣服还新时是不会再做的。一件衣服有点旧了，磨损了，但它不是没有用了：比如一件大衣破成碎片了，人们找到尚还结实的布一片片再缝起来；一件棉裤破了洞，人们把跑出来的棉絮压实，再补上破洞，就又能穿很久。

他们也无法关心卫生问题，因为这需要钱。徐州府的人很懂得利用自然条件。冬天衣服是不洗的，而夏天人们去村庄旁边的池塘。不用花一分钱，用热乎乎的阳光就可以把衣服晒干。还有，如果被子脏了，一个好的家庭主妇会每天把它拿出去晒晒。

在建造房屋时也考虑节俭。一些地方小企业也很节省，总之，生活中处处节省。我们可以借用奎布里昂的谈论广州人的话来评价徐州府人的节省习惯：“我们这个地区的人很贫苦，但是他们与生活作斗争，他们巧妙地利用大自然给予他们的有限的资源来很好地生活。”

艰难的圣诞节

12 月 23 日。43 个新学教理者通过例行的考试后被接受可以进行洗礼。一天只有 24 个小时，大部分时间都要忏悔，而今天，23 日，两个砀山的传教士计划者要做一个令人快乐的工作：给初学教理者洗礼。

早晨，23 位妇女和女孩在教堂末端排成一排，站在阿蒙神父前面。还有些小女孩在她们中间，还有一些母亲，手里抱着婴儿，还有一些“祖母”样的人，什么人都有，像我们常说的各个年龄、各个条件的人都有。

下午，是一些男子和男孩，他们有20位，站在拉夫杜尔神父前。

人们按照罗马教义进行了长久的、感人的祷告和仪式后，传教士计划者最喜欢的时刻到来了，就是往人们的前额倒上新生之水。读者现在感受不到，只有亲自来才能体会到。光照耀着人们，新受洗礼者拜倒在教士计划者的前面，感谢他们并请求得到他们的祝福。

12月24日。砀山的中心教堂欢乐无比，热闹非凡。从22日开始，教堂司事就在4个孩子的帮助下准备圣童的马槽。早晨，我担心教堂司事不太会做。可是，中午时，一切都准备好了。我不知道他是怎么做的，只看到剩下一堆绳子，一些花边碎片，一些高粱秆，有些歪歪斜斜的烛台，一些发霉的包装纸散落在四处，就这样他建造了一个悬岩，“真正的”悬岩，一所破房子，四处漏风，等待着马槽和基督徒。

宿迁的教堂

下午，基督徒从北边、南边、西边和东边分别赶来，一共有12个基督徒。他们进行了几个小时的忏悔，直到晚上都一切顺利。

但是，现在有个问题：这些客人住在哪里呢？住在城里是不行的，也不能露天，因为现在是12月末，异常寒冷。但是学校和初学教理者的宿舍都已经满满的了。

这时候你会发现人们多么贫苦，多么困难。快8点了，小学生和初学教理者睡下后，该我的同伴们睡了。我让他们走进学校的大教室。我们把书和课桌搬到一个角落，铺上从屋顶楼拿来的四个大席子，让老人和孩子先睡下。“现在去小学校。”我接着对剩下的一大群人说。但是没有席子了，地上的砖块都结了冰。“去找些稻草，”我对队长说。几个强壮的人去了马厩，过了一会儿，他们回来了，抱着一捆稻草。5分钟后，稻草铺好了，他们躺下来，没有枕头，没有被子，只有衣服可以盖，但是能找到住的地方他们还是很高兴的，因为其中一些人在家时也没有睡觉的地方。

今天是圣诞节啊！9点的时候，大家都睡熟了。11点半时，得敲响钟声将这些勇敢的人们叫醒。11点45分，大家都去了教堂。11点50分，阿蒙神父前面走着8个仆人，他们穿着漂亮的衣服，朝着中殿走去，他们拿着马槽里的小耶稣，准备把他放在“牲口棚”里，阿蒙神父将接过他。有三十几个男孩在“神的孩子诞生时”，唱起感恩歌，他们在一个音乐家的指挥下练习了很久。

徐州的中心教堂

尽管每天的弥撒时要进行布道，但是晚上的弥撒后，怎么能不对他们讲圣母在怎样的晚上经过贝里姆，上帝又是怎样把那个谦卑的牧羊人作为崇拜者？他们认真地聆听了，传教士计划者很清楚这个故事会走进这些单纯的心中且被这些富有牺牲精神的朋友接受。

人们又进行了感恩活动，唱了感恩歌，在清晨的弥撒完成后，大家又回到稻草床上。大家都在教堂里进行白天的弥撒，同时从别的地方又来了一些基督徒，我们的教堂尽管很大，也无法装下这么多的人。忏悔过后是弥撒，接着是对圣母祝圣，在南京地区都是进行这种祝圣，再接着是祝福。大概10点大家才从教堂出来，在教堂要待两个半小时。

但是传教士计划者一天的任务还没完呢。简单吃过午饭后，他们还得接待各组基督徒，接受他们的问候。各组分散走后，还得单独接待一些讲授教理者，他们还有一些重要的事情要处理，比如组织婚礼、接受新的学习教理者，等等。还得提供一些帮助给一些病人，给他们一些便宜的药物，因为他们没有钱看病。还得给一些特别贫困的人认真准备布施的菜单。总之要做很多很多的事，不能考虑他们自己的时间，也不能考虑自己微薄的工资，因为想减轻很多穷人的痛苦，所以他们的工资不会很高。最后，他们终于能安静地坐下了，这时大约是下午1点，大家自言自语说我们又一次这样度过了一天的生活。

这次对于圣诞节的描写是不全面的。还有一个最主要的事情：对于基督教徒的灵魂的恩惠，这些人大多数是近期受了洗礼的，他们的基督教知识还是笼统的。对于教育他们，我们所得到的快乐我就不写了。教士计划者是给那些希望找到地球以外的快乐，来吧，在这里你会看到别处看不到的世界。

“当太阳到那儿时”

1927年11月中旬的一个星期天，我的教授教理者告诉我有一个宋场的基督徒要和一个不信教者结婚。还没被允许，因为我是第一个知道的。上帝对这种事情不太允许：因为一个女基督徒因为婚姻走进一个不信教的家庭，她很难进行宗教活动，她会在婆婆的要求下，进行一些封建活动。又失去了一个羔羊，我想。不管怎样，问一下吧。

——这个不信教者，他在哪里住？

——在沛场，离宋场30里。

——他是干什么的？

——是个公证人。

——他叫什么？

——裴先庞。

——他一点也不了解宗教吗？

——可能。至少他的新婚妻子还从没给他说过宗教。

我打开宋场的登记簿，可以看到这个女孩在修女学校受过良好的教导。他们还说宋小姐很了解教义，可能会给自己的丈夫讲讲宗教。我又有了一丝希望，我让讲授教理者次日去一下沛场，去拜访一下那里的两三家信奉基督教的家庭。这样他会了解得更详细。

星期一早晨，勇敢的常穿着他最好的衣服出发了，沛场离在这以北10里处。与往常一样，他到每个基督教家里，鼓励他们去做弥撒，在家里祈祷，另外他还委婉地问了裴先庞的情况。他很快了解到这个公证人在当地很受尊敬。他大概40岁，从没出过错，一般有贴身士兵保卫，他结过一次婚，妻子去世了。此时他刚刚和一个宋场的姓宋的富家小姐结了婚。这是个勇敢的人，名声很好。

但是，这个公证人可是有文化的，他会愿意和我派去的人交谈吗？他是这样的贫穷，穿得破破烂烂像个乞丐，他会听他谈论宗教吗？先庞从周围的人那里已经听到了什么，他说他不会拒绝与天周堂（一个天主教的教堂）的代表见面。

常就去见面了，他低下头，双手相握，先是赞扬了先庞村庄的村长，接着说宗教让自己做了很多好事，让他学会感恩，总之就是说明他此次拜访的目的。先庞说自己很想了解宗教，因为它让人们认识地上和天上真正的主人。他如此的反应让常出乎意料，没想到先庞这么快就接受了宗教，常竟然一时不知说什么好了。常建议他去教理讲授处，这会让他害怕同时也使他感动。但是这需要一种形式，要有神父的邀请。常有礼貌地告别，愉快地跑回来，向我讲述他的这次旅行。

——你给我说的都是真的？

——神父你可以自己判断，你可以接见一下先庞，他已经准备好来见你了。

这次是我感到尴尬了，我只有定下了见面的日子。11 月 18 日早晨，看门人来告诉我有个胖胖的先生，由四个士兵陪同，要求见我。我跑向我的管家（在这里，我们一般都这么称呼讲授教理者），我问他要遵守什么礼仪。然后先庞进来了，他的卫兵待在外面，喝着茶。他走进我的房间，深深地鞠躬。我向他问好，热情地问他一些例行的问题。

拉夫瓦神父第一次给孩子们洗礼

——你叫什么？

——我叫裴先庞。

——你家在哪里？

——我家在一个小山村沛场。请问神父是从哪个国家来的？

——加拿大。

——哦，那很好。伽拿大。

他不断重复着“伽拿大”，我可以知道他根本不了解加拿大，还不如我了解中国多呢。这样我有了优越感。我大胆地又说了些客套话，好像他都听懂了。

接下来是重要的事情了，确实是，这个人说想了解宗教。在我的管家的帮助下，我向他解释道一个新基督徒得去学习教理、教义，参加考试。但谁让他来呢？我的管家看到他不太了解，就有礼貌但含糊地说着，但他懂了。

“我看到，”先庞说，“这个习俗很不错，但是我现在不能来学习教理……”

我们两个都沉默不语，大家都有点不舒服。但至少他还是很坦率的。（经常有人说要来学习教理，可心里根本不想来。）

“今年，这个地区不太平。我不能在这儿待几个星期，我的村民现在被强盗控制着。要是来这儿，我得带护卫兵来，否则强盗会把我掳走……也会给你们带来麻烦。”

坦率地说，这不关我的事。但是我承认他说的有道理。那试着用别的方法吧。

——你在家里能学习宗教吗？

——当然可以，只要神父你给我派个指导。

——我们的讲授教理者可以住在你们村吗？

——可以住我家。

——哦，太谢谢了。

我们又谈了一会儿，裴先庞就回家了，仍然由卫兵护卫着。

后天，我叫来于松仁，他是个讲授教理的老教师。

——老师，我有个任务交给你，你准备好了吗？

——我听从神父的调遣。

——你去沛场去教裴先庞教理。到那里先向他问好，再给他出示我的名片，说明你的任务，几天后你回来告诉我情况。

下个星期天，老于回来了，特别兴奋。

——教理教授得怎样？

——简直不要太好了。

——那你住在哪里？

——我住在他家里，比我现在住的地方都好。

——会祷告了吗？

——会了，他学得很快。

——他都懂了吗？

——是的，他学得很好。那么他什么时候参加考试。

——农历二十九吧。

我看了一眼日历，回答道。

到了那一天，初学教理者在老于的陪同下来了。一般学徒都发牢骚一个月都背不下来的内容，他都会背了。他对问题的回答也相当完美。可见，沛场的教学效果很好。既然他准备得如此充分，那就再定个日子见面吧。我祝贺了他，我让他学习忏悔，然后约他12月15日来。到了那天，刮着东北风，下着大雪。我想这个勇敢的人一定会明天再来。但不是，大约10点，有人来报告说裴先庞来了。

——什么？这样的天气你还来？

——这是说好的日子，神父，只需10里地就能让我的灵魂美好呀。

我又对他进行了考试，他和第一次一样的好。

——你希望受洗礼吗？

——如果神父同意的话。

——那么一旦洗礼后，你会来做弥撒吗？

——是的，神父。

—— 你会忏悔自己的罪过吗？

——是的，神父。

——还有一点要注意，讲授教理者已经告诉你了：得让你的婚礼正规并接受祝福。

——我会按神父的要求做。

12月23日，滴水成冰，先庞又来了。我很高兴给这样一个简单、正直、真诚的灵魂洗礼。25日，他来做白天的弥撒了，但是晚上的不能来。做完弥撒后，他来向我问好，真切地感谢我给他带上了救赎的道路。

——请问神父，对婚礼的祝福已经定好了吗？

——是的。

——那明天的弥撒呢？

——7点。

——7点???

这个可怜的人吃惊极了……我才记起来乡村里的人没有手表，没有钟，一般看太阳来掌握时间。我的讲授教理者就跑过来帮我，他用食指指着东方，在地坪上稍微高点的地方。

——当太阳到这儿的时候。

——哦，当太阳到这儿的时候就开始做弥撒吗？

——是的。

次日，7点前，5个新受洗礼者整齐地站在领圣体的桌子前，然后陈述人走进教堂，后面跟着一些年轻的新娘……好几个。我还没戴上做弥撒的装饰，就跑去看是否

拉夫杜尔神父在给讲授教理者上课

所有的夫妇都到了，我有点窘迫地发现裴先庞的新婚妻子来了，而裴先庞没有来。

6点58分。我该去了！可能先庞不会来了，或者他迟到了！教堂司事跑到村口，看他是否来了。第一次的消息是他没看到任何人。两分钟后，他看到了，在初升的太阳的朦胧的光线中，有一个人朝三官庙跑来。但是是一个人，先庞通常都是有人护卫的。7点8分，教堂司事跑来，这次他很肯定："是的，是的，是他，他来了。"裴先庞第一次迟到了。难道是我的手表不准吗？可是，太阳确实到了那里……

复杂的礼仪和礼仪的复杂

就像我们常说的，徐州府的生活与整个中国都差不多，人们也很礼貌。我只在中国待了几年，根本不敢说自己掌握了所有中国礼貌的礼仪。但我的经历已经让我可以同意一个新教徒史密斯的话，他在《中国人的性格》一书中写道："最厉害的批评称中国人已经礼仪发展到十分完美的境界，不仅西方人有的地方不懂，我们在经历之前也是不知道的。”我们所谈到的人，整整一天都在讲究礼仪，与我们的文化不同。

我们在《经典》中读到：“仪式”规则要有300个，“行为”规则有3,000个。如果说这样的条款会让美国人或加拿大人恐惧，因为他们奉行“自我决定”，但是让徐州府穷苦的孩子学习这么多的条款却没有问题。有时他们遵守的还更多。一代又一代，家庭和社会教育使得大家都遵守这些细致的规定，而“有文化的人”能够在书本中学到。我们认为中国的孩子本能就会实践。这是一种独特的学习，例如在学校中，日常关系准则要教给任何农民，即使是一个“没有文化”的人。

我们说每个人都有礼仪的本能，这种本能使大家在面对任何情况时都会使用礼仪。因此不能用西方的方式来定义中国式的礼仪。中国人会根据各种情况，各种不同的情况来做。

三官庙的教堂和住宅

有一次我受邀去乡下敷圣油。我到得有点晚了，在大中午到了黄家。但这并不是他们的午饭时间，他们一般2点到3点吃饭。但是他们知道神父是中午吃饭的，就准备了饭菜。拒绝是不礼貌的，我就接受了。他们准备了汤、小面包、蔬菜，甚至还有点肉（当时在乡下平时可不太吃肉）和两三样甜点。当时我的胃还不太适应，我就挑了几样我觉得较适应的。但是主人却不这么想。他早就听说待客之道，要给来访者准备很多种饭菜才能表达敬意，什么都得准备点。但我可就倒霉了，油腻腻的蔬菜让我很不舒服。至于主人，他很确定一件事：不是他的过错，而是我的事情才导致我没有吃得很多。

1928年1月23日，我的看门人来告诉我有一队村民想来向我祝贺新年（是中国的春节）。我很高兴地接受了。那一队人来了，有基督教徒和不信教者，他们来自邻村。一走进我的房间，他们二话没说，都转过身去，跪倒在地上，大家确定的一点是：他们严格地遵守了跪拜的古老礼仪，当时的北方——北京的习俗（北京是古代皇帝所在之地)。糟糕的是我不太了解或我忘记了我应该在房间的北方，应该让来访者在我的对面，而不是站在南方，让他们只能展示他们的“屁股”。

我的仆人来让我买点汽油。“神父可能没有汽油了。”怎么还是“可能”?难道他就不能确定有还是没有?你会知道，要圆滑地说话，不要绝对，那样是不礼貌，不优雅的。

走廊里将要敲响10点钟了。我问我的仆人几点了。他会回答“大概10点了”或者“差不多10点了”。“差不多”是人们最常用的话。这里不是要讨论这句话带来的购买的结果，或与其他人的交易的结果，而是要让自己的话委婉，重要的是考虑礼貌的事。

杜贝神父和一些中国神学院学生

除了几个类似的说法如差不多、可能、大约，中国官员还有六十多种其他的表达，意义都差不多，但有细微的差别。新教神父迈特写了一部很好的书叫《官员课程》，书中就集中总结了一些表达，写出了我们所懂的语言之间的意义是怎样有细微的差异。我们的传教士计划者需要很久才能学会这些，或者是在与人对话中能让别人理解，这可并不奇怪。

日常谈话时的礼貌，人们都自然遵守好像出于本能。在其他情况呢?人们会用礼貌用语吗?以前，一个教士计划者在与官员说话时都得懂点官方的礼貌表达。但自从1912年革命以来，一些礼貌礼仪放松了不少，现在年轻人都不太想遵守了。下面就是一个实例:

——请问您贵姓?

——免贵，姓杨。

——您的名字？

——我叫次仁。

——贵府在哪里？

——我家在砀山。

——您的年龄？

——我今年愚长了30。

对话就是这样进行的。

有些官方的礼貌礼仪在百姓中也会使用。你可以问基督徒。如果跟你的妻子说话，你不能直接叫妻子，你得用更优雅的词：孩子他妈或者当家的。一个传教士计划者的马车夫要问路，不管他问的是个年轻人还是年老的，他都要称呼他为“老乡”（老哥），或者“老先生”。

即使是徐州府的强盗，也不会失去优雅。他们偷了传教士计划者的骡子或马，这是我们的语言。而他们会说他们请大哥借给兄弟一匹马或者一头骡子。一个冬天，一伙强盗偷了神父的毛皮大衣。当地官员立即来询问得赔他多少钱，给了他500萨拜克，说：“尊敬的神父可能没有钱回家了。”

这就是一般民众和一些官方的礼貌礼仪。很显然，一些外国人掌握得没有中国人那么好。他们也不想这么做。但是谁轻视这些规约，谁就会遇到麻烦。我们的任务就是对于中国的臻于完美的礼节礼仪表达我们真诚的敬意。你要想和周围人处好，你会发觉不知道这些礼仪是不被原谅的。我们的礼貌礼仪帮助我们和周围相处。

传教士计划者告诉我们的是，在这里和在自己的国家都应该遵守地方的主要礼节礼仪。

一年中最美好的日子

割麦的季节，一般在5月末和6月初，这时候非常快乐，人们都认为这是一年中最快乐的日子。

要想理解为什么我们的村民这么开心，就得知道在三四个月前这里还是饥荒季节。大家几个星期都没有足够的粮食来果腹。当第一批麦穗成熟时，人们才能吃饱饭。人们还对自己进行补偿：吃完普通的两顿饭后，一般是早晨8点和下午两三点，人们还会加餐

当麦穗变黄，快要收割了，人们得看管好。家里的人会住在建在地里的窝棚里，

如果他一不小心，就会有偷作物的人来偷走麦穗，这可是一家人的基本生活资料。

看管麦子也是有趣的。在艰难的日子里，加拿大人有时也要在“小屋”里看管。难道你不知道这也是充满乐趣的。两三个农民聚在一起，在茅屋里舒服地聊天，同时自己的眼睛和耳朵处于警戒状态。

收获麦子

还有，大家都心照不宣，到了晚上的某个时刻，看管者就想睡觉了。他们不会告诉周围的人。11点到12点之间，我们会听到四面八方响起打枪的声音，警告他们谁敢睡觉，枪就会出现在他周围。

很简单，这些茅屋每年人们都会建造，直到秋季收完麦子。“圣经”里提到的黄瓜地里的茅屋向我们展示了巴勒斯坦的农民也是这样看管他们的蔬菜地的。

5月20日至5月30日，是割麦的季节了。人们磨快镰刀，为这个重大的日子作准备，学校里也如此。学校里也没有了学生，我们赶紧考完了试，就准备割麦了。砍麦，割麦，割麦，砍麦，这是我们的学生真正的家庭记忆。

一个早晨，大约是6月1日，我们听说人们开始割麦。这需要四五天，有时一个星期。人们不是一整天都在割，八九个小时后，麦穗就会脱粒。所以一大早人们就开始工作了，干三四个小时，到太阳的热光让麦子僵直的时候就停止。在这五六个小时中，一家人蜂拥而上，每个人都拿着镰刀，找比较老的麦子先割，因为它会最先脱粒。人们是那么小心地将麦子堆在地里，等着大车来运。

因为同样的原因，运输麦子也在一大早进行。如果想看到运输麦子，教士计划者得在一大早。不需要起床，就可以知道运麦开始了。6月的早晨，通过朝南的窗户，他可以听到很多农民的喊声，他们驾着由三四头牲畜拉的车：驴、母牛、骡子，是从两三个家庭弄来的，它们被拴在了一起。哦！呦！喊声震天，人们欢喜之极，终于收麦了，这可是盼望已久的。

车从地里驶向村庄。大家都没有地方堆放谷物，而只是简单地把它们堆在门前，在家庭院子里，有的时候堆在公共院场里。每个人都得自己看好自己的粮食。人们担心的可不仅仅是雨水，还好这个季节雨水并不多。麦子堆在院里，邻居和过路人可都看得到。

人们都忙着赶快打麦。为了打麦，场地里早就准备就绪了。土地解冻之后，人们就用石头滚筒不断打击地面，让土地更结实。在那上面，人们可以打麦子。为了能使劲地打，人们在场院里铺上半尺厚的麦子，上面用一个石滚子滚来滚去，一般用驴子或骡子来滚石磙。牲畜的脚淹没在稻秆中，不会伤害麦秆，麦子一粒粒落在地上。

当滚了一两个小时，人们会翻动麦秆再来滚。最后，麦粒都掉了，人们用长柄叉翻动麦秆。男人们用扫帚将麦粒扫成堆，女人们检查放到一边的麦秆，用手推去剩余的麦粒。还能弄出不少呢？对于艰苦的日子，这也不少了。稻草被堆放在门前，一整年大家都精心保存，可以喂给牲畜，当然他们的牲畜也不多，至多有头能干的牛或者是一头驴。

麦子打好了，还得等合适的时候去除麦子上的糠、灰尘或其他杂物，麦粒上会有很多。

人们用筛子或其他机器。得有大风，人们往空中扬起麦粒，这就叫作扬麦。当麦粒落回铺在地上的席子上时，风会吹走杂物。不可能是所有的但也会吹走大部分。如果不这样做可不好。如果这是家庭吃的，有点杂物没多大关系。但是如果要卖给商人，他的麦子要被分成一等品、二等品、三等品和四等品，主要是看麦子是否纯净。

中国式的微笑

当然不光是看这个，还得一眼看上去是否足够干燥，不能因为要称重而“弄湿”麦子。

从开始割麦子到新麦子在市场上销售，中间得有一个月。我们都说 6 月份是麦子月。如果你走出家门，你会听到到处都是欢乐的歌声。在麦子运走后，一些穷苦的妇女带着她们的孩子就来拾落穗。从古代都是如此，人们会允许一些穷人到富人的地里拾些麦穗和稻草。这是很好的传统，让我们经常会想到《圣经》当中的场景。

总之，没有什么时候比 6 月份更让人高兴的了。这时收获的粮食可以够他们吃三个月的。然后人们又有一些秋季的收获了：高粱、花生、四季豆，可以让人们撑到来年麦子收获的日子。

平民和士兵

我知道曾给你说起过骡子，徐州府的人们出行一般用骡子。但这是不确切的，因为后来这一地区开了铁路线。它经过黄河上的大部，一直到青州，经过河南西部，经过海州、大秀架、旺口和砀山。不少中心城市也在铁路附近，最近的两个城市之间仅 100 里。

这是个进步吗？这个问题可以问问，尤其对于新来的，因为他会听说神父不会放弃骑行或者乘坐马车。事实上有爱好的问题，但也有别的考虑。对于爱好我们不好说什么，但是我们来看看别的考虑。陇海线的火车并不是如数学般规律。如果你想从徐州府到砀山去，有时只用三个小时（坐马车得两天），但有时却没有火车，而你却很着急。我们不应该急，但有时真的是。这就是下面四个神父的情况，他们有一天从徐州回自己的教区，这四个神父分别是旺口的、侯场的、丰县的和三官庙的。

在火车站台上

那是1927年10月13日。尽管我们不知道有没有车，我们还是去徐州参加14个神父的全体会议。“老天爷，这可麻烦了。”我们的仆人对我们说，他们看出来我们并没有理解这个长途旅行的麻烦。有麻烦？当时南部与北部正在打仗。北部军在长江处被打败，但他们顽强地坚守在江苏省北部。最近他们有几次胜利，非常兴奋地决定向河南发起进攻。陇海线被北部军占领，这样，列车越来越少，我们只找到一班，11日我们去往了徐州。13日，有消息传来说政府不再发送列车。我们这才了解了自己的困境。现在是星期四中午。我们星期天能回到家吗？

知道了我们的困境后，当地一位勇敢的北站站长“偷偷”告诉我们下午会发一辆军车。但他不能保证我们一定能上去。试试吧，我们暗暗想着。下午，我们来到北站。王先生带我们看了很多军用列车，指出其中一辆可能最先发车的。然后他就谨慎地消失了。我们知道现在不是邀请我们去他办公室的时候，他已经不是领导了。

实话实说，这个车还不错，只要它能开就是好的。我们登上一个大车厢，是露天的，空的。在一个全是士兵的车厢是没有座位的。但没关系。跟我们同行的仆人把行李、一包大米、一包土豆放在西边，我们四个都坐下了。总算解决了第一步，我们想，希望他们会让我们待在角落里，在这些诚实的人中间，我们总算能到家的。

直到3点都一切顺利。我们在军车上到处拍照。灿烂的阳光让我们忘记了在这个十月的中旬，天气已经有点凉了。我们想象着旺口热情的神父会给我们准备好丰盛的晚餐。但现在可不是想这个的时候。一个年轻军官过来了。他说话很有礼貌但是也很坦率，他说我们是平民，不能在军车上旅行。

——但我们只有四个人。

——另外三个呢？

——是我们的仆人。

——那也不行。

——我们占的位置很少的。

——但这是规定。

——没有普通旅客的列车了。

——你们不能待在这里。

后来他走开了。我们还待在那儿。后来又来了一个更大军衔的官。他也是这么说，他花了很长时间和我们交涉，更加严厉。我们是下车还是不下呢？但看样子，我们真是没有权利坐在这里。但我们的星期天该怎么办呢？我们不下。又过了一刻钟，两个官员这次一起过来了。他们拿出了他们最后警告，但是我们坚信“消极抵抗”的作用，我们不断反驳，不断地说“不能，不能。我们不能下车”。

——但是，神父，这是规定啊。

——不能，不能。

——你看我们的士兵在等着你们呢。

——不能，不能。

——是的，我理解你们的难处。但是你们必须下车。

——不能，不能。

最后，第一个军官小声对第二个军官说了什么，好像在说：没用了，咱们走吧。他们走了，勉强而礼貌地笑着接受了我们热情的感谢。

他们一下车，就涌上来很多士兵：40个，50个，60个……很快，我们就聊了起来，这些都是山东兵。一个强壮的士兵问我们有药吗。保尔神父总是带着他的小药箱，尽管常常是空空的。但今天很幸运，它装得满满的。他给士兵们治眼睛、耳朵、手，他一个一个给他们治，让大家都开始喜欢我们。不到半个小时，大家都跟我们亲切地交谈起来。这难道不是跟他们讲讲宗教的好时机吗？保尔神父就抓住这个机会给他们讲起来。士兵们开始并不是很懂，但是他们觉得宗教肯定是个好东西，因为是这样一个慈善的人讲出来的。

火车呢？如果我记得不错，是6点从徐州开出的。火车停了很多站，到夜里1点才到旺口。我们错过了旺口的神父的丰盛的晚餐，但是我们却永远不会忘记1927年10月13日的那次奇遇。次日，我们又找到我们的骡拉马车，我们又想起了在军车上度过的12个小时。

爱杜瓦尔·勾代神父

平民和士兵相处融洽

我们会在徐州府建一所神学院吗？

为了回答这个问题，我们会考虑一些复杂的因素。首先，徐州府是否有深厚的基础，可以招募到一些神职人员。对于这个问题，不同的教士计划者有不同的回答，尽管他们都在这一地区工作了很长时间。

因为这里不信教者众多，我们的教徒难以在这里建立深厚的基督教的家庭基础，从而使宗教在这里得到极大发展。更别说我们的人员还很穷，不被人高看。我们的人食不果腹，又哪里有精力来发展宗教，每天为了一日三餐发愁。即使你很聪明，在一个很好的地方，没有生存，何谈别的。首要的是生存。

其次，长久以来的传统要求家里的长子要延续祖宗的香火。一个家庭的父亲贡献出自己的长子需要多大的勇气，由此也可以看到我们的人员对于基督教是多么热爱和忠诚！我认识一个很有天赋的年轻人，现在正在我们的中心学校学习，他说他想去神学院学习，但是父亲不同意，因为他是独生子。另外还有很多封建迷信的信仰，基督徒们都拒绝，但是在实践中，想完全摆脱掉它们也是不容易的。这时候建立神学院会失败吗？如果刚开始就失败会不会对以后的事业造成不好的影响。总之，一些人现在都很犹豫是否在徐州府开办神学院。

徐州府的拉丁语和拉丁文化专家们

但是我们确实希望能开办神学院。自从到这一地区开始福音传播时，我们的传教士计划者就记下了许多令人鼓舞的忠诚于宗教的例子。1890 年的 12 月，在候场，勇敢的唐克澈，他来自唐家祠，遭到了迫害，因为他不愿意参加一个封建迷信的葬礼。第一次，人们抢走了他的马车和牲口，他只能用钱赎回来。一个月后，有人又使用阴谋将他交到专区区长那里。区长烦了，试图让这个可怜的被告背弃信仰，但没有效果。被打了60个耳光后，唐克澈仍然坚定不移地坚持自己的信仰。从那以后，唐家因为他的忠诚与信仰而闻名。

还有一些家庭因为自己的信仰也接连碰到一些麻烦事，比受到迫害也好不了多少。我还要高度评价我们的讲授教理者和一些仆人，他们在1926至1928年间表现出了高尚的奉献精神和大公无私。你能想到一个做弥撒的小仆人会是多么慷慨吗？我让他做了教士计划者，他值得被信任。

1926年，在大秀架，一个15岁的学生每天都来为人们做弥撒服务。他每天走3里路，这并不太远。但是一个秋天的早晨，这个小常找到神父说，是否可以允许他以后不来了。神父问他原因，他说："现在河水变冷了，我每天不好过河。"这个孩子在这两三个月中到底做了什么？7月和8月雨水多，整个地区都变成了一片湖，只露出一些村庄[①]。在大秀架和台旺场（这个孩子住在这里）之间，到处都是水。他没有告诉任何人这件事，这个忠诚的弥撒服务者每天都是这样来的，卷起裤脚，过了大水后再放下来。只是秋天水很凉，他才开始犹豫了。我不是想说他向神父提出要求放弃，而是他的忠诚还是值得赞赏的。

教士计划志愿者们

这里的信徒充满信念，充满牺牲精神，他们忠诚而热情，我们在被招入祷告使命的学生身上可以看到这些。总之，我们在这些孩子身上还是看到了希望。事实上，有两个徐州府的年轻人已经学习了成为圣职人员的预备课程，有一个在1929年被任命为神父，另一个1930年会被任职。在他们以后，没有人再申请学习神学，不论在大的神学院还是在小的神学院。因为气候不同，语言不同，风俗不同，让学生们在上海

① 见"这么多的水！"

很不适应。而且他们也很穷困，所以被人瞧不起。在15或20个来申请的学生中，只有两个能够坚持下来。

学习拉丁语

1929年9月，我们开始在我们区的中心学校教授拉丁语（我们在窑湾的中心学校已经这么做了）。他们每天学习半个小时，教室冰冷而且阴暗；有12个学生在那里学着念拉丁语。他们能坚持下去吗？

拉丁语对于他们来说是陌生的，确实是。但我看到学生们有的已经有了使命精神，我想照亮他们并让他们坚定自己的忠诚，我教给他们牺牲精神，这一切都是从基础的拉丁语教学开始的，我觉得这还需要很长时间。为什么这么想？很简单，要想建立神学院，我们的人员很少。啊！也缺少工人！所以我请求加拿大的朋友们能让教师计划的领导再派些工作人员来，来帮助我们实现这个理想！

《搜神记》人神之恋题材分析

吴佳熹

内容提要：干宝的《搜神记》是中国古代笔记体志怪小说的代表作品，以“明神道之不诬”为写作动机，内容丰富，体例清晰，涉及神仙术士、精灵妖怪、奇物异产、灾异应瑞等神仙鬼怪之事。其中人神之恋题材的故事最为引人注目，神仙和凡人跨越维度的交往为爱情故事增添了神秘迷离的意境。本文以《搜神记》中的人神之恋题材为切入点，从发展渊源、故事类型、爱情本质等角度进行分析，探究《搜神记》中投射出的魏晋时期男性的婚恋观以及对女性形象的要求。

关键词：《搜神记》；志怪小说；人神之恋；故事类型

《搜神记》是六朝志怪小说中的佼佼者，在中国古代志怪小说史上具有承上启下的意义：上承先秦神话传说和史乘记载的志怪故事，下启唐代传奇的创作手法。作者干宝是东晋初期著名的史学家。《搜神记》中的人神之恋题材意蕴丰富独特，无论是神女与凡男的结合，抑或是神男与凡女的结合，这些鲜明的人物形象和奇异的故事都是魏晋时代人民集体潜意识的投射，反映了中国古代特定时期的人文觉醒，其中既有对门第观念的反抗和不满，也有对自然欲求和个体价值的肯定。人神之恋题材是中国志怪小说史乃至中国文学史上的重要题材，历史悠久，源远流长，最早出现在先秦神话传说中，至魏晋南北朝时期发展到鼎盛阶段，并流传后世。

一、人神之恋的发展渊源

由于生产力水平的低下以及认知的落后，远古先民的生活与生存极大地依赖大自然，故而对大自然产生了恐惧、崇拜之情并屈服于大自然。在这样的环境下，远古先民将他们赖以生存的自然界人格化、神化，将神视作自然力量的化身，并在此基础上产生了原始宗教信仰及相关的鬼神祭拜仪式。因此，神是自然界的生物幻化，如一山一河，一草一木，自然界中的万物皆有灵。费尔巴哈在分析基督教的本质时说的“属神的本质之一切规定，都是属人的本质之规定”[①] 就表明了神和人的关系，神性从某种程度上来说是人性的反映，是人类内心世界的变相描绘。人神之恋是一种特殊的人神关系，反映了人与自然的关系。夏朝以来，人们已经有了鬼神观念。神在人们心中有着至高无上的地位，神性至上，人们渴望通过对神的崇拜和信奉，与大自然和谐相处，得到神仙的佑护和福祉。例如屈原作品《九歌》中的娱神曲，就以男女恋情取悦神仙欢心为目的。其中的《湘夫人》和《山鬼》虽叙事简略，但已具备人神之恋故事的基本雏形。周朝时期，随着生产力水平的不断提高，人们逐渐形成了“以德配天”的观念，即人们可以通过完善自己的德行来获得神的认可，人的地位渐渐提高，神的形象亦逐渐趋向人的形象，但较人类依然拥有强大的能力。例如宋玉的《神女赋》在《九歌》的基础上进行创新，细致描摹神女的姿态并引入社会道德因素，男主人公的凡男形象已由《九歌》中的觋变为君王，这一转变对后世的人神之恋故事影响深远，为魏晋南北朝时期人神之恋故事的繁盛奠定基础。

秦汉时期是人神之恋故事发展的过渡期。经历了汉朝初年的休养生息政策，国家综合实力逐渐增强。为进一步巩固国家的大一统格局，西汉时期，汉武帝实行“罢黜百家，独尊儒术”的政策，董仲舒亦提出“君权神授”“天人感应”等理论，从而对中央集权制度和王权的合理合法性进行论证。为鼓吹天命王权思想，就需要用大量玄乎离奇的事件佐证，这为人神之恋题材故事的生长提供营养。然而在儒家经世致用思想的影响下，人们的情欲受到压制，辞赋创作以宣扬国力强盛、歌功颂德为基调，故而人神之恋故事创作发展缓慢。不过，这一时期的人神之恋故事虽然大多为政治教化服务，但由于当时人文意识的觉醒，神身上的人性愈发显露出来，神逐渐放下身段去追求人，不同于以前高高在上、遥不可及的形象。

魏晋南北朝时期战乱频繁、社会动荡、政权更迭，再加上严格的门第制度和传统婚姻观的束缚，很多中下层男性无缘跻身士族，也无缘接触士族之女，只能在文学的

---

① 费尔巴哈：《基督教的本质》，商务印书馆 2011 年版，第 44 页。

幻想世界里实现自己的理想。因此，这一时期的人神之恋故事模式以凡男配神女为主，故事情节也趋向完整，神女无一例外的外貌美丽、身份高贵，主动向男性投怀送抱，为男性带来财富和福祉，却不在乎男性的社会地位。在这种模式下，神女变成了男性的性幻想对象，并按照男性的需求和喜好扮演相应角色。此外，魏晋南北朝时期志怪故事繁盛，以神仙异士为底本的故事在社会上大量流行，这亦为人神之恋故事的创作和流传提供了有利条件。《搜神记》在这样的社会条件下应运而生，其中不乏人神之恋题材的故事。人神之恋在本质上是一种特殊的婚恋模式，将人神间的特殊结合升华到艺术审美的高度，其形式随着人神地位的转变自然发生变化。人神之恋反映人神间的互相吸引、结合、赠物、后代等生活情况，人神之间或多或少已经掺杂了人的感情，这使人神之间的感情趋向两性感情，并曲折反映人间的婚恋观念。

二、人神之恋的故事类型

根据人神恋爱的情节模式和婚恋结果，《搜神记》中的人神之恋故事可分为接引成仙式、男神娶凡女式、神女迎凡男式三种类型。

第一，接引成仙式。接引成仙式的人神之恋不同于神女凡男、神男凡女式结合的地方在于凡人在神仙的引领下和神仙一起升天成仙，最后发展成男女同修的佳缘。《搜神记》卷一的《雨师赤松子》和《园客养蚕》两篇就属于这种模式。在《雨师赤松子》中，炎帝的小女儿追随神仙赤松子，也成为神仙，和赤松子一起升天而去。在《园客养蚕》中，神女帮助园客养蚕，并在蚕丝缫完后一起升天而去。可见，接引成仙式的人神之恋故事并未讲述男女结合的细节，而是着重交代男女双方一同成仙的结果，这与当时道教推崇的“男女平等”的男女双修术如出一辙，其情节依然未摆脱宣传道教法理的仙话模式。

第二，神男娶凡女式。神男娶凡女式的人神之恋故事在《搜神记》中较为少见，书中卷四的《张璞投女》和卷五的《蒋侯与吴望子》属于这类模式。在《张璞投女》中，婢女白天指着神像和张璞女儿开玩笑说让神像做她的丈夫，晚上庐山神竟托梦给张璞的妻子说“鄙男不肖，感垂采择，用致微意”[①]，随后让张璞把女儿投入水中。后来张璞的侄女和女儿先后被投入水中，庐山神却将两个女孩送回渡口，并为知道鬼神和凡人不能婚配道歉，还对张璞的仁义表达了敬重。故事中的庐山神虽然霸道，想强占凡女，但他送聘礼的行为表现出了他的真诚态度，而且随后送还凡女的行为更是避免了一出死亡悲剧。此外，庐山神放下身段给张璞道歉再一次体现了庐山神心中的悲

① 干宝：《搜神记》，中华书局2016年版，第79页。

悯情怀，他通情达理地接受了人神间不能通婚的事实，并欣赏张璞的义气，不忍女孩就此丧命。故事中善良开明、通情达理的庐山神与现实社会中霸占他人妻女的官僚统治者相比则是一股清流，由此含沙射影地针砭现实中大小统治者抢占他人妻女的恶劣行径。在《蒋侯与吴望子》中，蒋侯神和吴望子因乘船邂逅，蒋侯神见吴望子年轻貌美两次主动与她搭讪，随后多次显形并与吴望子相爱。在相爱期间，吴望子也有了神验，以至于整个县邑的人都去供奉她。三年后，吴望子起了外心，蒋侯神便断绝了和她的往来。这个故事从表面来看，蒋侯神对吴望子主动示好，有求必应，百依百顺，尊重吴望子的心意，但他们相爱三年却依然是情人关系，蒋侯神也不曾提出要迎娶吴望子。实质上，蒋侯神对吴望子是有些不负责任的，这也映射了魏晋南北朝时期的贵族男子爱好在民间拈花惹草、寻欢作乐却不想对女性负责的卑劣行为。但换个角度来看，蒋侯神的形象庄重伟大，他神通广大的本领足以满足吴望子的任何愿望，并使吴望子的声名在县邑流传。因此，蒋侯神这一神仙男子的形象也成了魏晋南北朝时期女性的理想配偶形象。

第三，神女迎凡男式。神女迎凡男式的人神之恋故事在《搜神记》中较为常见，其中《杜兰香与张传》和《弦超与神女》二则最为典型。在《杜兰香与张传》中，神女杜兰香是“可十六七”[①] 的美女，而张传是“年十七”[②] 的凡人少年。杜兰香多次上门，主动要求张传娶她，他们的婚配之日排场豪华，杜兰香乘坐金车，备齐饮食。在婚宴上，杜兰香对张传赠诗，还拿能够“令君不畏风波，辟寒温”的奇妙之物给张传服食，可见杜兰香对张传一片真心。当他们因为年命不相合而分别时，杜兰香还约定了下次见面的时日，这意味着杜兰香希望他们的感情一直维系下去。在《弦超与神女》中，玉女成公知琼异常美丽，“视之如十五六女”[③]，而弦超是魏济北郡的小吏。成公知琼受天帝的派遣下凡与弦超续前世缘分，于是托梦弦超，在梦里弦超被成公知琼无与伦比的姿色惊艳，朝思暮想。随后成公知琼着华服携美酒下凡，并赠诗给弦超，还对弦超说他们以后可以过上锦衣玉食的生活，但不会为他生孩子，却也没嫉妒心，不会妨碍他的婚姻之事。自此，弦超和成公知琼在夜晚相会。在魏晋时期，成公知琼这一形象可以说是当时男性心中完美妻子的投影，她容颜美丽，富有多金，温柔体贴，不善妒，对丈夫无私奉献自己的爱，甚至主动要求丈夫娶妻生子。在故事结尾，作者还提到张茂先为成公知琼作《神女赋》，魏晋时期文人才子对艳遇完美神女的羡慕、向往之情由此可见一斑。

---

① 干宝：《搜神记》，中华书局2016年版，第25页。

② 干宝：《搜神记》，中华书局2016年版，第25页。

③ 干宝：《搜神记》，中华书局2016年版，第27页。

这两篇故事中的角色设置有很大的相似之处，神女都年轻貌美，身份尊贵，主动向男性投怀送抱，对男性一片痴心，并为男性带来财富或礼物。而男性的身份大多是品行端正的平凡人，或少年或小吏，但神女不介意他们的社会地位，毅然决然和他们结合。此外，神女和凡人男性结合一段时间后往往会离开，而男性也无须真正意义上承担起家庭的责任，只是陶醉地享受神女降临为他们带来的新鲜感和浪漫情调。

三、人神之恋的爱情本质

魏晋南北朝时期，随着文学自觉时代的来临，人们的个体意识增强，个体精神高涨，思想上逐渐突破传统观念的束缚。然而，这一时期的婚恋观依然是根深蒂固的“男婚女嫁”“同性不婚”观念，男性在婚姻家庭中占主导地位，而女性是男性的附庸品。与此同时，这一时期的婚配十分讲究门当户对，唯有士族之间的男女才能通婚，地位悬殊的婚配在当时得不到社会的认可，再加上“父母之命，媒妁之言”的婚姻制度，人们的婚姻受礼法约束，无法为自己做主。然而，这样的婚姻制度是违背人性本能的，情感是人性的核心，是人性最本真的显露。因此，魏晋南北朝时期的婚姻制度势必导致人性的压抑，以至于人们需要通过对“人神之恋”的幻想逃避烦琐礼教的束缚和禁锢，拟造出理想型的恋人形象和婚姻模式，从而代偿现实生活中的缺憾，正如石昌渝在《中国小说源流论》中说的那样：“人神婚恋，表现当时寒士庶民在门第婚姻压抑之下的人性本能欲望。寒士庶民在现实中根本不可能与世家豪门的千金达成婚配……从而造成以一系列的人神婚恋的仙境传说。”① 可见，人与神发生爱情的故事是中下层文人的精神寄托，神大多形象完美，主动追求人，并为人带来很多好处。

魏晋南北朝时期又正值佛教、道教盛行，鬼神观念深入人心，人们相信神有主宰人类命运的能力，既能为人类带来福祉，也能降灾祸给人类。神是权威和崇高的象征，而人类在神面前是脆弱无力的，不得不对神唯命是从，即使面对生命和婚姻，也不敢违逆神的旨意。例如《张璞投女》中，庐山神要强娶民女，民女的父母虽不忍将女儿和侄女投入河中，却无可奈何：“神意已可知也，以一女而灭一门，奈何”。又如《河伯婿》中，河神要求凡人男子娶自己的女儿，随后“此人知神，不敢拒逆”②。再如《杜兰香与张传》和《弦超与神女》中的神女都曾赠诗给凡男，但诗文中却透露着威胁，无论是“从我与福俱，嫌我与祸会”③，还是“纳我荣五族，逆我致祸宰”④，都

① 石昌渝：《中国小说源流论》，生活·读书·新知三联书店（上海），1994年版，第124页。
② 干宝：《搜神记》，中华书局2016年版，第76页。
③ 干宝：《搜神记》，中华书局2016年版，第25页。
④ 干宝：《搜神记》，中华书局2016年版，第27页。

明确表达了顺应神能获得荣耀和福禄，违逆神则会招致灾祸的意思，而人类出于对神的敬畏和恐惧，便无条件地接纳了神。可见，神虽然主动对人投怀送抱，但人却常常是在神的胁迫下与神结合的。此外，神往往在人神之恋中占主导地位。在神男与凡女的爱恋中，神男本领强大，又有神威加持，凡女则出于对神男的惧怕，抑或被神男有求必应的好意打动，从而和神男结合。在 神女和凡男的爱恋中，神女虽美丽、主动、慷慨，但其赠诗的内容却给凡男“从我者荣，逆我者亡”的压迫感，使凡男不得不从。当凡人违背神的联姻要求时，轻则全身而退，重则会危及生命安全。在《蒋山庙戏婚》中，三位凡人男子在喝醉后戏称要娶庙里的神女像为妻，可当蒋山侯托梦嫁女后他们又反悔，最终谢罪不成，没多久就都死了。三位凡人男子即使在悔婚后备礼登庙谢罪也没有得到神的饶恕，终究因悖逆神意而遭到神的惩罚惨失性命。

综上所述，人神之恋是时代的产物，中下层文人借助人神爱情的外衣映射现实社会的婚恋观，并塑造理想的恋人形象获得替代性满足。人神之恋中的神象征权威，主宰恋情的发生，同时又有赐福降灾的本领，令凡人又渴望又惧怕。故而，人神之间的爱情中掺杂神的强制力，神威迫使凡人遵循神的意愿与之恋爱。

四、结语

《搜神记》中的人神之恋不止是单纯的爱情故事，而是魏晋南北朝时期社会风貌、婚恋观念和人生百态的投影，具有一定的时代特征。同时，由于《搜神记》中的人神之恋题材归根到底是一种特殊的、以神为主导的恋爱关系，表明人神之恋是魏晋南北朝时期对特定人神关系的一种书写，折射出当时社会中人对神的尊与惧、神对人的爱与威这样一种宗教意识形态。这种人神之恋故事类型的确立为后世此类故事的创作奠定了基础，启发了《聊斋志异》《搜神跋文》等经典作品中的人神之恋故事的创作，并一直延续至今。

作者简介

吴佳熹　（马来西亚）马来亚大学人文与社会科学学院学生。

Culture of the Grand Canal and the Lvliang Hong Guan Yu Temple in Xuzhou

于克南 著　李艳洁 译

The Most Dangerous Section of the Grand Canal

The Grand Canal, extending all the way through north and south China, winds slowly across the North China Plain, presenting a scene of boundless variety. After running into Xuzhou, the canal comes across a different landscape as turbulent currents rush through the mountainous terrain, where it surges through the stretches of Qinliang Hong, Xuzhou Hong, and Lvliang Hong in succession. Eventually, it achieves an astonishing feat of engineering from west to east through the Mount of Taishan area. Of all three stretches, the most splendid one is Lvliang Hong. During the Spring and Autumn period, Confucius once came to view the tidal bore; as is recorded in *Chuang Tsu*, "When Confucius paid a visit to Lvliang, he saw a gigantic cataract of five-mile height and the water foam spattering over twelve miles, to an extent that even large animals in water like turtles and crocodiles cannot swim." Hence one can see that there used to be breathtaking and thundering waterfalls in Lvliang. However, the cataract ceased to exist during the Yuan Dynasty; as a result, the rocky stretch became the most dangerous and destructive section of the Grand Canal, for the turbulent and particularly treacherous stretch was ready to destroy any careless boats and boaters. In The Inn in Yangzhou, Yu Que, a Chinese poet of the Yuan Dynasty, wrote, "Pouring wine and tossing golden paper money into the river, they worshiped the Dragon god on the bow. Striking oars on the multi-floored ship, they sang out songs on Lvliang Hong." The poem is a vivid description of the dangerous scenes then; while tossing paper money and pouring wine to pray the Dragon god for safety, they nevertheless nerved themselves to confront the furious floods. Over the most dangerous section of the Grand Canal resounded their spirited working songs.

The Temple Was Originally Built During the Yuan Dynasty

The Lvliang Hong Guan Yu Temple was originally built for folk sacrificial ceremonies in 1313, the second year of Huangqing, Yuan Dynasty. Later on, in 1432, the temple, also called the Lvliang Hong Temple at one time, was promoted to serve national religious needs. As is recorded in Comprehensive Geography of the Great Ming Dynasty, "Situated in the upper reaches of Lvliang Hong, the Lvliang Hong Temple was built by Dong En in the Yuan Dynasty in memory of Guan Yu and Yuchi Gong. Guan Yu, enfeoffed as Marquis of Han Shou, used to be the governor of Xu Prefecture in the late Eastern Han Dynasty; and Yuchi Jingde, posthumously known as Duke Zhongwu of E, once helped to control the flooding of Lvliang Hong in the early Tang Dynasty. Therefore, the Lvliang Hong Temple was built in honor of them as specifically mentioned in an inscription by Zhao Mengfu. The above four temples were rebuilt during the reign of Xuande Emperor; in the seventh year of Xuande, priests were appointed to offer regular sacrifices seasonally."

The scale of the sacrifices falls into the category of Shaolao, which takes hogs and sheep as sacrificial offerings. In Chronicles of Xu Prefecture, a work completed during the reign of Emperor Wanli in the Ming Dynasty, it is written that "In the seventh year of Xuande, the Lvliang Hong Temple started to serve for national sacrificial ceremonies. Every year sacrifices should be offered on the fourth day of the second and the eighth lunar months with a sheep, a hog, and a bolt of silk cloth as tribute, while the rest should accord with other sacrificial ceremonies". Normally, Confucius memorial ceremony was also held on the fourth day of the second and the eighth lunar months; in this respect, the official attention to the Lvliang Hong Temple is indeed incredible as Guan Yu and Yuchi Gong share the very same sacrificial days with Confucius.

In a sense, fear of the intimidating and dangerous navigation along the Grand Canal spawns the worship of water deities. As aforementioned, the Lvliang Hong Guan Yu Temple was originally built by Dong En from Pi Prefecture; Zhao Mengfu, a distinguished calligrapher and painter in the Yuan Dynasty, detailed the origin of the temple in the preface of *The Tablet Inscriptions of the Lvliang Hong Guan Yu Temple*: "All rivers in Xu Prefecture converge in Lvliang Hong, which then flows into the Huai River and joins the lower reaches of the Grand Canal in recent years. The mountainous terrains in Xu Prefecture extend all the way from southwest to east, leading up incessantly into undulating hills. Rocks in water are mostly hundreds of steps wide. Generally, a rock is ten times as long as its width, and two or three tenths as high as its length, while those above the water are jagged as human teeth. The water run-off hardly slows down; once being trapped, it would rush forward even faster. For any boats navigating the waterway, though propelled with hundreds of oars and dragged by quite a few sweaty boatmen, they could not proceed any further; it is as difficult as climbing up to the heaven to such an extant that boaters often chant to gods for help. Besides, it was also conceived as a unified means of communication for the Yuan Empire, allowing for the transport of tribute and taxes collected from the southeastern area. On this account, even more ships traversed the waterway, perhaps hundreds and thousands of ships a day. There is a temple on the west bank of Lvliang Hong in honor of two gods, Guan Yu and Yuchi Gong. Guan Yu, Marquis of Hanshou, was a general serving under Liu Bei, posthumous imperial title Emperor Zhaolie of the Han Dynasty, who used to be the governor of Xu Prefecture. Yuchi Gong, posthumously known as Duke Zhongwu of E, is said to have controlled the flooding of Lvliang Hong in the Tang Dynasty. The late Emperor honored several heroes who had fought bravely against disasters, Guan Yu and Yuchi Gong among the rest. The temple was originally built by Dong En, who was a post officer in Xiapi. He had gone past Lvliang Hong a lot on his way to the palace at the Emperor's summons. On the stone tablets best owed by the emperor, I was solicited for inscriptions, which were written on the seventeenth day of the tenth lunar month in the first year of the

Renzong reign." For citizens in Xu Prefecture, the Lvliang Hong Guan Yu Temple was a great exemplar of making gods for their own ends; they prayed to gods in hope of traversing the canal safely and unhindered.

The deification of Guan Yu and Yuchi Gong is inextricably linked with their contribution to Xuzhou. That is, Guan Yu had been the governor of Xiapi and Yuchi Gong is said to have helped control flooding in LvLiang. In *Zizhi Tongjian* (*Chinese History from Warring States to the Tang Dynasty*), it is recorded that "Liu Bei went to Xu Prefecture, killed the provincial inspector Che Zhou, and seized control of the prefecture. He moved to Xiaopei and left Guan Yu in charge of the provincial capital Xiapi". And Tan Qian, a historian in the late Ming Dynasty, wrote in Notes from Jujube Groves, "In the thirty-first year of Wanli, Ming Dynasty, the title of Lvliang Hong given by Yuchi Jingde came to light as workers were dredging the waterway of Lvliang Hong in Xu Prefecture." It turned out to be a huge stone carved with words-"Lvliang Hong", which was entitled by Yuchi Gong.

In a search for spiritual sustenance, the locals entrusted their faith to the Lvliang Hong Guan Yu Temple. Take this, for example, a poem written by Xie Su, who was a poet living in the late Yuan Dynasty. It is titled "The Temple for Two Deities": "Known for craggy mountains and turbulent currents, Lvliang Hong is at the higher elevations; on the west bank of the canal remains a temple in honor of two heroes. Recognized as righteous and valorous, Guan Yu, Marquis of Hanshou, spared no effort in restoring the Han; noted for meritorious service, Yuchi Gong, Duke Zhongwu of E, assisted the Emperor Taizong in governing the Tang. Carved into the stone tablets, heroes' contribution to flood control in Xu Prefecture will be ever memorized. I pray for a safe journey upstream, going in full sail and with the wind." Faith in gods dispels the gloom and restores his confidence in sailing through the most dangerous section of the Grand Canal.

Both of them were highly esteemed by the locals, as best expressed in "Paying Homage to the Guan Yu Temple of Lvliang Hong", written by Zhang Tianfu, a Ming poet, "Both the Han and Tang states have become history, while the spirits of the brave departed stay mighty. Honored in the Temple, their names go down through the ages; carved in the Tablets, comments are collected for posterity. Guan, out of loftiness, wrote the Bamboo poem; Yuchi, by virtue of merits, was ranked in Lingyan

Pavilion. What a pity! I am among the late arrivals; nevertheless, may my prayers please gods." Though the poet sighs with regret over his late visit to the temple, he assures us of the sincerity of his faith.

Dong En from Pizhou Asked Zhao Mengfu for Calligraphy

Zhao Mengfu, a versatile Chinese scholar in the Yuan Dynasty, is skilled in seal cutting, painting, and calligraphy. He is popularly remembered as one of the top four Regular Script Masters in the Chinese history, while the other three are Yan Zhenqing, Liu Gongquan, and Ouyang Xun.

He has traversed Xuzhou Hong several times with Dong En as his helmsman. Dong En, an adept swimmer in Pi Prefecture, had long been admiring Zhao Mengfu's achievements in calligraphy. Zhao Mengfu, at his request, wrote the well-known inscription: "What mighty gods! Men of mettle. Hero met hero; they served wise lords. As thick as thieves, they trusted the lords with lives. Casting eyes around, they fought against disasters. Alive, be great generals; dead, be sage deities. Bringing blessing among the living, they safeguarded the mortals. Converging in Xu prefecture, rivers were rolling South. Trapped by stones, raging waves got agitated. So awesome a scene that all were shocked within. In homage to the sages, everyday tens of thousands sailed past. In front of the temple, on the steps, they knelt to offer sheep and hogs. On the gods' orders, warriors were ready to fight. Crying out to gods, they prayed for plain sailing. Gods saved lives in danger, and solaced lives in distress. Following the former course, currents were surging forwards. Crocodiles and flood dragons rested in lairs. In human image were awe-inspiring gods, whose fame went down through the ages. In honor of them, devout offerings were made. Beside the river was the Temple, grand and impressive in appearance. I was solicited for inscriptions, which were carved for posterity."

On the Inscription for the Relocation of the Lvliang Hong Guan Yu Temple by Liu Xian

Preserved in the Fengguan Mountain of Yizhuang town, Tongshan district, the

"Inscription for the Relocation of Lvliang Hong Guan Yu Temple" was written by Liu Xian, then the governor of Xu Prefecture, in 1488, the first year of Hongzhi, Ming Dynasty. As to the origin of the most dangerous section of the Grand Canal, it is written that, "As regards the landform, Lvliang is the most dangerous area of all in the Central Plain. A high, rocky chain of mountains stretches out from Qing and Yan prefectures to the rugged rock and river terrain, where rocks thrust up with outcroppings jutting-out above the water. The canal extends all the way from the Yellow River and Ji River, fed by Bian River and Si River, where it joins Lvliang Hong in Xu Prefecture. Turbulent currents rushing forwards are unpreventable, as the waterway becomes even more agitated with the block of ragged rocks. It is indeed the most dangerous section in the upper canal."

Aside from that, there is a brief introduction of the Lvliang Hong Guan Yu Temple, "In honor of Guan Yunchang, a general of the late Eastern Han Dynasty, and Yuchi Jingde, a general of the early Tang Dynasty, a temple was established beside Lvliang Hong. Legend has it that both men had been engaged in the flood control in this area; relying on their power, later generations built a temple on the west of the river, offering regular sacrifices seasonally; later on, two deities manifested their power by answering all prayers with positive responses. How can people obliterate gods' feats and grace from the memory?"

It is followed by a detailed description of the prosperous scene at that time, the canal full of boats and the temple teeming with pilgrims, "Apart from the transport of tribute and taxes collected from the southeastern area, the canal also shuttled officials and envoys between their provinces and the capital. As a result, more and more visitors in boats came; tens of thousands paid homage to the temple daily, praying for god's help."

The Unique Cultural Value of the Lvliang Hong Guan Yu Temple

With the construction of the Beijing-Hangzhou Grand Canal during the Yuan Dynasty, the Lvliang Hong Guan Yu Temple came into being; and with the artificial course shift during the Ming Dynasty, it fell into decline. The temple bears witness to the emergence and continuous development of the traditional religious belief around the Grand Canal, and to the process of how people regained faith to confront the ferocious environment. It provides tangible proof of the above two heroes' courage and wisdom in respect of their efforts in flood control. Meanwhile, the collocation of the temple and the natural landscape brings out the unique Landscape Culture along the Beijing-Hangzhou Grand Canal, which in every respect adds brilliance to Xuzhou City, the ancient Pengcheng.

作者简介

于克南 徐州市文化艺术交流协会副会长，徐州市作家协会会员。

On Social Significance and Symbol of Life and Death in Lao Ding of Han Stone Relief

杨孝军　许　珺

In Han' s portraits, the image of *Ding* (鼎, tripod) mainly appears in *Sishui Lao Ding* (泗水捞鼎, fishing the tripod in Sishui River), *Shenshou Zheng Ding* (神兽争鼎, mythical creatures fighting for the tripod), *Wuhuo Kang Ding* (乌获扛鼎, Wuhuo shouldering the tripod) and as *Shen Ding* (神鼎, divine tripod). There are more than 30 pieces of the Han painting *Sishui Lao Ding* unearthed in Shandong, Jiangsu, Henan and Sichuan Province, most of which were in the Sishui River basin in the southwestern of Shandong Province (Fig. 1 and Fig. 2). Many scholars have elaborated on the study of tripods, among whom Wu Hung and Xing Yitian are the most representative ones, while other scholars have also made great progress and brilliant discussions on the study of the *Sishui Lao Ding* image in Han' s stone gravings.

First of all, Wu argues that the nine tripods are considered to be motile and "living" divine objects, with a certain degree of consciousness. It' s no longer an instrument of communication with the gods in rituals, but more of a physical evidence of the living' s glory and achievements in this life. Secondly, Xing believes that the *Sishui Lao Ding* image means *Qi Ding De Xian* (弃鼎得仙, abandoning the tripod to gain immortality). The nature of the whole painting thus metamorphoses from a historical story to a more symbolic prayer for immortality, and its allegory also transforms from describing the failure of the First Emperor of Qin (秦始皇) to getting the tripod to symbolizing the tomb owner *Qi Ding De Xian*. He believes that what people were really waiting for was not the tripod but Loong (龙, a mythical creature portrayed in ancient Chinese culture); when Loong came, they would abandon the tripod and ride it to ascend to immortality. He agrees with Huang Zhanyue's view on the portrait of the tripod — "Loong bears the tomb owner on the back to ascend to immortality, copying the Yellow Emperor (黄帝) ", and the story has been skillfully transformed at the beginning, with the protagonist first vaguely transformed to the king and then to the tomb owner.

The author argues that the tripod was not only a *Yong Qi* (用器, utensil) and a *Li Qi* (礼器, ritual vessel), but also a symbol of the spiritual consciousness and beliefs of the Han Dynasty people, which are Dong Zhongshu's thought of *Xiangrui* (祥瑞, auspiciousness) and *Zaiyi* (灾异, calamities), and the Han Dynasty people's life and death viewpoints. This paper takes Dong's philosophical thought of *Tian* (天, Heaven) as the object of study, discussing the meaning of the *Lao Ding* image in the Han portrait stones and the Han Dynasty people's conceptions and beliefs about life and death, based on the images and supported by literature.

1. The tripod and the thought of *Tian Ren Ganying* by Dong Zhongshu

In ancient times, the tripod was first used as a cooking utensil, but later, due to its use in rituals, it eventually became a ritual vessel for rituals and religious activities, and its main role was to communicate with the gods, especially with the deceased ancestors, as if communicating between Heaven and Earth. The tripod was not only used as a ritual vessel during rituals, but also represented the will of Heaven. Wu argues that the *Tian* here is not a material and inanimate entity. It possesses purpose, will and wisdom; it responds to human activities and guides them; it praises virtue and punishes vice. It would be simplistic to consider ritual vessels only as objects that are actually "used" in rituals, as the word "vessel" in Chinese literature means "embodiment" or "prosopopoeia", meaning an entity that unites abstract meanings. Based on this view, the *Shen Ding* image on the *Rui* (瑞, auspicious) stone, one of the Han portrait stones in the Wu Liang Shrine, fully expresses the will of Heaven; Sun

Fig. 1 The *Sishui Lao Ding* image unearthed in Biantang Town, Jiawang District, Xuzhou, Jiangsu Province

Fig. 2 The *Sishui Lao Ding* image collected in Xuzhou Art Museum of Han Stone Gravings

Rouzhi said in *Ruiyingtu* (瑞应图, an illustration book of auspicious phenomena or beings) that *Shen Ding*, with high quality and graceful lines, could sense good or ill luck and survival or downfall; it could be light or heavy and movable or still; it could be boiling without fire and full without drawing, emanating aromas. In the past, the Yellow Emperor made a tripod to symbolize *Tai Yi* (太一, *Tai* means supreme, *Yi* means absolute one). And Yu (禹), a legendary figure who tamed floods, made nine tripods out of bronze offered by the whole country, symbolizing the nine parts of the country. If the country declined, the tripod moved. This fully proves that the *Shen Ding* is a symbol of kingship and the virtue of the ruler and will appear during the reign of any sagacious emperor, that is, "if a wise emperor come to power, the tripod will show up".

In the middle of the Western Han Dynasty (206 BC—25 AD), Confucianism, reformed by Dong Zhongshu (179 BC—104 BC, a Han Dynasty Chinese philosopher, politician, and writer), which absorbed the ideas of *Yin* (阴, dark, negative, female) and *Yang* (阳, light, positive, male), *Wuxing* (五行, the five elements: fire, water, earth, wood, and metal), *Tian Ren Heyi* (天人合一, harmony between man and nature), and Taoism and Legalism, gradually gained a dominant position in the Han Dynasty. In the picture of the universe constructed by Dong, Heaven played an important role as a force that maintained a fatherly interest in human activities and exercised constant supervision over the actions of rulers. This concept formed Dong' s idea of *Tian Ren Ganying* — the omen of Heaven' s mandate, auspiciousness, and calamity. This theory complied with the general trend of the political situation and emerged as the times required to mythologize and restraint on the imperial power, which made the ruler believe more in the theory of calamity; thus, he created a theory of the function of *Tian* and the relationship between Heaven and man that had been stable for a long time in Chinese history. In this way, the emperors of the Han Dynasty sought to secure the kingdom and legitimize the throne by means of auspicious or calamitous ideas, and interpreted some unusual events as manifestations of providence, hoping that they could be used as a means of support for the emperor in certain situations, hence many strange events were considered as inauspicious omens that would affect the fate of the dynasty. For example, the solar eclipse observed on March 4, 181 BC caused alarm to the Empress Lu who usurped the throne, "It means me", and historians duly recorded her death in the following year. Another example is *Sishui Lao Ding*, where the First Emperor of Qin "made thousands of people go under water to seek the tripod, but failed to get it". Heaven and people were both angry with him for his tyranny, so Loong bite off the rope and then he "failed to get" the tripod, which was a foreshadowing of the destruction of the Qin Dynasty and the change of kingship. In addition, there was also the omen of auspiciousness from Heaven. In the reign of Emperor Wu of the Western Han Dynasty (140 BC—88 BC), a large tripod was unearthed in Fenyang, Shanxi Province, which Emperor Wu thought was auspiciousness from Heaven and specially changed the title of the emperor's reign to *Yuan Ding* (元鼎). Dong's thought combined the understanding of the natural development of the world with the concern for ethical laws and human progress. He believed that *Tian Ren Ganying* was an organic whole, and that Heaven, as a supreme authority, could guide mankind and be in charge of their destiny; that Heaven would intentionally interfere with human affairs and bestow blessings on the ruler of mankind as long as he behaved properly and did not abuse the great duties and talents entrusted to him.

2. The meaning of the *Lao Ding* image and the folk beliefs in life and death in Han Dynasty

Lao Ding serves as a warning symbol, conveying the message of Heaven. Dong paid close attention to historical periods when the natural order suffered chaos or atrocities and linked them to the political strife that led to instability in his own time. He believed that the warnings chosen by Heaven came in the form of disorders between Heaven and Earth, and that they were similar to the disorders caused by the failure of rulers to perform their duties or commit crimes. When Yingzheng (嬴政, the First Emperor of Qin) established the position of "the First Emperor" for himself, he believed that the nine tripods should be united, and that his merits and virtues had surpassed those of Yao (尧), Shun (舜) and Yu, the three great emperors, so he made thousands of people go under water to seek the tripod, but failed, which was a rejection of the right of the Qin Dynasty to possess these divine objects.

Lao Ding is closely related to the Han Dynasty people's belief in merits and ascension to immortality. The Han believed that one should move Heaven with virtue so that a response would occur. When the solar eclipse occurred in 178 BC, Emperor

Wen of Han issued an imperial edict, which was "I heard that the eclipse had occurred, and that Heaven had given life to the people and placed a emperor for them to nurture and govern them. If the emperor is not virtuous and does not govern fairly, then Heaven will show a sign of disaster to warn him of misgovernance". It can be seen that *Tao* (道) and *De* (德) represent Heaven and Earth, the Heaven here sends down calamities and passes on auspiciousness to show that weal and woe are an important way to make Heaven and Earth interact when Heaven and man communicate. In divinations, the definition of rulers such as *Dajun* (大君, the great ruler), *Daren* (大人, the great man) and *Shengren* (圣人, the sage) is "a man of noble character whose morality is consistent with the merits and virtues of Heaven and Earth". The bronze *Shen Ding* is a symbol of the king' s power and the ruler' s virtue. The virtue of a dynasty can make it obtain the mandate of Heaven, which is shown by casting or owning nine tripods; the virtue and possession of tripods is the will of Heaven, which is only for those who have merits and virtues; the fall of the divine tripod is not in line with the way of Heaven, which is a negation to the ruler. Therefore, the Han Dynasty people believed that only virtuous people could ascend to the heavenly realm of immortality after their deaths.

The symbolic images in the tombs of the Han Dynasty conform to the concept of life and death of the Han Dynasty people, which is the cognition of life and death. Prophecy was popular from the reign of Emperor Wu to the Eastern Han Dynasty, and as a product of the times, Han Dynasty tomb art is a concentrated reflection of the ideas and beliefs prevalent at that time. He Xilin argues that Han tomb murals are mainly influenced by the concept of soul, Taoism, beliefs in gods and immortals, *Yin* and *Yang*, the five elements and interaction between nature and mankind of the pre-Qin and Han Dynasties. And the Han portrait is not only part of the architecture, but also the result of the intersection of various knowledge and beliefs. Wu Hung writes about the symbolism of ancient tombs that "a tomb is not only the underground home of the dead, but also a place where the dead undergo mystical transformations". He Xilin says that "the painting on silk in Zidanku coincides with the scenes of riding the flying Loong and traveling through the heaven depicted in many places in *Chuci*". Therefore, scholars generally agree that the tomb owner riding the Loong in the painting on silk symbolizes the ascension of the soul, in which the portrait of the tomb owner is a symbol of his soul; while the Loong and the bird as the eastern and southern spirits, showing the characteristics of *Yang*, they have a symbolic meaning of *Sheng* (生, living) here; and the carp, the northern spirit, representing the *Yin*, it is likely to be the *Yufu* (渔妇, fishwoman) who is said to be born from the snake in the literature. About the Fishwoman, it's said in *Dahuangxijing* (《大荒西经》, *Classic of the Great Wilderness: West*) of *Shanhaijing* (《山海经》, *Classic of Mountains and Sea*) that "there was a kind of fish, half partial withered, named Fishwoman, which was said to be transformed into by Zhuan Xu (颛顼, a mythological emperor of ancient China). At the time of his death, a strong north wind blew fiercely over the sea, then the snake turned into a fish. Zhuan Xu, who was already dead, then possessed himself into the body of the fish, and thus came back from the dead." It not only represents death in this context, but also implies the transformation of life forms, that is, the revival and regeneration of the soul. Another example is *The Silk Painting of A Man Riding the Loong* (《人物御龙帛画》), whose subjects are Loong, *Fenghuang* (凤凰, Chinese phoenix, an immortal bird in Chinese mythology) and the moon. Loong and *Fenghuang* are above the tomb owner, representing *Yang* as the symbol of *Sheng*. A large crescent moon is beneath the tomb owner, which is the essence of the great *Yin*, and is also specified in the literature as having the function of reviving the dead. In *Tianwen* (《天问》, *Heavenly Questions*) of *Chuci*, it's said that "how virtuous is the moon that it can die and then reborn?" Wang Yi noted that "*Yeguang* (夜光, evening light), is the moon. *Yu*, is living. What virtue does the moon have towards the sky that can bring it back to life from death?" This crescent moon is undoubtedly a hint of the transformation of the tomb owner's life form.

Fishing and losing the tripod in *Lao Ding* mean the rebirth of the soul and the resurgence of life. The forms of *Sishui Lao Ding* image are similar in cultural relics unearthed in Jiangsu, Shandong and Henan Province, which depict a tripod being lifted out of the water and inside a Loong biting off the tripod's tether then the tripod falling into the water. The tripod is assigned by scholars as a symbol of life, and although *Lao Ding* refers to politics and history, in this case I believe that it implies the recovery and rebirth of life through the rise and fall of the tripod, which is in line with the Han Dynasty people's view of life and death. Zhu Cunming argues that although the Han Dynasty tombs and their images vary widely and take different forms, they generally share the common cultural connotation of cosmic symbolism and represent the Han Dynasty' s view of the universe. First, the T-shaped silk painting unearthed in Mawangdui No. 1 Han tomb in Changsha, Hunan Province, has three parts: the heaven, earth and underground, composing a cosmic space, that is, the heaven and hell; this is also common in the Han portrait stones, such as the *Sishui Lao Ding* Han portrait stone unearthed in Biantang Town, Jiawang District, Xuzhou, Jiangsu Province, the upper part of which is engraved with the immortal world of *Xiwangmu* (西王母, Queen Mother of the West, one of the oldest goddesses in the Chinese pantheon), the middle of which is engraved with pavilions and figures, the earthly scenes of the *Hu* people (the Northern barbarian tribes in ancient China) shooting deer and fishing tripods, and the lower part of which is engraved with birds and fish. Although the underground part is not carved here, mainly because of the Han Dynasty people' s fear of death, only a symbol, the bird and the fish, is simply depicted. According to He Xilin, the bird is the characteristic of *Yang* and has the symbolic meaning of *Sheng*; the fish has the function of transformation of life form, that is, the recovery and regeneration of the soul, and it represents death. Secondly, the bottom of the T-shaped silk painting unearthed in the Mawangdui No. 1 Han tomb is engraved with the symbolic representation of the sun passing through the water at night. Wang Xiaolian believes that the bottom of the T-shaped silk painting is painted with the underworld. According to the Chinese view of the universe, the sun falls into the water after passing through the heaven, passing through the water at night and rising again from the east the next day, which symbolizes the transformation of life and the rebirth of the soul. In addition, a number of artifacts have been unearthed in Fangmatan, Tianshui, Gansu Province in recent years. In the "Tomb Owner' s Record" unearthed in the No. 1 Qin tomb, the story of the resurrection of a man named *Dan* after his death is recorded. Another example is the depiction of a funeral in a Han portrait stone in a Han tomb in Cangshan County, Shandong Province, where the "portrait" carved in a niche announces the resurrection of the deceased. In this way, the *Sishui Lao Ding* in the Han portrait stone and the Mawangdui silk painting seem to emphasize a theme of burial and life and death, reflecting the public' s desire for the transformation of life and the recovery of the soul.

The theme of the tomb murals is a full expression of people' s ideology. The two beliefs, ascension to immortality and the world after death, were also inherited and developed during the Han Dynasty. On the one hand, the pursuit of *Penglai* (蓬莱, mountain of immortals, a Chinese ideal world where mountain hermits live) and *Kunlun* (昆仑, a mystical lost city located in a different dimension, and one of the Seven Capital Cities of Heaven) continued, and on the other hand, the art of burial reached an unprecedented prosperity. Over time, these two beliefs came closer together and eventually merged, leading to the idea of "ascension to immortality after death" and images of immortality in burial art. This idea is also fully reflected in Han tombs, where people express their inner world through different means of expression. The image of *Lao Ding* in the Han portrait stone implies the progression from death to rebirth, and rising the tripod only expresses life and death and the understanding of them. Taking rising the tripod as a symbol of *Yin* and *Yang* and the intersection of life and death constitutes the framework of the unique Han Dynasty images of ascension to immortality.

The "river" in *Lao Ding* image is also related to the *Jiuquan* (九泉) or *Huangquan* (黄泉, the yellow spring, the nether world). In ancient times, the concept of going to Huangquan after death was quite common. The most widely quoted story is the one in *Zuozhuan* (《左传》, *Zuo's Commentary*, an ancient commentary on the Spring and Autumn Annals), in which the Duke of Zheng Zhuang (郑庄公) excavated the ground to meet his mother, mentioning that "we would not meet again until we went to *Huangquan*". The so-called *Huangquan*, also known as the *Jiuquan*, is the world of the dead, the place where people's souls belong after death. It's written in *Zhaohun* (《招魂》, *The Summons of the Soul*) of *Chuci* that "You must not go down to *Youdu* (幽都, the capital of Hell, in Chinese mythology)". Wang Yi noted that "*Youdu*, the underground world ruled by Hou Tu (后土, Goddess of the Earth, a natural deity venerated in the state offerings until the end of imperial China). Underground the netherworld is so-called *Youdu*". We can know the concept of life and death of people at that time from the T-shaped silk painting excavated from Mawangdui No. 1 Han tomb in Changsha, the Zidanku No. 1 Chu tomb silk painting and *The Silk Painting of A Man Riding the Loong*. As for the picture *The Tomb Master Crossing the River* in the seventh volume of *The Complete Works of Chinese Portrait Stones*, Zhu Cunming, using cosmic symbolism, argues that the "water" on the sarcophagus cannot simply be considered as "aquatic pastime", but rather as a scene of the tomb master crossing the *Huangquanlu* (黄泉路, the road to the land of the dead) by boat from the underground world to receive the sacrifice of his offsprings, and that the river in the portrait is the dividing line between the two worlds.

Thus, the tripod in the *Lao Ding* image has undergone an important transformation and has a certain meaning of life; and the water in the image is no longer a simple river, but the *Huangquan* of life and death, a hell of the underworld. The combination of these correlative images of the tripod and water, birds and fish, gives us a glimpse of the Han Dynasty people' s understanding of life and death. The image of *Lao Ding* explains the resurgence and rebirth of life through the fall and emergence of the tripod in the worlds of life and death, following the folk beliefs that were common during the Han Dynasty; for the Han Dynasty people, death was not the end of life, but a resurgence into immortality, and they believed that death was merely the departure of the soul from the physical body and the beginning of a new life.

In the image of *Lao Ding*, it can be seen that the Han Dynasty people' s belief in life and death has evolved into a common folklore of life and death. It is known that during the late Han Dynasty and the Three Kingdoms period, there were plagues, social unrest and wars, making it impossible for people to seek peace and tranquility. It is recorded in *Houhanshu* (《后汉书》, *The Book of the Later Han*) and *Sanguozhi* (《三国志》, *Record of the Three Kingdoms*), and the early Taoist classic *Taipingjing* (《太平经》, *Scriptures of the Great Peace*) also describes the situation of plagues and epidemics at that time, which is "the *Yin* and *Yang* of Heaven and Earth are lost within themselves, and therefore disease affects all things. The emperor doesn' t govern properly, so the floods and droughts are unpredictable, and there are many thieves and robbers; thus, he makes his punishments more urgent." The normal folk activities and folk places were disturbed and destroyed, affecting the funeral practices of the common people, especially the great concern for the world of life after death, showing the great penetration and tension of folklore, and finally the prevalence of folk belief in spirits. In terms of religion, the rise of divination rituals, the increasing construction of temples, the flourishing of beliefs in evil spirits, the rise of new Taoist groups, and the burgeoning of Buddhism in China were all closely related to the social unrest and epidemics that hit the country, which led to an extraordinary fear of disease and a widespread desire for medical care. In this tumultuous situation, some emerging societies were working on the level of inner faith to dilute the fear of illness and life and death among their followers. Following the traditions of Confucianism and Taoism, *Taipingjing* regards *Sheng* as the great virtue of Heaven and Earth and repeatedly emphasizes loyalty to the king, filial piety, and respect for teachers, which clearly continues the thoughts in writings of Han Dynasty Confucians, especially Dong Zhongshu.

In the Han Dynasty, the question of life and death plagued everyone, whether noble, virtuous, foolish, rich or poor. For life, people had a strong sense of attachment to the human world, longing for longevity and fearing death; for death, they felt horrible but could not avoid it, that was why they wanted to extend the human world to the world after death through various ways and seek immortal recovery. *Taipingjing* says, "Therefore, those who have achieved the Tao, when they fly up to the heaven, they also end their lives. Those who are not willing to contribute to the Tao, when they die, they should go down to the netherworld, and shall not be allowed to stay for a long time in the world of the living ... Those who are not dead but have got the Tao, they go up to the heaven; when they die, they should go down to the ground, and shall not be allowed to stay for a long time in the world of the living." *Taipingjing* states that the only way to get rid of the threat of death and attain eternal life is to attain immortality through practicing Taoism. This concept was not only accepted by folk thought in the Eastern Han Dynasty, but also spread widely among the people and was continuously improved during the period.

The idea of ascension to immortality was worshiped by the general public during the Han Dynasty. The Han Dynasty people longed to be able to ascend to heaven like the Yellow Emperor by offering sacrifices to heaven, or Liu An (刘安), the King of Huainan, by taking the medicine of immortality, even whose chickens and dogs ascended with him, or Lu Ao (卢敖, an official of the Qin Dynasty who searched for the elixir of immortality for the First Emperor of Qin) by taking elixirs. Others believed that the only way to achieve immortality was to follow teachings of Laozi (老子, the first philosopher of Chinese Taoism) to have no desire, or not to eat grains, or to nourish of life, or even more strangely, to morph the human body into the shape of a bird, which were cases of ascension that everyone wanted and sought. In the pre-Qin literature, "immortality" is depicted as a reclusive individual who wanders in the sky and has no connection with the earth; however, based on its unique principle of life, *Taipingjing* answers that immortality is not unattainable, and in order to realize this ideal, it proposes a set of internal and external cultivation methods to arouse people's desire to delay and escape death. It is believed that by nourishing the life, focusing the mind on a certain part of the body, not eating grains and breathing, taking elixirs, having sex, etc., practitioners can eventually get rid of the physical body and have only the essence left in order to achieve ascension to immortality.

In summary, the concept of life and death and the idea of seeking immortal recovery in *Taipingjing* were worshiped by Han Dynasty people, especially manifested in the art of Han Dynasty tombs. Folk thought of seeking immortality and rebirth was dominant at that time, and burial was the only means to express it, so symbolic techniques were used to express it. Through the image of *Lao Ding*, men appear in *Yin* and *Yang*, focusing on the revival of life and soul, as well as the purpose of seeking immortal recovery; it expresses not only the symbolic meaning, but also the folk beliefs of the general public in the period of the two Han dynasties, interpreting life and death. *Lao Ding* is also a combination of the philosophy of *Taipingjing* and that of Dong Zhongshu in the Han Dynasty, making the art of Han portraits in funerary culture deeply influenced from content to form. Only by reconstructing this relationship and its connection to Han Dynasty people's ideology can we fully understand the specific art form, the Han portrait stone.

作者简介

杨孝军　徐州汉画像石艺术馆馆长。

许　珺　中国矿业大学外国语言文化学院教师。